U0711560

反倾销诉讼理论与实务

Fanqingxiao Susong
Lilun yu Shiwu

刘善春 ○ 著

中国政法大学出版社

2014·北京

声　明　1. 版权所有，侵权必究。

　　　　2. 如有缺页、倒装问题，由出版社负责退换。

图书在版编目（ＣＩＰ）数据

反倾销诉讼理论与实务 / 刘善春著.—北京：中国政法大学出版社，2014.4
ISBN 978-7-5620-5341-5

Ⅰ. ①反… Ⅱ. ①刘… Ⅲ. ①反倾销法-民事诉讼-研究 Ⅳ. ①D912.290.4

中国版本图书馆CIP数据核字(2014)第054703号

出 版 者　中国政法大学出版社

地　　址　北京市海淀区西土城路25号

邮　　箱　fadapress@163.com

网　　址　http://www.cuplpress.com（网络实名：中国政法大学出版社）

电　　话　010-58908435(第一编辑部)　58908334(邮购部)

承　　印　固安华明印业有限公司

开　　本　720mm×960mm　1/16

印　　张　18

字　　数　295千字

版　　次　2014年4月第1版

印　　次　2014年4月第1次印刷

定　　价　39.00元

序

　　反倾销诉讼法是国际法、行政法和经济行政法的结合物，可以说它是统一的国际行政法（因为 WTO 成员方都得遵守《反倾销协议》。《反倾销协议》项下，各成员方反倾销实体法字面目的、原则、规范，以及各成员方反倾销调查程序规则和措施类型是基本一致的）。该书简明阐释了倾销与反倾销实体法和诉讼的基础知识、技能和策略。反倾销诉讼涉及《会计法》，而本书将反倾销实体法、反倾销程序法和会计法有机地结合起来，适合于国际法、行政法、经济法、民法和国际贸易专业的本科学生、研究生和教师；本书对反倾销实务部门和利害关系方也有一定的指导作用。

　　本书也可视为反倾销诉讼法学的首部教科书。书中厘清了反倾销诉讼的范畴、目的、结构和原则，向读者清晰地展示了反倾销操作过程，直至 WTO 争端解决运作机制。全书结构如下：第一章，反倾销诉讼理论；第二章，反倾销诉讼原则；第三章，反倾销调查程序；第四章，反倾销裁决证据；第五章，反倾销裁决实体法适用；第六章，反倾销裁决与措施；第七章，反倾销行政复审；第八章，反倾销司法审查；第九章，应对国外反倾销诉讼；第十章，WTO 反倾销争端解决机制。

　　本书中，对任一问题的论述都配以国内外以及 WTO 反倾销争端浓缩经典案例。我们确信法治国家终为判例法，没有贯穿最高法院先例的法学是"静态和不确定的法学"或"制定法学"。法律真正的含义应是最高法院判例中解释和适用的法律，而不应限于国会法条本身。这正是判例法合规律性及软价值之所在。大陆法系法学热衷于法条研究，法治程度不够。我们应在判例中研究法律，撰写法学教材；否则法学教育将停留在国会制定法层面。行政法治关键在于立法条文本身，更在于行政机关或法院如何解释和适用条文。我国加入 WTO 已获得无可估量的硬价值，除此之外，还可得实现法治行政路径之软价值。

　　本书从国际行政法角度论述反倾销，界分反倾销实体法和反倾销程序法，并首次创建反倾销裁决证据规则和反倾销裁决实体法适用两章，视野超越国际法。该书可为反倾销入门读物，也可为实际操作指南。我们深信，消除歧视与偏见，开放、公平与自由竞争，将为世界贸易大趋势。反倾销作为 WTO 允许的维护国内产业安全的手段，具有实施方便、效果显著的特点，会得到许多国家采用。虽然全球反倾销调查继续呈现下降态势，但是每年世贸组织成员仍启动 100 多起反倾销调查。一些国家或地区对华滥用反倾销调查。来自商务部的数据显示，我国自加入 WTO 至 2013 年，共遭受国外反倾销调查近 600 起，连续多年为全球遭受反倾销调查最多的国家。我国许多优势产品被挤出国际市场，导致大量产品滞销，大批企业面临停产倒闭的状态。为应对国外反倾销，我们给企业提出实用对策。但一些出口商仍在我国倾销，给国内产业造成损害。面对这一棘手问题，我们试图给出正确选项，不仅提出系统反倾销诉讼规则，还对如何完善提出建议，如设定听证辩论步骤。

在本书的写作过程中，张翠然、宋国磊、王瑜娟、朱璐璐、袁慧敏、马艳玲、刘飞、何湘曾提供过初稿或资料帮助，在此表示感谢。最后，衷心感谢中国政法大学出版社给予的亲切关怀。

刘善春

2013 年 10 月 28 日

目 录

第一章　反倾销诉讼理论　/1

　　第一节　反倾销诉讼范畴 …………………………………………（1）

　　第二节　反倾销诉讼目的 …………………………………………（9）

第二章　反倾销诉讼原则　/21

　　第一节　遵守国际条约原则 ………………………………………（21）

　　第二节　反倾销调查机关分工制衡原则 …………………………（25）

　　第三节　反倾销公平、公开原则 …………………………………（30）

　　第四节　反倾销法治行政原则 ……………………………………（36）

第三章　反倾销调查程序　/41

　　第一节　发起反倾销调查 …………………………………………（41）

　　第二节　反倾销调查种类 …………………………………………（56）

　　第三节　信息披露与查阅 …………………………………………（68）

　　第四节　反倾销听证 ………………………………………………（76）

第四章　反倾销裁决证据　/88

　　第一节　举证责任 …………………………………………………（88）

　　第二节　反倾销行政质证 …………………………………………（101）

　　第三节　反倾销证据认定 …………………………………………（106）

第五章　反倾销裁决实体法适用　/115

　　第一节　反倾销裁决实体法适用范畴 ……………………………（115）

　　第二节　认定倾销 …………………………………………………（121）

　　第三节　认定损害 …………………………………………………（132）

　　　　　第四节　认定因果关系 ······························ (146)

第六章　**反倾销裁决与措施** ／150
　　　　　第一节　反倾销裁决与措施 ························· (150)
　　　　　第二节　初裁和反倾销临时措施 ····················· (152)
　　　　　第三节　价格承诺 ······························· (159)
　　　　　第四节　终裁和反倾销税 ························· (167)

第七章　**反倾销行政复审** ／174
　　　　　第一节　行政复审理论 ························· (174)
　　　　　第二节　新出口商复审 ························· (178)
　　　　　第三节　期中复审 ························· (183)
　　　　　第四节　日落复审 ························· (191)

第八章　**反倾销司法审查** ／197
　　　　　第一节　反倾销司法审查理论 ····················· (197)
　　　　　第二节　反倾销案受案范围 ······················· (203)
　　　　　第三节　反倾销案起诉与受理 ····················· (207)
　　　　　第四节　反倾销案审理与判决 ····················· (210)

第九章　**应对国外反倾销诉讼** ／221
　　　　　第一节　商务部强化应诉指导 ····················· (221)
　　　　　第二节　应对美国反倾销 ························· (227)
　　　　　第三节　应对欧盟反倾销 ························· (234)
　　　　　第四节　应对其他国家反倾销 ····················· (240)

第十章　**WTO 反倾销争端解决机制** ／246
　　　　　第一节　反倾销争端解决体制 ····················· (246)
　　　　　第二节　磋商程序 ····························· (250)
　　　　　第三节　专家组与上诉机构程序 ··················· (253)
　　　　　第四节　DSB 建议和裁决的执行 ··················· (273)

第一章　反倾销诉讼理论

第一节　反倾销诉讼范畴

一、倾销

1. 倾销（Dumping），即倾倒。倾销通常指在另一市场以很低的价格出售商品。雅各布·瓦伊纳最早将倾销界定为："同一产品在不同国家市场之间价格歧视。"① 《布莱克法律词典》把倾销定义为：以低于公允价值大量出售商品行为，以低于国内市场价格在海外市场大量销售商品行为。② 《反倾销条例》第 3 条规定，倾销是指在正常贸易过程中进口产品以低于其正常价值的出口价格进入中国市场。《关税与贸易总协定》（GATT）第 6 条规定，倾销为将一国产品以低于正常价值方式引入另一国的商业，由此对一缔约方领土内一种已建立产业造成实质性损害或实质性损害的威胁，或实质性阻碍一种国内产业的新建的行为。《反倾销协议》第 2 条规定，如产品自一国出口至另一国的出口价格低于在正常贸易过程中出口国供消费的同类产品的可比价格，即以低于正常价值的价格进入另一国商业，则该产品被视为倾销。因此，可以认为 GATT 和《反倾销协议》对倾销的定义有一定的权威性，即倾销是以低于正常价值的价格在进口国市场上销售商品的行为。

2. 倾销的特征。

（1）低价销售。倾销一词或多或少包含以下几个方面的内容：①以国外竞争者无法竞争的价格销售；②低于国内市场价格在国外销售；③以卖方无

---

① 胡昭玲：《反倾销规则与实践》，南开大学出版社 2004 年版，第 4 页。

② Bryan A. Garner, *Black's Law Dictionary*, 7th edition, 1999, p. 518.

利可图的价格出售。①

（2）有的倾销是为击败进口国竞争对手；有的是为销售过剩产品；有的是为维持生产规模。一些发达国家甚至利用倾销手段打击发展中国家的民族经济，以达到控制其经济的目的。

（3）倾销扰乱市场正常秩序。因此倾销一旦满足法定条件，就有可能受到进口国反倾销的惩罚。

3. 倾销的构成要素：

（1）有倾销事实，即倾销产品以低于正常价值向进口国销售。

（2）有损害的存在，即倾销给进口国产业造成了损害。

（3）倾销事实与损害之间存在因果关系。认定倾销强调低于成本价直接给进口国产业造成损害后果。②

4. 正常价值即正常价格，一般指出口商的出口产品在其本国国内销售的价格。在反倾销调查中，出口价格比较容易确定，弹性较小。而确定正常价值相对复杂，弹性大，常被不公平地定性与适用，以达到贸易保护的目的，如对于所谓非市场经济国家，通常采用所谓"替代国价格"方法来计算倾销产品正常价值。

二、倾销的种类

1. Greg Mastel 将乌拉圭回合之后美国贸易法所定倾销分为：

（1）生产过剩导致的倾销，即一个企业持续在产品生产成本以下生产以及销售产品，目的在于最大限度补偿损失；

（2）政府支持导致的倾销，即政府为了扶持某一特定行业而给予补贴，通过政府补贴支持，这个行业中的企业就可以低于成本价格进行销售；

（3）掠夺性倾销，即通过低价消除竞争，从而获得排他性的市场控制力；

（4）技术性倾销，③ 罗伯特·威利格认为技术性倾销，大多基于出口者积极动机，并遵循自由贸易原则，在客观上有利于进口国经济发展，因此不应当受到反倾销惩罚。

---

① ［美］雅各布·瓦伊纳：《倾销：国际贸易中的一个问题》，沈瑶译，商务印书馆 2003 年版，第 3 页。

② 胡昭玲：《反倾销规则与实践》，南开大学出版社 2004 年版，第 6 页。

③ 胡昭玲：《反倾销规则与实践》，南开大学出版社 2004 年版，第 6 页。

2. Greyson Bryan 将不应受到抵制的倾销划分为技术倾销、剩余倾销、外汇倾销和社会倾销。

（1）技术倾销。是指某一产品的出口价格低于正常价值，但却等于或高于同类产品在进口国市场的销售价格。这种倾销由于不可能对进口国工业造成损害，因而进口国不能对其采取反倾销措施。

（2）剩余倾销。是指生产商为处理大量的剩余积压产品而在国内外市场以同一价格低价抛售产品。

（3）外汇倾销。是指由于出口国货币贬值而导致该国产品在进口国市场上以进口国货币表示售价降低。这也不构成倾销，因为以进口国货币表示的出口国国内市场价格相应也降低了。①

（4）社会倾销。是指某一产品的生产商利用长工时，低工薪或雇佣童工等方式降低成本，从而在外国市场低价销售其产品。

3. 按时间划分，倾销可分为间断性倾销和持续性倾销。间断性倾销指一国出口商品以低于国内商品价格，甚至低于商品的成本价格，在某国外市场上暂时出售，一旦取得优势并占领市场，就会停止倾销的行为。持续性倾销指出口商出于某种需要，长期或永久性地向别国低价销售其商品的行为。②

4. 依倾销方法划分，分为价格倾销和数量倾销。

价格倾销就是采用降低价格，甚至采用低于成本价格，向进口国销售商品，以占领其市场的行为。在国际贸易实务中，出口价格一般指离岸价格，《反倾销协议》中出口价格是指低于正常价值，即产品以通常商业数量，在正常贸易过程中低于出口国国内消费价格。对此不免有所质疑。因为以产品出口价格是否低于该产品在出口国国内市场的销售价格来确定是否构成倾销固然方便，但却忽视了同一商品在不同国家销售时会因销售心理和商业习惯出现合理价差，同时也未能充分考虑到该商品出口国的国内市场价格是否合理的情形。特别是出口国因自身需要在国内降低其售价时的价格水平，也有可能低于其生产成本，从而该商品出口价格低于其生产成本。

数量倾销指一个国家在一段时间内的某项产品出口数量猛烈增加，以致

①　［美］雅各布·瓦伊纳：《倾销：国际贸易中的一个问题》，沈瑶译，商务印书馆 2003 年版，第 3 页。

②　［美］雅各布·瓦伊纳：《倾销：国际贸易中的一个问题》，沈瑶译，商务印书馆 2003 年版，第 3 页。

对进口国可能产生实质性损害或损害威胁的销售行为。许多发展中国家外贸从 20 世纪 80 年代中期以来都出现了扩张趋势，出口数量迅猛增长。这不仅容易对他国产业产生冲击，而且容易与国际反倾销守则数量倾销界定吻合，从而引起部分发达国家利用发展中国家扩大出口的迫切心情而频繁发起反倾销。①

5. 雅各布·瓦伊纳根据动机对倾销作详细划分。②

（1）为处理偶然积压存货而倾销。一个生产商可能发现，在某个特定季节，依据原定价格下的销量不足，为了出清其现有或在制品存货，就可能采取降价销售措施，以防止出现货物积压。

（2）出于无意倾销。它只会发生在两种情况下，即投机者期望货物抵达外国市场后能以有利可图价格出售和货物被误运往某一国外市场或由于某种原因不能向原买主交货，只得低价处理。

（3）为在某一市场维持一定关系而实施倾销。尽管该市场一时对他并无吸引力，但这样做有利于为将来保留一个市场。

（4）为在新市场发展贸易关系以及在买方建立起信誉而实施倾销。

（5）为驱逐市场竞争对手，或迫使其就范进行倾销。

（6）为在倾销市场上先发制人，阻止形成竞争局面而倾销。

（7）对进口倾销实施报复。

（8）为使现有工厂设备保持充分开工，同时不降低国内价格倾销。

（9）为获得更大规模生产利益，同时不降低国内价格而实施倾销。

（10）纯粹出于重商主义理想而鼓励出口发生倾销。

三、倾销与反倾销的历史

倾销的历史最早可追溯至 18 世纪中叶重商主义时代。③ 其真正被广泛应用，可追溯到 20 世纪初。20 世纪 70 年代以来，西方国家国内产品过剩，经

---

① ［美］雅各布·瓦伊纳：《倾销：国际贸易中的一个问题》，沈瑶译，商务印书馆 2003 年版，第 3 页。

② ［美］雅各布·瓦伊纳：《倾销：国际贸易中的一个问题》，沈瑶译，商务印书馆 2003 年版，第 23 ~ 25 页。

③ 袁智："贸易自由化下反倾销法的滥用及其对策研究"，西南财经大学硕士学位论文，2003 年。

济滞涨，为摆脱困境，这些国家向外大量推销本国产品并限制进口。反倾销也有近百年的历史，加拿大是世界上第一个正式对反倾销立法的国家。早在1904年，其在修改的《1897年海关关税修正案》中，就加入反倾销的规定。1902年，英国、荷兰等不满来自其他国家的食糖倾销，他们签订了反倾销条约，这开创了国际反倾销立法和实践的先河。在20世纪80年代中期之前，反倾销主要发生在西方发达国家之间，但发达国家针对发展中国家的反倾销也在不断扩大。80年代中期之后，虽然发达国家反倾销之战仍在继续，但广大发展中国家逐渐成为发达国家反倾销的对象。发展中国家针对发达国家反倾销以及发展中国家之间的反倾销亦呈上升之势。据WTO报告统计，1990～2000年，全世界共提起反倾销诉讼2483件。[①]

从世贸组织反倾销的发展来看，主要经历了以下几个阶段：

1. 第二次世界大战后，为了避免反倾销对国际贸易的影响，美国等23个国家开始考虑通过国际条约来规范反倾销行为，并于1947年制定了《关税与贸易总协定》。该协定第6条规定，一缔约方为了抵销倾销，可对另一缔约方在该国倾销商品征收不超过倾销幅度的反倾销税；同时该条中对倾销构成作了原则性规定。

2. 1963年肯尼迪回合谈判中，关贸总协定各缔约方达成了《关于执行关贸总协定第6条的协定》，即《1967年反倾销守则》。该守则对1947年《关税与贸易总协定》第6条进行了充实和发展，并修订了倾销的概念、明确实质损害的标准以及严格因果关系，这样国际反倾销法基本框架形成。

3. 1979年东京回合谈判，形成《1979年实施关税与贸易总协定第6条的协议》，即《1979年反倾销守则》，该守则对《1967年反倾销守则》进行了补充和修改，并取消了倾销应是损害主要原因的规定，同时放宽了损害标准要求，制定了价格承诺条款，成立关贸总协定反倾销委员会。因此，反倾销协议易被各国接受。

4. 乌拉圭回合谈判，各缔约方达成《关于实施1994年关税与贸易总协定第6条的协议》，即现行《反倾销协议》，该协议要求加强反倾销调查程序的透明度，明确判断实质损害威胁的标准，确立争端解决机制和工作原则，明确争端解决评审标准。

---

① 王晖："论倾销的确定"，外交学院硕士学位论文，2003年。

国际反倾销立法促进了国际贸易发展。各国在参与世界贸易竞争中，在关贸总协定和世贸组织规则下，不断降低关税，消除非关税贸易壁垒，目的就是努力寻求保护本国产业和国家利益的方法和途径。各国为达此目的经常使用反倾销措施，它是世贸组织允许维护公平竞争、保护本国产业的重要手段，成为各国管理和控制进口的有利武器。① 《反倾销协议》是国际社会相互妥协的结果。② 一是进口国要求采取反倾销措施，以防止国内产业受到损害；二是出口国要求反倾销本身不应当成为对公平贸易和正当竞争阻碍。《反倾销协议》立法目的可作如下解读：

1. 自由无壁垒贸易是关贸总协定和世界贸易组织永远追求的目标，但自由贸易所产生的负面影响从长远来看并不有利于国际贸易持续健康发展，对自由贸易施加一定限制是有必要的。

2. 从国际贸易本身来看，造成不公的原因在于国家实力。而发达国家具有雄厚的经济实力。同时由于国际分工，发达国家一些产业逐步向发展中国家转移，造成发达国家进口额也很大，国家为倾销，也被倾销损害。因此，在国际范围内确立反倾销似乎没有哪一个国家完全反对。

3. 反倾销毕竟是对自由贸易的阻碍，那么就有必要对反倾销本身作出严格限定。倾销确认和采取反倾销措施应遵循法定标准和程序，以防止反倾销措施的滥用。

在 WTO 内部，各成员必须接受包括《反倾销协议》在内的全部乌拉圭回合一揽子协议，也就是"自动适用"原则。WTO 争端解决机制适用"自定强制管辖权"原则，争端如经协商不能解决，只需一方当事方请求，争端解决就应自动设立专家组受理；对专家组裁决报告除非争端解决机构以共识决定不通过该报告，否则该报告即被通过。反倾销作为维护国际贸易秩序、保护国内产业安全的一种手段是国际贸易之必然。

四、反倾销诉讼

"反倾销"是指进口国政府采取措施，保护本国相同产业免受外国进口产

---

① 据统计，自 1949～2000 年，世界范围内发生的反倾销案件达 4000 件，遭反倾销调查的产品达 4000 种，涉及贸易金额达数千亿美元，而这些案件中 1/3 以上发生在 20 世纪 90 年代。可见《反倾销协议》在实践中的重要性。

② 吴喜梅：《WTO 反倾销立法与各国实践》，郑州大学出版社 2003 年版，第 15 页。

品低价有害冲击，有效遏制出口商向进口国倾销其商品的行政活动。① 反倾销诉讼有狭义和广义之分。狭义即一般意义上的反倾销，是指由反倾销调查机关主持，在当事人参与下就倾销、损害、倾销和损害因果关系是否成立及应否采取反倾销措施所作出行政裁决的过程和结果。反倾销裁决对象为国际民事争议，裁决程序近于诉讼，所以学界通称其为反倾销诉讼。广义的反倾销诉讼还包括当事人对反倾销行政裁决不服申请法院进行的司法审查，"是由行政机关到法院上诉形式，目的是复审其认定事实和法律适用"② 或"赋予法院系统撤销被法官宣布违宪的立法或行政行为权力的一项宪法原则"③。它是市场经济发展和民主政治的产物。

五、反倾销裁决程序

（一）反倾销裁决程序的含义

反倾销裁决程序指行政机关就倾销、损害及倾销和损害之间因果关系认定所遵循的步骤、顺序和时限的总称。如《对外贸易法》第 38 条第 1、2 款规定："启动对外贸易调查，由国务院对外贸易主管部门发布公告。调查可以采取书面问卷、召开听证会、实地调查和委托调查方式进行。"

（二）反倾销裁决程序的特征

1. 它是一种行政程序。对反倾销调查和确定，由商务部负责。反倾销裁决程序为行政执法程序，包括调查、裁决和复审，即行政决定程序。它由行政机关主导，当事人参与，有关单位和个人给予配合与协助而进行。

2. 当事人总有一方是外国出口商或生产商。

3. 反倾销机关可派员赴他国调查取证。

4. 反倾销裁决程序根本目的是反倾销机关作出反倾销裁决和采取反倾销措施。《对外贸易法》第 41 条规定："其他国家或者地区产品以低于正常价值的倾销方式进入我国市场，对已建立的国内产业造成实质损害或者产生实质损害威胁，或者对建立国内产业造成实质阻碍的，国家可以采取反倾销措施，消除或者减轻这种损害或者损害的威胁或者阻碍。"

---

① 尹立："反倾销法与反不正当竞争法之间的异同"，《光明日报》2005 年 2 月 28 日。

② Bryan A. Garner, *Black's Law Dictionary*, 7th edition, 1999, p. 518.

③ Merriam Webster's Dictionary of Law, Merriam – Webster, Incorporated Springfield, Mssachusetts, p. 270.

（三）反倾销裁决程序为准司法程序

如《反倾销条例》第 20 条规定，商务部应为有关利害关系方提供陈述意见和论据的机会。[①]

1. 反倾销调查和裁决机关。《反倾销协议》规定反倾销属于行政职能，且将进口国反倾销机构定位为准司法性质的机构，并确定了倾销行为发生地行政机关管辖的原则。但对该机构设置没有明确说明，只是提到"当局"指"适当高级别主管机关"。

2. 反倾销机关居间审查和裁决。如《产业损害调查听证规则》第 6 条规定，反倾销调查的申请人、被申请人及其他利害关系方要求举行听证的，应当向国家经贸委提出要求举行听证的书面申请。

3. 反倾销裁决程序客体是特定国内外商品生产者或服务提供者或销售者之间的倾销与损害民事纠纷。

4. 反倾销裁决程序既不同于一般行政程序，又区别于司法程序。它比一般行政程序严格，也引入一些司法方法，但比司法程序简便。

（四）反倾销行政裁决

行政裁决是指"行政机关依法审理和裁断与行政管理活动密切相关的民事纠纷活动"[②]。倾销是损害国内同类产业利益的不正当竞争行为，属于不公正的民事行为。[③] 国内同类产业作为受害者，请求权基础即为其被侵害的公平竞争权。"公平竞争权是市场主体所享有的，作为一个市场主体被其他市场主体所尊重，并被承诺以公平方式竞争交易机会的权利。"[④] 公平竞争权是民事权利，是商事主体享有的人格权。[⑤] 作为受害方的国内同类产业先向行政机关提出申请，而不直接向法院起诉，目的在于发挥行政机关效能，裁定倾销及其损害与否的民事争议。当事人对反倾销裁决还可向法院提起司法审查。

（五）反倾销措施是指依法制止和惩罚倾销的行政决定

征收的反倾销税归国家，而不归进口国内生产商所有。反倾销措施目的

---

① 陈新："行政司法的重建与规制"，载《铜陵学院学报》2007 年第 2 期。

② 应松年主编：《行政法学新论》，中国方正出版社 2004 年版，第 322 页。

③ 参见邵建东：《竞争法教程》，知识产权出版社 2005 年版，第 45 页。

④ 唐兆凡、曹前有："公平竞争权与科斯定律的潜在前提——论公平竞争权的应然性及其本质属性"，载《现代法学》2005 年第 2 期。

⑤ 唐兆凡、曹前有："公平竞争权与科斯定律的潜在前提——论公平竞争权的应然性及其本质属性"，载《现代法学》2005 年第 2 期。

不是解决当事人之间民事损害赔偿，而是通过裁定倾销与否的民事争议来制止倾销，维护国内产业安全。即使被调查企业的行为被认定为倾销，也无须对国内同类企业损害承担赔偿责任。如依据《2000 年持续倾销与补贴补偿法案》，美国海关须将征收反倾销和反补贴税分配给提出申请企业或支持征收反倾销和反补贴税的其他企业。2001 年 9 月，11 个世贸组织成员向世贸组织提起诉讼，认为美国《伯尔德修正案》违反了世贸规则。2003 年 1 月，世贸组织裁决《伯尔德修正案》违背世贸规则，要求美国尽快废除该法案，但美国未废除。2004 年 11 月，世贸组织授予欧盟、加拿大、日本、巴西、智利、印度、韩国和墨西哥制裁美国出口产品的权力，允许这些国家对美国产品征收报复性关税，制裁金额超过 1.5 亿美元。2005 年 9 月，日本政府决定对美国滚珠轴承和钢铁产品征收 15% 惩罚性关税。2006 年 2 月 1 日，美国作出废除《伯尔德修正案》的决定。自 2007 年 10 月 1 日起征收或已经征收的税款将不再分配给美国生产商。

第二节　反倾销诉讼目的

一、倾销与反倾销价值的争论①

倾销是自由竞争的结果，不应当限制或消除倾销。反对或消除倾销违反市场法则，是不利于竞争的贸易保护行为。原因如下：①现今倾销只是为销售质优价廉商品，结果是国内消费者受益。②促进国内生产者进步。③企业在国际市场上的售价高低取决于多种因素，产品价格差异客观存在，不能忽视供求规律而仅以价低来判断贸易是否公平。④对于倾销应当依托市场竞争，而不应制定反倾销加以制裁，只有市场竞争才会优胜劣汰。

倾销是不正当竞争行为，应当禁止。原因如下：①倾销违背市场公平法则，出口商以低价向进口国倾销商品，目的是击败竞争对手进而控制市场，获得垄断利润。②市场的一般法则是从交易中获得利润，低价倾销不能带来

---

① 赵维田：《世贸组织（WTO）的法律制度》，吉林人民出版社 2000 年版；尚明：《反倾销：WTO 规则及中外法律与实践》，法律出版社 2003 年版；张新娟：《反倾销法律的理论与实践》，中国社会科学出版社 2003 年版。

丰厚的利润甚至亏本，最终不利于市场的良好运行。③消费者购买倾销商品获利，但这种利益是暂时的，一旦实施倾销的出口商品站稳脚跟，消费者就会由市场受益者变成受害者。

应当正确地认识倾销具有两面性，既有益又有害。一方面，倾销对进口国产业以及正常贸易秩序有危害，但另一方面也应当承认，反倾销是政府对市场干预，不自觉地干扰市场运行的行为。如雅各布·瓦伊纳认为，只有带有掠夺性意图间歇性或短期倾销才应当受到制裁，而持续性倾销因为其给进口国消费者带来的利益超过了对进口国国内产业的"损害"，符合比较优势法则，不应受到制裁。① 对倾销的定性也有分歧，各国依然对倾销采取措施，目的是保护本国产业。一般地说，美国在反倾销实体法上，偏重保护国内产业，对消费者或工业用户利益关注不够。而欧盟则过分关注产业安全，贸易保护主义倾向较重。

倾销可以是向进口国市场提供价廉物美的商品。② 一般说来，倾销益大于弊。反倾销调查不应盲目地限制外国产品进口，而应遵守 WTO 协议、《对外贸易法》和《反倾销条例》。我们认为启动反倾销，最终目的在于确定真正倾销，采取公平措施，使真正受倾销损害的国内产业得到公平竞争和发展机会，不应以反倾销为借口，实施贸易保护。③

二、保护国内产业

自由贸易理论认为建立在生产条件优势基础上的廉价进口符合自由贸易原则，但优势不能来自于人为因素，否则廉价进口就不具备合理性。④ 即使激进自由贸易主义者也不会反对国家采取措施对倾销予以抵制。保护国内产业是反倾销立法的首要目的，各国正是出于对本国产业的培育和保护，才对国外出口商倾销行为进行调查和制止。通过反倾销，保护竞争秩序和国内产业安全成为各国通行做法。⑤《反倾销协议》规制各成员方实施反倾销措施，也

---

① 彭文革、徐文芳：《倾销与反倾销法论》，武汉大学出版社1997年版，第33页。
② "中国进口反倾销调查走过十年"，http：//finance.sina.com.cn/g/20070626/14333725933.shtml.
③ "中国进口反倾销调查走过十年"，http：//finance.sina.com.cn/g/20070626/14333725933.shtml.
④ ［美］雅各布·瓦伊纳：《倾销：国际贸易中的一个问题》，沈瑶译，商务印书馆2003年版，第127~130页。
⑤ 1904年加拿大的《海关法》是世界上第一部以国内法形式规范反倾销措施的法律，之后，美国、澳大利亚、英国等也相继制定《反倾销法》。

授权各成员方通过反倾销以保护国内产业的国际条约。我国也深受倾销之害，很多国内产业与发达国家存在不小差距，产品低成本优势锐减，这些因素导致我国易受国外倾销产品损害。《反倾销条例》赋予商务部倾销认定、损害认定、因果关系认定，实施反倾销措施，正是为了正当地保护国内产业发展。如《反倾销条例》第 2 条规定，进口产品以倾销方式进入中国市场，并对已经建立的国内产业造成实质损害或者产生实质损害威胁，或者对建立国内产业造成实质阻碍的，依照本条例的规定进行调查，采取反倾销措施。自 1997 年我国对加拿大、美国和韩国出口的新闻纸发起反倾销调查以来，我国每年对外发起的反倾销调查案件平均有 5~6 件。

美国《反倾销法》侧重保护国内产业。只要国外生产者向美国出口价格低于其国内价格，并对国内生产者利润、生产量和市场份额任何一项造成不利影响，就采取反倾销措施。他保护的是美国国内竞争者，而不是竞争。反对的不仅是掠夺性倾销，还包括价格歧视。美国只要认为其经济安全受到威胁，就发起反倾销以维护其经济安全。

欧盟委员会和理事会裁量广泛，就是为尽可能地保护欧盟产业，阻止他国产品竞争。近几年，欧元区主权债务危机，失业严重，通过反倾销，保护欧盟产业意图更为明显。如 2007~2011 年间，欧盟针对中国的 21 起产品反倾销调查几乎都征收反倾销税，这是在金融危机前从未有过的现象①。欧盟认定中国产品存在倾销，带有强烈主观色彩和普遍歧视。如欧委会宣布，欧盟从 2013 年 6 月 6 日起对产自中国的光伏产品征收 11.8% 的临时反倾销税，如果欧中双方未能在 8 月 6 日前达成妥协方案，届时反倾销税率将升至 47.6%。②欧盟委员会 2013 年 8 月 2 日宣布批准中欧光伏贸易争端的"价格承诺"协议。众多中国光伏企业同意为出口至欧盟的光伏产品设置最低限价，这些企业对欧出口额占中国对欧光伏产品出口总额的 70%，同时，这些企业无需缴纳惩罚性关税，但没有参加协议的企业则需要向欧盟缴纳 47.6% 的反倾销税。欧盟还为中国光伏企业对欧出口设定了一个年限额，对于超出这一限额的出口将同样征收 47.6% 的反倾销税，此份"价格承诺"有效期将持续至 2015 年

---

① 高杉、涂裕春："金融危机下欧盟对华反倾销现状研究及特点分析"，载《经济视角（下）》2011 年第 12 期。

② 新华网，作者张正富、闫磊，2013 年 8 月 3 日访问。

年底。

三、平衡自由贸易和国内产业安全

自由贸易能够使整个国际社会福利水平提高，资源优化配置，但不一定使所有各方同等受益。在贸易自由多边会谈中，许多贸易代表把反倾销视为保持一个开放贸易制度所必须付出的代价，他们认为一个有效的反倾销补救措施是一个国家开放市场、贸易自由所必需的。自由贸易有负面影响，但是又没有其他制度抵消这种负作用。因此，反倾销对少数发展中国家来说，尤其重要。发展中国家在国际分工中，在利益分配上处于不利地位。反倾销构成了世界自由贸易的有效保护体系，反过来推动贸易自由化进程。

一些国家以保护国内产业、维护公平竞争秩序为名恶意实施反倾销，违反《反倾销协议》宗旨。如果不适时对应地反倾销，就不能实现维护经济安全的目的。如果一味维护经济安全，或违背《反倾销协议》宗旨，形成贸易保护，那么在被诉诸 WTO 争端解决机构时将处于不利地位。许多国家在实施反倾销时都在保护国内产业与维护自由贸易之间寻求平衡。同时，实施和应对反倾销应遵循《反倾销协议》，灵活运用该协议所赋予的裁量权，兼顾自由贸易与国内产业保护。反倾销对出口国而言不利，因此，实施该措施应不影响两国间经贸，避免纷争。① 如施罗德说，"欧盟对中国光伏产品征收惩罚性关税不符合德国利益"。他强调，"贸易保护主义无助于欧盟各国提高本国企业竞争力。我同意德国政府现在的立场，即以谈判的方式解决贸易争端。中国太阳能产业所需的许多半成品及机械设备等都来自德国，而德国深加工产业也从中国进口的大量廉价产品中受益，欧盟决议不符合德国利益"。

积极应对反倾销诉讼，尽量找出对方行为与《反倾销协议》及该国反倾销法规定的不符之处，积极争取市场经济地位、有利替代国价格、单独税率，尽量避免出口利益损失，维护本国经济安全。如欧盟在对中国实施反倾销时从不承认市场经济地位到确认转型市场经济地位的转变，又如澳大利亚和新西兰对中国从不承认市场经济地位到确认转型市场经济再到承认完全市场经济地位的转变。

---

① 柏林 2013 年 6 月 26 日电，德国前总理施罗德 26 日在接受新华社记者说，载新华网，2013 年 6 月 27 日访问。

任何国家及地区对中国出口产品采取歧视性反倾销措施的，中国可根据实际情况对该国或地区采取相应措施。对等性反倾销可为反倾销目的。这会对原反倾销发起国产品出口形成压力，使其谨慎反倾销。1998～2009 年美国对华反倾销案数据分析显示，报复性反倾销发起频率、报复性反倾销涉案产品出口比重以及中国前期对美反倾销次数都显著影响了 USITC 对华反倾销裁决。① 选择对方关键产品进行报复并增加报复次数，可提高报复性反倾销威慑力。如在此前中欧光伏反倾销案中，据称法国、意大利和西班牙都对征税投赞成票。有人据此认为，中国此次对葡萄酒启动"双反"调查反制意味明显。作为法国最大葡萄酒生产地，波尔多地区葡萄酒企业对此次"双反"调查也尤为关注。② 我们认为如果外方针对中方实施歧视性反倾销，中方可依据《反倾销协议》精神和原则，依法、依职权或依申请启动反制性反倾销，这符合正义原则。

四、维护公共利益

公共利益是指本国上下游产业、工业用户和消费者利益。③ 衡量公共利益的要素有：倾销产品为原材料还是制成品；国内是否有能力生产或能否满足需求；上游产业与下游产业；受冲击的是新兴还是落后产业；倾销是否实际使产业加快结构调整。如原产于日本、韩国的以 409 为编码的薄板，如果由于征收反倾销税而停止使用进口的 409 钢材，下游产业将受到严重影响。主管机关经过对下游企业的考察、听证，将它们排除在反倾销税征收范围之外，以避免给下游产业造成损失。④ 又如 2005 年，商务部作出《关于对原产于日本、韩国、美国和法国的进口水合肼反倾销调查的终裁决定》，"被调查产品的倾销行为是造成中国产业实质损害的直接原因，反倾销针对倾销，并不会对公平和正当进口造成任何限制和障碍，从长远看，被调查产品下游企业与申请调查进口产品的中国国内产业最终利益一致。征收反倾销税符合公共利

---

① 周婷婷："报复性反倾销与美国对华反倾销裁定"，南京大学硕士毕业论文，2012 年。

② 来源：新京报，作者：沈玮青，2013 年 6 月 7 日访问。

③ 陆文玥："反倾销'公共利益'原则的社会认同与价值取向"，载《北方经贸》2005 年第 12 期。

④ 吴益民："试论反倾销中的公共利益原则"，载《上海大学学报（社会科学版）》2009 年第 6 期。

益"。这是自 2004 年《反倾销条例》以来，反倾销机关依据"征收反倾销税应当符合公共利益"条款裁判的第一案。① 公共利益贯穿于反倾销全过程。② 基于公共利益一国可中止、终止或继续反倾销调查；可采取反倾销措施；可中止、修改或终止反倾销措施；可发起行政复审。

WTO 鼓励各成员在采取反倾销措施时尽量减少对公共利益的损害。③ 据不完全统计，世界上有反倾销立法的国家或地区有 75 个，有公共利益立法的为 35 个。其中 34 个国家规定在进行反倾销调查时应考虑下游用户企业、消费者利益或国家整体利益。其中 15 个国家还规定为保护公共利益可不征或少征税。④《反倾销协议》第 9 条规定，征收的反倾销税金额是否应等于或小于倾销幅度的决定，以及在所有征收反倾销税的要求均已满足的情况下是否征收反倾销税决定，均由进口成员的主管机关作出。宜允许在所有成员领土内征税，如反倾销税小于倾销幅度即足以消除对国内产业损害，则该反倾销税是可取的。

欧盟虽然规定，⑤ "确定共同体利益是否需要干预，应依据对所有各方利益的总体评定，包括国内产业、使用者和消费者利益，并且只有当所有各方都有机会发表意见后，才能按照本条作出认定。根据所认定倾销和损害决定施加措施，如果有关当局根据提交的信息，可明确作出施加这种措施不符合共同体利益结论，可不予施加"，但欧盟似乎偏重保护生产者利益而少考虑消费者利益。如 1995 年 6 月，欧盟委员会在对从中国进口粉末活性炭征收临时反倾销税过程中，虽然保护了欧盟企业，但是却给欧盟的用户带来了很大损失，而欧盟理事会却认为符合公共利益，并作出反倾销决议。⑥

在加拿大，《特别进口措施法》第 45 节规定，在作出最终反倾销措施后，

---

① 吴益民："试论反倾销中的公共利益原则"，载《上海大学学报（社会科学版）》2009 年第 6 期。

② 赵雪："论公共利益条款在反倾销制度中的确立和完善"，载中央财经大学法学院，http：//www. cacs. gov. cn。

③ 吴益民："试论反倾销中的公共利益原则"，载《上海大学学报（社会科学版）》2009 年第 6 期。

④ 上海 WTO 事务咨询中心：国外反倾销中公共利益问题的立法与实践研究。

⑤ Council Regulation (EC) No 384/96 of 22 December 1995 on protection against dumped imports from countries not members of the European Community.

⑥ 吴益民："试论反倾销中的公共利益原则"，载《上海大学学报（社会科学版）》2009 年第 6 期。

如果有充分理由相信按反倾销幅度确定征收反倾销税不符合各国利益，国际贸易裁判所可自行或依据利害关系人请求发起公共利益调查，调查考虑因素：①是否可以从与反倾销诉讼无关国家或出口商获得相同产品；②如果全额征收反倾销税，是否会大大降低国内相同产品市场竞争力；是否会给以有关产品为投入品的国家生产商造成重大损害；是否因限制获得生产或服务中使用的投入品或技术而严重损害行业竞争力；是否严重限制消费者按竞争性价格选择获得产品权利，或在其他方面给消费者造成严重损害；③如果降低或取消反倾销税会给国内同类产品生产中适用的投入品的国内生产商造成重大损害，那么裁判可最终裁定减幅征收反倾销税。①

反倾销应当听取公共利益利害关系方意见。《反倾销条例》应将"利害关系方"确定为工业用户、消费者以及他们各自协会或商会。如《反倾销产业损害调查规定》第 17 条规定，商务部在进行产业损害调查时，应当为倾销进口产品的使用者、消费者等提供陈述意见、提交证据的机会。《反倾销协议》第 6 条规定，主管机关应向被调查产品工业用户，或在该产品通常为零售情况下，向具有代表性消费者组织提供机会，使其能够提供与倾销、损害和因果关系有关信息。如在中石油巴陵分公司等代表国内己内酰胺产业，对原产于欧盟和美国的进口己内酰胺反倾销调查案中，② 2011 年 3 月 9 日，商务部发出《关于召开己内酰胺反倾销案上下游企业意见陈述会的通知》。2011 年 3 月 18 日，商务部召开了己内酰胺反倾销案上下游企业意见陈述会，听取上下游企业对本案意见。参会的下游产业反对反倾销，因为反倾销抬高下游购买价；而上游产业支持反倾销，因为反倾销抬高上游销售价。他们的意见都是反倾销所应考虑的公共利益。可借鉴加拿大《公共利益调查指南》规定的反倾销公共利益调查程序制度。

五、反倾销裁决程序目的

反倾销裁决程序最终目的在于公平有效地实现实体法。离开反倾销实体

---

① 吴益民："试论反倾销中的公共利益原则"，载《上海大学学报（社会科学版）》2009 年第 6 期。

② 商务部公告 2011 年第 68 号《关于原产于欧盟和美国的进口己内酰胺反倾销调查的最终裁定》。载商务部网站，http://gpj.mofcom.gov.cn/article/cs/201110/20111007785016.html，2012 年 10 月 19 日访问。

法，反倾销裁决程序法一点用处也没有。反倾销实体法包括民法和行政实体法。反倾销民法指确定倾销、损害、倾销与损害因果关系中适用的民事法律规范。反倾销行政实体法指作出临时或最终反倾销措施中适用的行政实体法规范，如反倾销税规范。《反倾销条例》第 2 条规定："进口产品以倾销方式进入中华人民共和国市场，并对已经建立的国内产业造成实质损害或者产生实质损害威胁，或者对建立国内产业造成实质阻碍的，依照本条例的规定进行调查，采取反倾销措施。"其中确定调查对象和内容为民法适用的结果，采取反倾销措施为行政实体法适用之结果。行政程序法有其自身目的，但是根本目的还在于有效及时地实现实体法。如《反倾销调查抽样暂行规则》第 3 条规定，外经贸部应在全面调查的基础上为每一应诉出口商或生产商确定单独的倾销幅度。但因出口商、生产商、产品型号或交易过多，为每一出口商、生产商单独确定倾销幅度或调查全部产品型号、交易会带来过重负担并妨碍倾销调查及时完成的，外经贸部可采用抽样方法进行调查。其中无论全面调查还是抽样调查，都是行政程序法的适用，单独的倾销幅度还是抽样的倾销幅度裁定，都是民事实体法的适用，前者服务于后者。

印度与欧盟棉纺床上用品反倾销税纠纷案①

欧盟委员会于 1997 年 11 月 28 日颁布对从印度进口的棉纺床上用品征收最终反倾销税。实体争议集中在欧盟"零"惯例做法是否符合《反倾销协议》第 2 条第 4 款 2 规定。"零"惯例作法是指调查当局在做了大量单个出口价格和正常价值比较后，对这些单个比较结果进行平均，计算出一个统一适用于所有受调查产品的倾销幅度。欧盟对棉纺床上用品按不同类型分别进行加权平均正常价值和加权平均出口价格比较，对比较获得的倾销结果，进行平均，得出统一的倾销幅度，适用于所有棉纺床上用品。在计算倾销总量时，将不同类型产品的倾销量相加，而对那些呈现"负倾销"结果的产品类型，即产品出口价格不低于正常价值的，将其倾销总量视为零，印度反对"零"惯例作法，并认为计算倾销总量，排除那些"负倾销"数量不符合《反倾销协议》第 2 条第 4 款 2"所有可比较出口交易的加权平均价格"的要求。根据"加权平均"（weighted average）及"平均"（average）一词含义，被"平

---

① 资料来源："印度与欧盟棉纺床上用品反倾销税纠纷案"，载中国贸易救济信息网，http：//www.cacs.gov.cn/cacs/falv/falvshow.aspx? str1 =&articleId =37923，2013 年 8 月 3 日访问。

均"的应是给出的数量总值，而不是其个数。"零"惯例作法扭曲了加权倾销幅度，并且导致了一个较使用《反倾销协议》计算出的倾销幅度更高的幅度。如果受调查产品所有类型都存在倾销，"零"惯例作法不存在什么差别，但在某些产品类型根本没有倾销的情形下，结果就不同。专家组最终同意了印度观点。欧盟认为《反倾销协议》没有涉及对相同产品在不同类型比较的基础上形成的大量的倾销幅度数据如何处理的规定。那么《反倾销协议》第2条第4款2应被理解为适用于整个决定受调查产品倾销幅度的程序。参考《反倾销协议》第2条第1款"倾销"的定义："为执行本协议，一个产品被认为存在倾销……"即倾销针对产品本身。《反倾销协议》第2条4款2是针对倾销幅度的规定。根据《反倾销协议》第2条第1款，第2条第4款2建立的倾销幅度必须和"是否存在倾销"问题相连。倾销幅度的决定也只能针对产品本身，而非与该产品有关的单个交易（transaction）或类型（model）。《反倾销协议》第2条第4款2规定"加权平均正常价值应和所有可比较出口交易的加权平均出口价格比较"。而欧盟的作法则不是基于所有可比较交易，欧盟将比较显示为"负倾销"的结果都视为"零"，事实上改变了这些比较中的出口价格，并将这些出口价格视同正常价值，这种处理效果上类似于人为的操纵单个出口价格，这违反《反倾销协议》。

上诉机构也认为欧盟"零"惯例作法不符合第2条第4款2的规定，不同意欧盟认为的《反倾销协议》第2条第4款2没有提供计算总倾销幅度的方法。它强调的是加权平均正常价值与所有可比的加权平均出口价格相比。而欧盟将"负倾销"计为零，显然是没有将某些出口交易价格完全考虑在内，这种作法不符合"公平比较"要求，而且导致了倾销幅度结果虚增。欧盟认为不同类型的棉纺床上用品是不可比的，因为它们物理性质存在不同，而且是实质性的，无法消除。上诉机构认为欧盟此项声明与欧盟以前作法矛盾：在调查开始时，欧盟将棉纺床上用品定义为调查产品，并认为"不同类型"的产品因具相同物理特性和一致实质用途，因而被看作是一种产品；欧盟在审查共同体市场销售的棉纺床上用品与产于埃及、印度和巴基斯坦但在共同体市场销售的产品是否近似时，认定尽管这些产品存在不同，但在基本特征、用途和质量上没有不同，因而这些产品构成了欧盟 No. 384/96 第1（4）条"相似产品"。欧盟已将其定义为"相似产品"，不能再主张它们不可比，所有"相似产品"类型都可比。

评析：欧盟"零"惯例做法是对反倾销实体法的理解和适用，专家组和上诉机构支持印度诉求，裁定欧盟这种理解和适用与《反倾销协议》第2条第4款2不符。即"在遵守适用于第4款中公平比较规定前提下，调查阶段倾销幅度的存在通常应在对加权平均正常价值与全部可比出口交易的加权平均价格进行比较的基础上确定，或在逐笔交易的基础上对正常价值与出口价格进行比较而确定。如主管机关认为一种出口价格在不同购买者、地区或时间之间差异很大，且如果就为何不能通过使用加权平均对加权平均或交易对交易进行比较而适当考虑此类差异作出说明，则在加权平均基础上确定的正常价值可以与单笔出口交易的价格进行比较。"在反倾销调查中，必须确保实体法适用合法，否则反倾销调查程序就变得徒劳。

行政裁决程序自身的目的在于程序公平与效率。如反倾销机关披露初裁内容，接收当事人评论意见，这为程序公平；在当事人妨碍调查时，依据可获得的最佳证据材料作出裁决，这为程序效率。重视反倾销裁决程序自身价值，才可能更好地实现实体法目的。反倾销程序不公平或低效率，将导致反倾销实体法目标的不能实现，这是无可怀疑的。如美国在反倾销程序上，遵从正当程序，权利保护和效率兼顾的原则。两个独立机关分别负责裁定倾销、损害，分权制衡。行政法官专职负责听证裁决。听证程序堪为模板，如美国反倾销案可召开3次听证会。注重效率如强调期限限制，如美国商务部在收到反倾销投诉后仅20天内，就要对投诉书进行形式审查，以便决定是否立案调查。美国在正当程序支配之下，强调言辞质证，遵守案卷排他性原则。当事人可就事实认定提出建议，调查机关给予回应。欧盟反倾销注重效率，强调反倾销调查的目的是服务于实现反倾销实体目标。许多国家和地区在反倾销分权与制衡、正当程序原则上不及美国。如欧共体反倾销案一般只有两次听证会，一次是在立案调查后，一次是在初裁之后，听证会由欧共体委员会反倾销司主持，没有独立行政法官制度。

反倾销裁决程序工具目的就是公平和高效地实现这些民法和行政实体法。它与反倾销司法审查工具目的有区别：前者是在反倾销裁决程序中直接适用实体法；后者是间接审查监督式适用实体法。反倾销司法审查根本或工具目的在于确保反倾销裁决程序和实体法的适用合法。其自身目的在于实现司法审查公平与效率，及时解决反倾销行政争议。我们认为需要强化反倾销司法审查作用，确保公正和效率。一方面制衡反倾销机关行政权力的行使，保护利害关系人权利；另一方面，支持合法合规的反倾销行政裁决，实现反倾销实体法目的。

我们认为，就中国反倾销裁决程序目的而言，应强调反倾销行政程序服务于实体法目的，贯彻行政程序法终究是为实现实体法而存在，强调通过行政裁决程序有效地保护国内产业安全。注重吸收正当程序精神，可借鉴行政法官制度，强化听证制度建设，强化依可得最佳证据材料作出裁决规则的适用力度。反倾销程序节奏应由商务部掌握，始终追求高效率，保护公共利益和国家利益。目前，反倾销程序正当性不够，效率不高，如反倾销调查遇特殊情况可延长至 18 个月，这与其他国家或地区相比显得时间过长，如欧盟一般 6~8 个月，最长不超过 1 年。

六、反倾销行政裁决程序结构

结构模式是指在反倾销行政裁决中当事人享有不同程序权利，负担不同程序义务的关系类型。一般地说有美国的当事人主义和德国的职权主义两种模式。

1. 当事人主义。是指在行政程序中，行政机关遵循与当事人地位平等原则，当事人积极有效地参与程序以及结果制作的模式。这种模式受正当程序原则支配，反倾销申诉人资格宽松，反倾销机关也较少依职权启动反倾销调查，并坚持调查机关和当事人在反倾销调查程序中地位平等的原则和理念。调查机关在调查中并不高当事人一等，与当事人在行政程序中平等相处，甚至某些事项上可对等。如在举证责任分配上，谁主张谁举证。

2. 职权主义。是指行政机关主导行政程序，尽可能有效率地作出正确行政决定、决策的目标模式。该模式深受效率价值支配，反倾销机关在行政裁决程序中处于主导地位，当事人处于协助地位。如德国行政程序上奉行职权主义，当事人之间平等，但与反倾销机关并不平等。反倾销机关负责查明案件事实，依职权调查，利害关系方负有协查义务并享有提供证据的权利。

反倾销裁决程序应坚持职权主义和当事人主义相结合。一般依申请人申请启动反倾销调查，并适当放松商务部依职权启动条件。商务部主导反倾销调查程序，不受当事人控制。商务部对当事人既不苛刻，也不迁就其无理要求。这样使当事人尽可能地发挥潜能，充分行使权利，依法履行义务，特别是诚信和协助调查义务。为公共利益，或为核实当事人证据真实准确与否，商务部主动调取证据。申请人和被申请人平等地举证、辩驳，充分地履行举证责任，否则他们就承担败诉或不利后果。确保当事人充分行使质证权利，履行质证义务，可以赋予当事人证据认定建议权利，就证据认定，行政机关应预先听取当事人意见。

第二章 反倾销诉讼原则

第一节 遵守国际条约原则

一、反倾销遵循国际条约原则

国际条约是指国家之间、国家与国际组织之间订立的设定各方权利、义务的书面法律文件。[①] 国际法上古老的"条约必须信守"原则就是指各国对其缔结或参加的条约，必须善意忠实地履行。条约一般依赖各国自我约束和自动履行。"条约当事国，如果违反条约必须信守原则，构成国际不法行为，应负国际责任。"[②] 如《哈佛条约法公约草案》指出："在实践上，当一个国家不履行条约义务时，他方即加以谴责，如果坚持违约而并无有理由证明，由于违约而致无过失的一方遭受任何损害，无过失一方即要求其赔偿。"[③]《维也纳条约法公约》第26条规定："凡有效之条约对其各当事国有拘束力，必须由该国善意履行。"[④]

《1948年关贸总协定》第6条规定，缔约方为了抵消或防止倾销，可对倾销产品征收数量不超过这一产品倾销差额的反倾销税。这是第一个反倾销国际规定。1967年关贸总协定在肯尼迪回合中达成新协议，即《1967年执行关贸总协定第6条协议》。目前为各国所认可《关于执行关税与贸易总协定第6条的协议》是1994年乌拉圭回合制定的新"反倾销守则"，即《反倾销协议》。该协定旨在为各成员创造一个非歧视贸易环境，使成员承诺采取同样原

---

① 张桂红主编：《国际经济法》，东北财经大学出版社2007年版，第7~8页。

② 李浩培：《条约法概论》，法律出版社2003年版，第330页。

③ 外交学院国际法教研室：《国际公法参考文件选辑》，1958年版，第406页。转引自邢路阳："从法哲学的角度看'条约必须信守原则'"，载《武汉船舶职业技术学院学报》2005年第3期。

④ 陈安主编：《国际经济法》，法律出版社2007年版，第141页。

则对待各项进口，出口也能在别国市场上享受公平、一致待遇。该协定约束范围广，增加了执法环节的透明度要求，补充了调查规则，增设了公共利益条款，降低了税额，促进了国际贸易发展。

二、成员方国内立法，不得与《反倾销协议》规定义务相抵触

《反倾销协议》第 18 条第 4 款规定："每一成员应采取所有必要的一般或特殊步骤，以保证在不迟于《WTO 协议》对其生效之日，使其法律、法规和行政程序符合可能对所涉成员适用本协定的规定。"所有成员方的国内立法都必须符合《反倾销协议》规定。为约束成员方立法机关的反倾销立法，《反倾销协议》第 18 条第 5 款规定："每一成员应将与本协定有关的法律和法规的任何变更情况及此类法律和法规管理方面的变更情况通知委员会。"① 第 6 款规定："委员会应每年审议本协定的执行和运用情况，同时考虑本协定的目标。委员会应每年将此类审议所涉期间的发展情况通知货物贸易理事会。"反倾销措施委员会在对成员国立法进行评审时，与会的其他成员方可对不符合《反倾销协议》规定的成员方国内法提出质疑，并要求会议就此进行讨论，以此对该成员方施加改进立法的压力。如果该成员方不改进立法，根据 WTO 专家组和上诉机构裁决先例，其他成员方可诉诸 WTO 争端解决机构加以解决。

如在欧盟、日本诉美国《1916 年反倾销法》一案中，上诉机构指出，根据《1994 年关贸总协定》第 23 条和《反倾销协议》第 17 条，欧盟和日本有权利指控美国《1916 年反倾销法》违反《1994 年关贸总协定》和《反倾销协议》，专家小组有权审查这些请求。这确定了专家组对成员方立法是否违反《反倾销协议》的争议管辖权。另外上诉机构认为，在判断《1994 年关贸总协定》第 6 条和《反倾销协议》是否适用于成员的某一法律时，应以该法律规定本质是否属于反倾销法为标准，即它是否符合《1994 年关贸总协定》第 6 条和《反倾销协议》规定的"倾销"和"损害"概念，而不是以其规定强制措施是否与《反倾销协议》规定一致为准。如果以其规定措施为准，就是本末倒置，可能产生的结果就是某一成员的反倾销法中规定的是与《反倾销协议》不一致的反倾销措施，就可避免《反倾销协议》的约束。上诉机构的这一结论从另一角度拓宽了反倾销申请案由范围，即一成员申诉另一成员反

---

① 即反倾销措施委员会。

倾销法，该法是否适用《1994 年关贸总协定》第 6 条和《反倾销协议》，应考察该法实质上是否属于《1994 年关贸总协定》第 6 条和《反倾销协议》规定范围，根本上审查它是否符合《1994 年关贸总协定》第 6 条和《反倾销协议》规定的"倾销"。只要认定该法本质上规制的是"倾销"，不论其采取什么形式来处罚倾销行为，或条文中如何标榜其立法目的不是反倾销，该成员都不能规避使该法与《1994 年关贸总协定》第 6 条和《反倾销协议》保持一致义务①。上诉机构这一裁决表明，成员方国内立法不得以任何方式规避《反倾销协议》的约束。2001 年中国加入 WTO，自 1997 年《反倾销和反补贴条例》制定出台以来，颁布了十余部反倾销法规和规章，他们都与《反倾销协议》一致，这充分体现了我国履行了世贸组织成员的义务。

三、一国所采取的反倾销措施、依据、程序和期限都应符合《反倾销协议》

WTO 成立后，根据一揽子协定签订法，所有 WTO 协定都必须由成员方签署和接受，不得保留，从而使《反倾销协议》能够约束所有 WTO 成员方。WTO 协定也明确规定优先适用的原则，并要求成员方修改国内不符合 WTO 一揽子协定的国内立法。WTO 还成立了专门争端解决机构，负责解决成员方争端，并授予成员方根据专家小组裁定，对违反 WTO 协定义务的成员方进行报复的权利。

墨西哥对美国高糖玉米糖浆的反倾销案②

1997 年 1 月 14 日，墨西哥糖酒生产商协会向商业部提起反倾销调查申请，声称来自美国的高糖玉米糖浆以倾销的价格出口到墨西哥，对墨西哥糖业有实质损害威胁。1998 年 1 月 23 日，墨西哥商业部宣布实施最终反倾销措施。美国指控墨西哥反倾销调查适用方式以及作出损害威胁裁定方式，与《反倾销协议》第 2 条、第 3 条、第 4 条、第 5 条、第 6 条、第 7 条、第 9 条、第 10 条和第 12 条不符。1998 年 10 月 8 日，美国要求设立专家组，对墨西哥最终反倾销措施与《反倾销协议》和《1994 年关税与贸易总协定》第 6 条的

---

① 张汉林等：《WTO 反倾销争端案例评析》，人民出版社 2004 年版，第 139～141 页。

② 资料来源："墨西哥对美国高糖玉米糖浆的反倾销调查"，载中国贸易救济信息网，http://www.cacs.gov.cn/cacs/newcommon/details.aspx? navid = A19&articleId = 37938，2013 年 8 月 3 日访问。

义务的一致性进行审查。1999 年 1 月 13 日组成 3 人专家组，牙买加、毛里求斯保留第三方权利。专家组裁定，墨西哥对来自美国进口高糖玉米糖浆发起反倾销调查，与《反倾销协议》第 5 条第 2 款、第 3 款，第 8 款，第 12 条第 1 款及 12.1.1（iv）一致。墨西哥对来自美国的高糖玉米糖浆进口实施最终反倾销措施，与《反倾销协议》下述条款不符：第 3 条第 1 款、第 2 款、第 4 款、第 7 款及 3.7（i），第 10 条第 2 款、第 4 款，第 12 条第 2 款和 12.2.2。专家组报告于 2000 年 1 月 28 日发布，双方对专家组报告没有提起上诉。

评析：最终反倾销措施应当符合《反倾销协议》，WTO 争端解决机构可以裁定其合法性。如果其是合法的，专家组或上诉机构将予以支持；如果是不合法的，专家组或上诉机构将不予支持。本案认定墨西哥违反了《反倾销协议》，如第 3.7 条规定，对实质损害威胁的确定应依据事实，而不是仅依据指控、推测或极小的可能性。倾销将造成损害发生的情形必须是能够明显预见且迫切的，因此墨西哥应予纠正。

在反倾销调查程序中，行政机关应公正地适用《反倾销协议》。为最大限度地融合不同利益诉求，寻求一致意见，避免谈判破裂，《反倾销协议》设定了许多模糊性条款，如"只要该价格具有代表性"、"对出口价格与正常价值进行公平比较"，这就给各成员方的立法留足空间，成员方通过国内法的实施，也给调查机关执法留足空间，以维护本国或本地区利益。但反倾销机关为保护国内产业需要采取反倾销措施，必须符合《反倾销协议》的宗旨，否则利害关系人不仅可以通过国内救济途径寻求救济，而且有关成员方还可诉诸 WTO 争端解决机构。专家组和上诉机构裁决主要依据《反倾销协议》，并且在裁决中会根据其宗旨解释不确定性法律条文。

美国对日本热轧钢产品实施反倾销措施案

专家小组和上诉机构认为，对"合理时间"的解释必须与"合理性"，即固有灵活性和平衡性理念相一致。在解释"合理性"时，应考虑每个案件具体情况。在分析信息是否是在"合理时间"期限内提交时，调查当局应该在具体案件中综合考虑各种因素，包括：①所提交信息的性质和数量；②被调查出口商在提供信息时所面临的困难；③信息可核实性与调查当局在作出裁定时据以使用该信息的难易程度；④如果使用该信息，是否可能导致对其他利害关系方造成歧视；⑤接受该信息是否会危及调查当局迅速进行调查的权利；⑥被调查出口商所错过的适用时间限制的天数。"合理时间"一词隐含着对具体个案情况考虑灵活性程度，并不是美国所设定的"截止日期"。《反倾销协议》没有明确使用"截止日期"一词。美国商务部未作任何尝试来判断重量转换系数是否在"合理时间"之内提交，尽管它是在使用截止期之后收到。商务部没能根据事实和情形考察日立钢铁公司和 NKK 公司在合理时间内提交的重量转换系数。美国对日立钢铁公司和 NKK 公司所作理论上的重量转换系数惩罚性地使用"可获得事实"作法，不符合《反倾销协议》第 6 条第 8 款①。

评析：专家小组和上诉机构认为，信息是否在"合理时间"期限内提交，美国应综合考虑多重因素，设定截止日期不能专断。对日立钢铁公司和 NKK 公司所作理论上的重量转换系数惩罚性地使用"可获得事实"的做法不符合《反倾销协议》第 6 条第 8 款的规定，如任何利害关系方不允许使用或未在合理时间内提供必要的信息，或严重妨碍调查，则初步和最终裁定，无论是肯定的还是否定的，均可在可获得的事实基础上作出。在适用本款时应遵守附件 2 的规定。总之，反倾销机关既要遵循国内反倾销法，又应遵守《反倾销协议》。

四、法院也可直接适用《反倾销协议》

特别是行政程序性规范，欧盟法院在审理相关案件时，可直接适用国际法规则。但司法判决不能与《反倾销协议》的精神冲突，否则，有利害关系成员方可诉诸 WTO 争端解决机构。WTO 争端解决机构主要依据《反倾销协议》和先例作出裁决，国内法院违背《反倾销协议》裁决也可被推翻。

第二节　反倾销调查机关分工制衡原则

一、反倾销机关分工制衡原则

1. 分工制衡原则是指反倾销调查与裁决遵循由两个以上行政机关或机构分别进行，相互配合与制约的原则。该原则的目的在于确保公正，防止权力滥用。

---

① 张汉林等：《WTO 反倾销争端案例评析》，人民出版社 2004 年版，第 268～269 页。

2. 构成要素。通常对是否构成倾销争议的调查与裁决由一个机关或机构负责；对是否存在损害以及倾销与损害之间是否存在因果关系由另一个独立机关或机构负责；两个机关相互独立存在，互不隶属，任一机关或机构的裁决为另一机关或机构裁决的前提条件。

二、国外实例与借鉴

1. 在美国，一个反倾销案受理、调查和判定需商务部和国际贸易委员会分工并协同进行，两个机关调查和判定内容不同，一方判定构成对方进一步判定的先决要件。商务部负责调查和裁定倾销及其幅度争议。国际贸易委员会负责调查和裁定倾销对美国产业是否造成实质损害，并确定倾销与实质损害之间是否存在因果关系。国际贸易委员会作出肯定初裁，商务部随即进行倾销与否及倾销幅度初裁。如果国际贸易委员会作出否定初裁，那么反倾销调查中止。如果国际贸易委员会作出肯定初裁且商务部也作出肯定初裁，商务部会命令禁止涉案产品进口清关。应诉方应向海关缴纳保证金或保函。商务部将在初裁后 75 天内作出终裁。如果商务部作出肯定终裁，将根据估算出的倾销幅度，要求进口商提交保证金或保函，同时要求中止清关；而如果商务部作出否定终裁，应当停止中止清关，并且退还之前交纳的保证金。如果国际贸易委员会作出否定终裁，反倾销调查宣告终止，取消中止清关决定，退还反倾销税押金；而如果作出肯定终裁，则由商务部发出命令征收一定的反倾销税。

2. 在欧盟，有 3 个部门负责反倾销，分别是欧盟委员会、欧盟理事会、欧盟咨询委员会。

（1）欧盟委员会由 20 名具有独立地位的委员组成，并负责反倾销案件的受理、调查和审理，提议临时征收反倾销税和达成价格承诺，并负责复审反倾销措施。委员会也可主动或应出口商请求终止反倾销调查，或为欧盟共同利益建议不采取反倾销措施或向欧盟理事会提议征收最终反倾销税。

（2）欧盟理事会是欧盟立法机构，委员由代表各成员国政府的部长级代表组成。在每次会议中，成员国政府会根据会议所讨论事项的性质决定委派相关领域代表。欧盟部长理事会表决通过欧盟委员会提案，决定是否采纳欧盟委员会提出的征收最终反倾销税的建议。《欧盟第 384/96 号条例》变更欧盟理事会表决程序为："在经过全面调查，确认存在倾销和损害以及两者之间因果关系后，欧盟理事会以简单多数对欧盟委员会和咨询委员会协商提交的征收反倾销税建议进行表决。"①

（3）欧盟咨询委员会独立于欧盟委员会，由欧盟成员国代表及欧盟委员会代表组成，代表一般为贸易、法律专家。欧盟委员会对特定反倾销调查事项有义务咨询欧盟咨询委员会，包括倾销幅度与损害幅度、因果关系认定、是否采取临时反倾销措施。欧盟委员会必须在作出认定前向咨询委员会咨询。并且只有在与咨询委员会意见一致的情况下，欧盟委员会对反倾销案所作决定才有效，否则有关问题只能提交理事会决定。欧盟委员会调查后发现确有倾销事实、损害和因果关系存在，则应当与咨询委员会商议并向理事会提交一份决定征收临时反倾销税的建议，该建议应于临时反倾销措施届满前1个月提交，除非理事会以简单多数表决驳回这份建议，否则欧盟委员会建议将视为通过。反倾销税是否征收及其税率由理事会决定。咨询制度对欧盟委员会裁量权的行使有制约价值。②

3. 在加拿大，反倾销也由不同机关对倾销和损害分别调查和裁定，以分散权力。

（1）加拿大边境服务署。该机关于2003年12月由其前身加拿大海关税务署改组而成，通过加公共安全和紧急情况准备部（Department of Public Safety and Emergency Preparedness）部长向国会报告。该署负责接收反倾销和反补贴调查申请并决定是否立案；负责调查倾销是否存在及倾销幅度，并根据倾销幅度决定反倾销税的征收；负责调查补贴是否存在及补贴额，并根据补贴额决定反补贴税的征收。加拿大边境服务署反倾销和反补贴调查司（Anti-dumpingand Countervailing Directorate）专门负责反倾销反补贴调查工作。该司内设三个处，其中两个为调查处，分别为工业品调查处和消费品调查处，负责反倾销和反补贴原审调查及复审；另一个为政策处，负责制定与反倾销和反补贴调查具体操作有关的各项政策，并负责处理与调查有关的各种辅助工作。

（2）国际贸易裁判所。该所是准司法性质的行政部门，通过财政部部长

---

① 刘星红：《欧共体对外贸易法律制度》，中国法制出版社1996年版，第123页。

② 欧盟的反倾销咨询制度，从机构的设置、性质和人员组成、职责以及其意见的法律效力，都已经形成了较为完整的制度，欧盟咨询委员会也的确对欧盟委员会做出决定产生了一定影响，迫使委员会慎重对待倾销决定，并遵循法院在判例中确定的相关标准。

向国会报告。在反倾销调查中，主要负责裁定倾销的进口产品是否对加拿大国内产业造成实质损害或实质损害威胁，或对加拿大国内产业的建立造成实质阻碍；负责进行公共利益调查，日后复审调查的启动。该所设主席一人，副主席两人，成员若干名，并设有一个秘书处，常由三名成员组成小组负责一起贸易救济措施的调查工作。此外，还有一定数量专业人才，包括经济学家、研究员和律师辅助调查。国际贸易裁判所在接到边境服务署立案通知后，60 天内初裁，如初裁否定，裁判所和边境服务署均将停止调查；如初裁肯定，裁判所和边境服务署将继续调查。裁判所在边境服务署作出肯定初裁后 120 天内完成裁决。裁判所前 90 天调查和边境服务署调查同时进行。边境服务署作出倾销存在初裁后，从初裁之日起的涉案进口产品将被征收与估计倾销幅度相同的临时反倾销税。如果裁判所作出初步损害决定，加拿大海关就可以奉命开征临时反倾销税。边境服务署作出肯定终裁，裁判所须在边境服务署终裁后的 30 天内终裁。如果裁判所作出肯定终裁，涉诉产品将被征收与倾销幅度相等的反倾销税；如果最终裁决为否定，调查终止并且海关将退还涉案企业交纳的临时反倾销税。

（3）财政部。财政部并不直接参与具体调查，但财政部部长可根据边境服务署和裁判所裁决结果最终决定是否征收反倾销税。裁判所如果认为按照倾销幅度征收反倾销税不符合公共利益，应向财政部提交报告，并提出建议。如果财政部接受国际贸易裁判所建议，可能会建议撤销全部或部分反倾销税，不征收反倾销税或实施有利于公共利益税率。裁判所本身无权免除反倾销税。此外，财政部负责《特别进口措施法》管理工作，并根据 WTO 最新谈判成果或加拿大参与争端解决结果对《特别进口措施法》提出相应修改。

（4）国际贸易部。该部于 2003 年 12 月由外交和国际贸易部改组而成，主要负责制定加拿大的出口政策和贸易政策，负责参与 WTO 新一轮谈判，负责协调并参与反补贴和保障措施调查过程中同其他国家（地区）政府之间的磋商，负责协调组织同其他国家（地区）之间的贸易争端的应对工作。

4. 在澳大利亚①，负责处理反倾销事务的机关多重且相互制衡，包括海

---

① 资料来源：机械工业信息研究院情报研究所网站，http：//mep128. mofcom. gov. cn/mep/hwzd/gwfg/my/46263. asp，2013 年 10 月 19 日访问。商务部进出口公平贸易局网站，http：//gpj. mofcom. gov. cn/article/zt＿mymcyd/subjectee/201307/20130700180697. shtml，2013 年 10 月 19 日访问。

关总署、司法和海关部长、贸易措施审查官。根据澳大利亚反倾销法，海关总署负责接收国内工业界起诉，进行反倾销调查，可决定征收临时反倾销税或向部长提出征收反倾销税建议。2013 年 6 月 28 日，澳大利亚海关发布第2013/53 号公告，宣布成立反倾销委员会，它为法定机构，于 2013 年 3 月 14日专门通过《海关法修正案（反倾销委员会）》而设立的。其职责为管理澳大利亚反倾销体系，并执行澳大利亚反倾销制度改革。海关贸易救济局将整体纳入反倾销委员会，还新设立一些处室，扩充人员编制，加强对国内产业寻求反倾销保护的辅导和支持。委员会总部设在墨尔本市，首都堪培拉的原有办公体系仍保留。1998 年 10 月前，海关总署隶属于澳大利亚工业、科学和旅游局；目前，海关总署直属司法部，主管海关的是司法和海关部部长而不是贸易或产业部部长。海关总署将建议提交部长，部长必须对是否征收反倾销税作出决定。一般来讲，部长对于海关总署的建议会批准。部长决定有：不征收反倾销税；对所有或部分外国出口商征税；接受价格承诺。

澳大利亚反倾销法最重大改变是设置贸易措施审查官（TMRO），其职责是审查部长作出的决定。贸易措施审查官由部长任命，但部长不能任命海关官员为贸易措施审查官。他在履行本职工作中享有同高等法院法官同等的保护和豁免权。他只有在部长作出决定后才能进行调查，任何利害关系方都有权要求他对部长决定进行审查，但请求方必须在部长公布决定后 30 日内提出审查要求。贸易措施审查官认为理由充分的，公布并开始审查，要求各方提供资料。从宣布开始审查之日起，他有 30~60 天时间进行审查，并向部长提出审查报告。如果他发现部长决定有错误，或要求进一步调查，部长可以对贸易措施审查官要求不予理会；如果部长接受其意见，要求海关总署重新调查，海关总署必须执行，但部长必须明确海关总署完成调查的时限并对外公布该时限。海关总署也可能在重新调查后仍不修改原调查结果，那么部长有最终决定权。可见，澳大利亚反倾销负责机关独立并且相互制衡。

5. 在日本，主要由财务省、有关产业主管省和经济产业省共同负责反倾销调查工作。如不涉及农产品，一般由财务省和经济产业省负责。申诉方必须向财务省国税局的计划法律部提交 10 份申诉书副本。财务省、有关产业的主管省和经济产业省共同讨论并作出是否进行反倾销调查的决定。立案公告由财务省与经济产业省商榷后发布。反倾销机关组成临时调查小组，所有反倾销调查事项均由上述三个机关各自派出人员共同组成的调查小组进行，经济产业省中的通商政策局和有关产业制造局具体负责反倾销工作。财务省负责组织和联系。调查小组必须在开始调查之日起 6 个月内决定是否作出初步裁决。最终反倾销裁定由财务省根据调查结果作出，并将决定通知有关当事人和海关关税委员会，并在《官报》上以其名义公布。综上，日本反倾销机关设置不尽合理，缺乏有效制约。

三、完善建议

在中国，倾销与损害的调查与确定，由商务部统一负责。如根据《反倾销条例》第 3 条和第 7 条规定，对倾销的调查和确定，由商务部负责；对损害的调查和确定，也由商务部负责；其中，涉及农产品的反倾销国内产业损害调查，由商务部会同农业部进行。这种一部负责制，优点在于效率，方便协调；缺点在于分权与制约不够，对倾销与损害可能误判。

根据商务部内部分工，进出口公平贸易局负责反倾销案受理、立案、对外公告发布、产品范围调整、信息披露、通知有关利害关系方；负责进口数量增长调查和裁决；会同产业损害调查局拟订以商务部名义发布的公告并监督实施、跟踪评估。如《反倾销调查立案暂行规则》第 2 条规定，商务部指定进出口公平贸易局负责实施本规则。产业损害调查局负责审核反倾销立案审查中有关国内产业损失，负责国内产业损失调查和裁决，参与拟订以商务部名义发布的公告。拟定与产业损害调查相关的部门规章、政策并组织实施。

不过进出口公平贸易局和产业调查局毕竟是商务部下属的内部机构，二者并不相互独立。二者作为商务部反倾销调查的左右手，理应将各自的权限、协调与制衡机制，各自调查和终裁期限明确地规定在《反倾销条例》中，特别是应明确二者的裁判互为是否建议采取最终反倾销措施的前提，这样有利于当事人参与反倾销。商务部、海关总署和国务院关税税则委员会也要逐步形成权责明确、分工合理又相互制衡的机制。

第三节　反倾销公平、公开原则

一、反倾销公平原则

反倾销公平原则是指反倾销机关适用反倾销程序法和实体法，进行调查、作出裁决和采取反倾销措施，必须遵循、符合公平正义准则。世贸组织肯定反倾销的同时也反对滥用反倾销以达到贸易保护的目的。[①]

反倾销公平原则有如下特征：①在反倾销实体法制定和适用上，符合国际贸易公认正义原则；②反倾销动机和目的必须符合 WTO 宗旨；③反倾销调查与裁决程序的公平；④反倾销机关正当行使裁量权。如在倾销与损害因果关系认定上，缺乏客观量化标准，裁量空间大，实施反倾销措施必须公平。

二、反倾销实体公平

实体公平是指反倾销机关应公平、客观、实际而不是主观臆断或偏执地确定被调查产品的正常价值和出口价格、确定倾销与损害。一般来说，几乎任一国家国内销售和售价都为正常贸易过程，其销售价格应为正常价值，价值规律有普遍客观性规律，绝大多数国家或地区实际上都是市场经济，只是市场化程度不同而已。主观硬性认定某国家为非市场经济国家，并不公平，也不符合客观实际。中国实际上早就为市场经济国家，但是一些国家就是偏执地将我国认定为非市场经济国家。

出口价格确定应公平。出口价格是指在正常贸易过程中一项产品从一国出口到另一国的价格。进口产品有实际支付或应当支付的价格的，则以该价格为出口价格；没有出口价格或其价格不可靠的，以根据该进口产品首次转售给独立购买人的价格推定的价格为出口价格；或以商务部根据合理基础推定的价格为出口价格。如美国《关税法》第 772 条规定，出口价格是指对被调查产品出口到美国的销售价格，或被调查产品在美国对第一家非关联采购商的销售价格，或在对出发价格进行法定调整之后，所得到的价格。《欧盟反倾销条例》第 2 条规定，出口价格应是对从出口国出口到共同体销售的产品实际支付或应支付的价格。在没有出口价，或因为出口商与进口商或与第三方之间存在着联营关系或补偿协议而使出口价看来不可信的情况下，出口价格可以根据进口产品最初转售给独立买主的价格来确定。[②] 我国对出口价格的规定和世界组织精神一致，但对于"出口价格不可靠"的原因，《反倾销条例》并没有像《反倾销协议》那样明确规定为"由于出口商与进口商或第三

---

① 李珂、王军："反倾销案中正常价值的确定及其评析"，载《发展》2007 年第 2 期。

② 张晓东：《中国反倾销立法比较研究》，法律出版社 2000 年版，第 135 页。

者之间存在有联合或补偿安排"，对此，我国可以予以借鉴。①

进口产品的出口价格低于其正常价值幅度的，为倾销幅度。倾销幅度的确定，应当将加权平均正常价值与全部可比出口交易的加权平均价格进行比较，或将正常价值与出口价格在逐笔交易的基础上进行比较。出口价格在不同的购买人、地区、时期之间存在很大差异的，可以将加权平均正常价值与单一出口交易的价格进行比较。对具体案件，应适当考虑影响价格可比性的不同因素，如销售条件和条款不同、税收差异、贸易水平不同、数量和物理特征差异，以及其他任何能够证明影响价格可比性的差异。

公平地确定损害。损害必须是实质的或可预见的确定无疑的。国内产业一般是指国内同类产品的全部生产者，或其总产量占国内同类产品全部总产量的主要部分的生产者。同类产品是指与倾销进口产品相同的产品，或与倾销进口产品的特性最相似的产品。评估倾销进口产品的影响，应当针对国内同类产品的生产进行单独确定；不能针对国内同类产品的生产进行单独确定的，应当审查包括国内同类产品在内的最窄产品组或范围的生产。确定损害，应审查：①倾销进口产品的绝对数量或相对于国内同类产品生产或消费的数量是否大量增加；②倾销进口产品的价格削减对国内同类产品的价格产生大幅度抑制、压低等影响；③倾销进口产品对国内产业的相关经济因素和指标的影响；④倾销进口产品的出口国（地区）、原产国（地区）生产和出口能力；⑤倾销产品来自两个以上国家（地区），各自倾销幅度不小于2%的，其进口量不属于可忽略不计的，对此可累积评估。

反倾销机关对不同国家出口经营商或来自相同国家的不同出口经营商，应当公平对待。根据倾销幅度和损害程度采取反倾销措施，不能因不相关因素而采取歧视性措施，应排除各种可能造成不平等或引起偏见的因素。

三、反倾销裁决程序公平

1. 反倾销机关必须依法调取证据，这是其义务和责任。如《反倾销条例》规定，调查机关可采用问卷、抽样、听证会和现场核查的方式向利害关系方了解情况。又如美国国际贸易委员会在作出初步裁决前，将向美国工业

① 孔祥俊、吉罗洪主编：《反倾销法律制度及申诉应诉指南》，中国民主法制出版社2003年版，第34页。

界、进口商发出问卷，并在 7～14 天内收回问卷，作为研究案情的依据。

2. 必须遵循正当程序。"任何人未经正当程序，不得被剥夺生命、自由和财产。"[①] 如《反倾销产业损害调查规定》第 30 条规定，应利害关系方的请求，或者商务部认为有必要的，可以举行产业损害听证。又如《欧盟反倾销条例》规定，利害关系人有权利要求听证，但须满足如下条件：①根据立案公告要求向调查机关自我申报；②在立案之日起 40 天内，向调查机关提出书面申请；③简单举证证明有合理根据。[②]

3. 正当程序的构成。

（1）预先告知。

（2）由无偏见官员作为主持人。如《产业损害调查听证规则》第 12 条规定，听证主持人有下列情形之一的，各利害关系方有权申请其回避：①与本案利害关系方法定代表人或者委托代理人有近亲属关系；②与本案有利害关系；③与案件利害关系方有其他关系，可能影响听证公正进行的。

（3）反倾销机关披露案情。

（4）当事人提出证据和抗辩。

（5）互相质问驳斥不利证据。

（6）请律师陪同出席。

（7）阅读和取得全部案卷副本。

（8）遵从案卷排它性原则。

（9）对行政决定和裁决说明理由。

4. 反倾销裁定应说明理由。如《反倾销价格承诺暂行规则》第 13 条规定，商务部认为不宜接受价格承诺的，应当将拒绝承诺的理由通知该出口商、生产商，并给予其对此充分发表意见的机会。拒绝价格承诺的决定和理由应当在终裁决定中写明。裁决必须说明理由，不能只有结论，必须包含认定事实和适用法律细节，这样可促使行政机关在作出裁决之前，就事实认定和法律适用慎重考虑，避免草率专横。《反倾销条例》第 54 条规定，公告应当载明重要的事实、理由、依据、结果和结论。

---

① 季卫东："法律程序的意义—对中国法制建设的另一种思考"，载《中国社会科学》1993 年第 1 期。

② 王名扬：《美国行政法》，中国法制出版社 2005 年版，第 381 页。

四、公开透明原则

1. 公开透明原则是指 WTO 要求各成员方有效公开其贸易法律、法规、规章、政策、裁决和措施的制作过程和结果的基本准则，即反倾销立法、行政和司法过程和结果公开透明可接触。公开透明可确保成员方遵守《反倾销协议》，"WTO 要求成员方反倾销立法、执法与司法置于 WTO 及其他成员方监督之下，成员一方有权对他方成员违反《反倾销协议》的作法提出质疑，甚至诉诸争端解决机构"。①

2. 利害关系人享有知情权。反倾销机关通过法定方式依法披露案情，以及允许利害关系方阅读案卷，"披露"和"查阅"相一致。披露是指商务部向在反倾销调查过程中提供信息的利害关系方告知在裁定该利害关系方的倾销及倾销幅度时采用的基本数据、信息、证据及理由的步骤，即使在行政复审阶段。如美国商务部每月公布一次到期可年度复审的案件名单，提醒当事人是否提起复审。查阅是指当事人能够接触反倾销案卷材料，包括商务部在调查过程中获得或制作的全部可公开资料。

3. 公布反倾销法规范。

（1）公布所制定、实施对外贸易法律、法规和规章，包括影响国际贸易的条约、行政协定，同时，通知世贸组织和其他成员方，并使贸易经营者知悉。②《中国加入 WTO 议定书》承诺实施透明度原则。①中国承诺只执行已公布的且其他 WTO 成员、个人和企业容易获得的有关或影响货物贸易、服务贸易、TRIPS 或外汇管制的法律、法规及其他措施。③ ②在所有有关或影响货物贸易、服务贸易、TRIPS 或外汇管制的法律、法规及其他措施实施或执行前，应先请求，中国应使 WTO 成员可获得此类措施的信息。在紧急情况下，应使法律、法规及其他措施最迟在实施或执行之时可获得。④ ③中国应设立或制定官方刊物，用于公布所有有关或影响货物贸易、服务贸易、TRIPS 或外汇管制的法律、法规及其他措施。中国应定期出版该刊物，并使个人和企业

---

① 尚明：《反倾销：WTO 规则及中外法律与实践》，法律出版社 2003 年版，第 60 页。
② 石佑启："WTO 对中国行政法治建设的影响"，载《中国法学》2001 年第 1 期。
③ Protocol on the Accession of the People's Republic of China, art 2（c）1.
④ Protocol on the Accession of the People's Republic of China, art 2（c）1.

可容易获得该各期刊物。① ④在法律、法规或其他措施在指定刊物上公布之后，应在此类措施实施之前提供一段可向有关主管机关提出意见的合理时间。② ⑤涉及国家安全的法律、法规、确定外汇汇率或货币政策的特定措施以及一旦公布则会妨碍法律实施的其他措施，可不受提前公布并留出提意见的时间限制。③

（2）咨询与答复。根据《中国加入 WTO 议定书》承诺，中国应设立或指定一咨询点，应任何个人、企业或 WTO 成员请求，在咨询点可获得根据《加入议定书》要求予以公布的措施有关的所有信息，对此类信息请求的答复一般应在收到请求 30 天内作出，例外情况下，可在 45 天内作出。迟到通知及其原因应以书面形式向有关当事人提供。向 WTO 成员作出答复应全面，并代表中国政府权威观点。应向个人和企业提供准确和可靠信息。④

（3）公布反倾销机关职责、决策人和各职务人以及决策、决定机制。通告利害关系人应向哪一个机构申请查阅信息，以及被驳回申请后申诉的途径。对商务部的职责，在国务院公报上公布。对公平贸易局和产业损害调查局职责，商务部网站上应给予清楚、方便地公告。

4. 反倾销调查过程和结果公开。

（1）公告。反倾销立案、重要调查步骤、中止、终止、初裁、终裁和征税，都应公告、送达利害关系人，并使公众知悉。利害关系人都应在商务部指定网站完整获得除保密信息外的案卷资料。如《反倾销条例》第 54 条规定，商务部公告，应当载明重要的情况、事实、理由、依据和结论。《反倾销协议》第 12 条也规定，对于任何初步或最终裁定，无论是肯定的还是否定的，均应作出公告。每一公告均应详细列出或通过单独报告详细提供重要的所有事实问题和法律问题所得出的调查结果和结论。所有此类公告和报告应送达其产品受该裁定约束的成员及其他利害关系方。《反倾销协议》第 16 条要求，各成员应立刻通知委员会其采取的所有初步或最终反倾销行动并且此类报告应可从秘书处获得，供其他成员审查。各成员还应每半年提交关于在过去 6 个月内采取的任何反倾销行动的报告。半年期报告应以议定的标准格

---

① Protocol on the Accession of the People's Republic of China, art 2（c）2.
② Protocol on the Accession of the People's Republic of China, art 2（c）2.
③ Protocol on the Accession of the People's Republic of China, art 2（c）2.
④ Protocol on the Accession of the People's Republic of China, art 2（c）3.

式提交。

（2）立案决定，由商务部公告送达可确定的利害关系方。如《反倾销协议》第12条规定，如主管机关确信有充分证据证明发起反倾销调查正当，则应通知其产品接受该调查的一个或多个成员和调查主管机关已知的与该调查有利害关系的其他利害关系方，并应发布公告。应将书面申请全文向已知出口商和出口成员主管机关提供，并应请求向其他涉及利害关系方提供。

（3）审理和裁决公开。①听证一般公开举行。②公布价格承诺。商务部认为出口经营者作出的价格承诺能够接受的，可以决定中止或终止反倾销调查，由商务部公告。如在欧盟，欧委会以决定接受出口商价格承诺，决定一经作出即在欧盟官方公报上公布，但对于出口商承诺的价格水平不能公布。③公布临时反倾销措施。征收临时反倾销税，由国务院关税税则委员会决定，商务部公告。要求提供保证金、保函或其他形式担保的，由商务部决定并公告。④征收反倾销税，国务院关税税则委员会根据商务部建议作出决定，由商务部予以公告。如《反倾销协议》第16条规定，在规定征收最终反倾销税肯定裁定情况下，公告应包含或通过报告提供导致实施最终措施的所有事实和法律问题及理由。⑤透明要求适用于复审。如《反倾销条例》第50条规定，根据复审结果，由商务部提出保留、修改或取消反倾销税建议，国务院关税税则委员会根据商务部的建议作出决定，由商务部公告；或者由商务部作出保留、修改或取消价格承诺的决定并公告。

第四节　反倾销法治行政原则

一、反倾销法治行政原则

反倾销法治行政原则是指条约、法律、行政法规和司法解释，在反倾销调查程序中，获得普遍公正适用；各方遵从经过最高人民法院解释适用的《反倾销法》为最后生效规范的准则。

其特征包括：①反倾销诉讼是国际法和行政法的交汇点。反倾销法治原则是国际公法也是行政法原则。②法治原则有普世含义，如正当程序原则和比例原则。③在反倾销规范层面，《反倾销协议》效力最高。④反倾销规范最终效力不在规范制定层面，而在司法解释适用层面。可以说司法判决效力最高，司法解释和适用效力最高。WTO 设立的争端解决机构的裁决具有最终效力。

中美取向电工钢案①

2010 年 4 月 10 日，商务部对来自美国取向电工钢产品征收 7.8% ～ 64.8% 反倾销税和 12.7% ～44.6% 反补贴税。2010 年 9 月 15 日，美国请求磋商。美国提出申请书证据不足；商务部不适当地适用可获得事实裁决；未披露有关信息；裁定中未提供有关事实、法律和理由；不适当地处理保密信息；损害认定中的价格影响分析有瑕疵；因果关系分析有瑕疵。2011 年 2 月 11 日，美国提出设立专家组。3 月 25 日成立专家组，欧盟和日本等作为第三方参与。2012 年 6 月 15 日，世贸组织公布了专家组报告。报告支持了美国关于中国发起反补贴调查时未提供充分证据、对被调查产品价格影响分析未客观检查证据、未要求调查申请者提供足够的非保密信息摘要等主张，裁定商务部的作法违背了相关世贸规则；而在使用"可获得事实"计算应诉企业补贴率、应诉企业倾销幅度的信息披露、与政府采购有关的补贴利益的信息披露等争议问题上，支持了中方主张，裁定中方作法符合世贸规则。2012 年 7 月 20 日，中国常驻世贸组织代表团代表中国政府向世贸组织争端解决机构提起上诉。2012 年 10 月 18 日，上诉机构发布裁决报告指出，专家组未采纳中国关于《反倾销措施协定》第 3.2 条和《补贴与反补贴措施协定》第 15.2 条的法律解释并未有误。上诉机构维持了专家组在裁决报告第 7.554 段和 8.1（f）段中的认定，即中国商务部关于涉案进口产品的价格影响的认定违反了《反倾销措施协定》第 3.1 条和第 3.2 条以及《补贴与反补贴措施协定》第 15.1 条和第 15.2 条。上诉机构维持了专家组在裁决报告第 7.575 段和第 8.1（f）段的认定，即中国违反了《反倾销措施协定》第 6.9 条和《补贴与反补贴措施协定》第 12.8 条。上诉机构维持了专家组在裁决报告第 7.592 段和第 8.1（f）段中的认定，即中国违反了《反倾销措施协定》第 12.2.2 条和《补贴与反补贴措施协定》第 22.5 条。

评析： 商务部反倾销税和反补贴税决定不是最终的，美方不服可以在

---

① 资料来源："世贸组织就中美取向电工钢案发布上诉机构报告"，载中国贸易救济信息网，ht-tp：//www. cacs. gov. cn/cacs/newcommon/details. aspx？navid = C05&articleid = 105318，2012 年 10 月 19 日访问。

WTO 框架内请求磋商，磋商无果，可请求设立专家组，启动专家组程序，争议各方对专家组裁定不服，还可启动上诉程序，请求上诉机构作出最终裁决。商务部作出反倾销裁决必须符合《反倾销协议》，如第 6.9 条的规定，主管机关在作出最终裁定之前，应将考虑中的、决定是否实施最终措施所依据的基本事实通知所有利害关系方。此披露应使各方有充分的时间为其利益进行辩护，否则，就可能被 WTO 争端解决机构确定为违法。

二、反倾销行政法治原则构成

1. 反倾销机关要依法行使权力。依《反倾销条例》的规定，开展反倾销调查，作出裁决和决定实施反倾销措施的机关是商务部；国务院税则委员会负责确定是否征收最终反倾销税；反倾销措施执行机关为海关总署。这些机关必须按照法律规定行使权力，不能超越法定权限范围。

2. 行政法治原则也约束反倾销当事人。当事人受反倾销实体法约束也受反倾销程序法约束。当事人依反倾销法享有权利，负担义务，承担责任。在程序上，诚实地协助反倾销行政调查；在实体上，如应诉人确实倾销，给进口国产业造成损害，应当停止倾销，并承担缴纳反倾销税的义务，从而使申请人产业得到保护。

3. 商务部制定部门规章。如《反倾销条例》第 58 条规定，商务部可以根据本条例制定实施办法。又如美国商务部制定《反倾销规章》；国际贸易委员会制定《实践和程序规则》。规章细化法律，对倾销及损害认定技术标准作出设定，是反倾销调查与裁决的依据。反倾销机关可创立行政先例。如欧盟对反倾销调查只有概括规定，没有在市场经济国家认定以及正常价值计算及替代国选择等方面作出细节规定。欧盟反倾销调查机关，只是在实践中确立了一些关于倾销及损害的认定标准。这些标准尽管不像美国商务部或国际贸易委员会先例可作为反倾销法渊源并对之后反倾销诉讼产生拘束力，但是作为惯例，在实际上会对欧盟反倾销诉讼产生重要影响。

4. 作出裁决和采取反倾销措施必须符合法律。反倾销发起须满足法定条件，调查和取证应依照法定程序和权限进行，并按照法律规定举行听证，听取利害关系人意见，反倾销措施决定和执行也应依实体法和程序法进行。如《反倾销条例》第 2 条规定，进口产品以倾销方式进入中国市场，并对已经建立的国内产业造成实质损害或产生实质损害威胁，或者对建立国内产业造成实质阻碍的，依照本条例规定进行调查，采取反倾销措施。

5. 反倾销适用比例原则。

（1）必须确定措施是否适合于实现合法目的，即适合性检验（suitability test）。

（2）必须确定措施是否为达到目的所必需，是否有其他手段能够产生同样的结果，即最小限制性替代检验（the least restrictive alternative test）。如《反倾销价格承诺暂行规则》第12条规定，外经贸部认为出口商、生产商作出的价格承诺可以接受的，可以决定中止或终止对提出价格承诺的出口商、生产商的反倾销调查。

（3）即使没有较小限制性手段，必须确定反倾销措施对申诉人利益没有造成过分不利（proportionality stricto sensu test）。比例原则要求行政措施所追求目标与该措施对个人自由的不利影响之间平衡，施加给个人的负担不能超过达到措施所追求的目标利益。① 《反倾销条例》第42条规定，反倾销税税额不超过终裁决定确定的倾销幅度。又如《欧洲共同体条约》第3（b）条规定比例原则，欧洲法院在判决中也适用。如在 International Potash Company 案中指出，共同体规则合法性建立在这样条件之上：获致正当目的手段必须适当，并不能超出获致这种目的所需要的手段，当存在多种可选择的手段时，应当选择最为无害手段。② 反倾销遵从两个子原则：①低税原则，即如果一个较低的税额足以消除倾销对欧共体的损害，那么反倾销税应低于倾销幅度；②非歧视原则，即对被认定为倾销与引起损害的任何来源的进口产品采取非歧视原则，除非已经接受价格承诺，否则对每个存在反倾销的出口商都征收反倾销税。

6. 控制反倾销调查机关宽泛裁量权。

（1）实体法有裁量。如《反倾销条例》第12条规定，没有相同产品的，以与倾销进口产品的特性最相似产品为同类产品。其中"最相似"就有裁量余地。

（2）程序法有裁量。如《反倾销调查听证会暂行规则》第5条规定，进

---

① Tridimas, Takis, *The General Principles of EC Law*, Oxford University Press, 1999, p. 91.

② International Potash Company v. Council of European Union, T – 87/98, 第 39 段，引用 Cases T162/94 NMB France and Other v. Commission (1996) ECR II – 427, 第 69 段。

出口公平贸易局如认为必要时，可以自行举行听证会。其中"认为必要时和可以自行举行听证会"都有裁量。

（3）采取反倾销措施有裁量。如《反倾销价格承诺暂行规则》第10条规定，商务部在考虑是否接受价格承诺时，应审查下列因素：①是否可以消除倾销所造成的损害；②是否具备行之有效的措施予以监控；③是否符合中国公共利益；④是否存在规避的可能性。

7. 当事人对裁决或反倾销措施不服的，可申请司法审查，由法院判定其合法性，这是反倾销法治原则的保障。如《反倾销条例》第53条规定，对终裁决定；对是否征收反倾销税的决定以及追溯征收、退税、对新出口经营者征税的决定；或对复审决定不服的；可申请复议，也可向法院起诉。

8. 法律授予行政机关管理经济和社会事务的权力，同时为行政机关设定了责任。行政机关必须依法履行职责，不能放弃。"放弃职权，就是不履行义务，就是失职，应该追究法律责任。"[①] 在反倾销过程中，行政机关享有调查取证和裁判权，这也是职责。调查机关必须在充分调查取证的基础上进行裁决，必须依法作出反倾销措施，保护本国产业安全。

---

① 牛凯："论行政法治原则"，载《中国青年政治学院学报》1999年第2期。

第三章　反倾销调查程序

第一节　发起反倾销调查

一、反倾销调查程序

反倾销调查程序是指反倾销机关从接收申请人申请起，在法定期限内，对被诉方产品倾销、国内产业损害以及两者之间因果关系，从事实和法律上予以查证、认定到采取反倾销措施的行政过程。包括申请、决定立案前通知出口国或（地区）政府、立案公告、送达、应诉登记、调查、初裁前听证、初裁、初裁披露、披露实地核查结果、终裁前听证、终裁前披露、听取评论意见、终裁和反倾销措施。

反倾销调查程序的特征包括：①反倾销调查机关一般为行政机关，但裁决损害的一些机关是准司法机关。如美国国际贸易委员会，其为独立管制机构，它不隶属于总统，由6名委员组成，由参议院推荐并经总统任命。6名委员过半数通过才能对损害作出裁决。②反倾销调查程序包括反倾销调查与裁决的步骤、时限和过程。③反倾销调查程序由行政机关主导，当事人参与。

二、反倾销调查程序的目的

反倾销调查程序的直接目的在于客观地收集证据，查明案件事实。反倾销机关对国内外生产商、进口商进行问卷调查、实地核查和抽样调查，或询问当事人和证人、查阅、复制有关资料或听证，目的都在于取证，查明案情。《反倾销条例》第20条第1款规定，商务部可以采用问卷、抽样、听证会、现场核查等方式向利害关系方了解情况。

利害关系人充分参与反倾销调查，尽其所能举证，提出质证建议，其实体权利才有保障。如《反倾销条例》第20条第2款规定，商务部应当为有关利害关系方提供陈述意见和论据的机会。又如《奥地利行政程序法》第37条规定，调查程序目的在于认定处理行政案件所需要事实，并且给当事人提供主张其权利或法律利益机会。

当事人依法负有协助调查的义务。如《反倾销条例》第21条规定，商务部进行调查时，利害关系方应当如实反映情况，提供有关资料。尽管《反倾销协议》第6条第2款规定，当事人没有义务出席某个会议，或没有能够出席该会议，都不应该对该当事人案子产生不利。但《反倾销协议》另外也规定，如果当事人对反倾销调查不合作，反倾销机关可根据可得最佳资料作出裁决。

反倾销调查程序的根本目的在于作出正确反倾销措施。行政机关经过科学的反倾销调查，获取足够证据，才能查清事实，确定是否构成倾销并造成损害，以公平适用反倾销实体法，作出正确裁决。所有调查都服务于实体初裁和终裁。调查机关取证，就倾销、损害和二者之间因果关系是否成立作出初裁。若初裁肯定，调查机关采取临时反倾销措施；若初裁否定，调查程序结束。如果终裁肯定，可征收反倾销税；[①] 终裁否定，则终止调查，解除临时反倾销措施。行政机关所从事的每一调查步骤都最终服务于反倾销实体法适用。

三、申请

（一）申请人

申请人是指受到倾销不利影响符合资格要件的国内同类产业或代表。《反倾销条例》第13条规定，申请人为国内产业或代表国内产业自然人、法人或有关组织。在表示支持申请或反对申请国内产业中，支持者产量占支持者和反对者总产量的50%以上，应认定申请是由国内产业或代表国内产业提出，可启动反倾销调查；但表示支持申请国内生产者产量不足国内同类产品总产量的25%，不得启动。《反倾销协议》第5条规定，申请得到总产量构成国内产业中表示支持或反对申请国内同类产品生产者生产同类产品总产量的50%以上，则该申请应被视为"由国内产业或代表国内产业提出"。在美国，申请人提出申请企业的产量应至少占国内相同产品或类似产品的生产企业总产量

---

① 《中华人民共和国反倾销条例》第28、29、38、43条。

的 25%；而且在对调查作出反应的国内生产相同产品或类似产品的企业里，超过 50% 的企业支持进行反倾销调查。在欧盟，申诉必须至少得到占欧盟相似产品总产量 25% 的欧盟生产者支持，且支持者产量超过反对者产量。我们应再明确国内产业工会或协会为申请人。

（二）申请书

1. 申请人情况：①申请人名称、法定代表人、地址、电话、传真、邮政编码；②申请人委托代理人，应提供授权委托书；③申请提出前 3 年申请人生产同类产品的产量及所占国内同类产品总产量比例；④所有已知的国内同类产品生产者清单。国内同类产品生产者组成协会或商会，应提供该协会、商会名称、地址、电话、传真、邮政编码和联系人。

2. 申请调查进口产品的已知生产商、出口商、进口商名称、法定代表人、地址、电话、传真、邮政编码和联系人。

3. 申请调查进口产品、国内同类产品描述及比较。①申请调查进口产品名称、种类、规格、产品用途及市场情况和中国关税税则号；②申请调查进口产品的原产国（地区）或出口国（地区）；③国内同类产品名称、种类、规格、产品用途和市场情况；④申请调查进口产品与国内同类产品异同点，包括产品物理特征、化学性能、生产工艺、替代性、价格和用途。

4. 倾销及幅度。

（1）出口价格。申请人应当提供申请调查进口产品在申请提出前 12 个月中实际支付或应予支付价格。可用实际成交价格、报价单、价格单、海关统计数据、有代表性机构或刊物统计数据方式提供。

（2）正常价值。申请人应当提供国外同类产品在出口国（地区）或原产地国（地区）正常贸易中用于消费的可比价格；没有可比价格或可比价格不能获得，申请人应当提供申请调查进口产品的结构价格或向第三国出口的价格。申请人在提供申请调查进口产品的结构价格的证据时，应包括该产品的生产成本及合理费用的证据；如果不能获得实际结构价格的，申请人可以按照其本身的生产要素及该要素在出口国（地区）的价格或国际市场的通行价格计算。可以用实际成交价格、价格单或有代表性机构或刊物的统计数据方式提供。

（3）价格调整和价格比较。申请人应对正常价值、出口价格在销售条件、条款、税收、贸易环节、数量和物理特征作适当调整，在对正常价值和出口价格进行比较时，应尽可能在同一贸易环节、相同时间销售、出厂前水平上进行。

（4）申请人应对倾销幅度进行初步估算，估算应以调整后正常价值的加权平均值减去调整后的出口价格的加权平均值除以到岸价（CIF）加权平均值方法计算。申请人以其他方法计算的，应说明理由。

5. 国内产业损害。

（1）国内产业损害类型、申请调查进口产品数量变化及价格变化、对国内同类产品价格影响、对国内产业相关经济因素和指标影响。

（2）以对国内产业造成实质损害为由提出申请，申请人应提供下列证据：①申请调查进口产品的绝对数量或相对国内同类产品的生产或消费增长情况，自申请提出前3年的进口数量情况及变动幅度，上述数量变动幅度曲线图表；②申请调查进口产品自申请提出前3年在中国国内销售的平均价格、平均价格变动图表；③申请调查进口产品的价格对国内同类产品价格的影响情况，包括国内同类产品价格削减情况、对国内同类产品的价格压低和抑制情况、影响国内产品价格的变动值；④申请调查进口产品对国内产业有关经济指标或因素影响，包括销售、利润、产量、市场份额、生产率、投资收益或设备利用率实际和潜在的下降、影响国内价格因素、倾销幅度、现金流动、就业、工资、筹措资金或投资能力及库存。上述某个别指标、因素不适用的，申请人应予以证明。

（3）以对国内产业造成实质损害威胁为由提出申请，申请人应当提供下列证据：①申请调查进口产品以倾销价格进入国内市场的大幅增长可能性，包括出口国（地区）现有及潜在的出口能力、出口国（地区）库存情况；②进口产品影响国内产业有关经济指标或因素的可明显预见和迫近变化趋势。

（4）以对国内产业的建立造成实质阻碍为由提出申请，除应提供对国内产业造成实质损害和对国内产业造成实质损害威胁的证据外，还应提供国内产业可能发展的证据，包括产业建立计划以及实施情况。

（5）申请人在主张申请调查进口产品对国内产业影响及提供证据材料时，应当针对国内同类产品生产进行单独确定；不能针对国内同类产品的生产进行单独确定的，应当以包括国内同类产品在内的最窄产品组或范围的生产确定。

6. 倾销与损害之间因果关系。申请调查进口产品与国内产业损害存在因果关系论证；未以倾销价格销售的进口产品数量和价格、需求减少或消费模式变化、国外或国内生产者限制贸易做法及它们之间竞争、技术发展以及国内产业的出口实绩和生产率等对国内产业损害影响说明。申请人如认为上述某因素不应适用，应予说明。

7. 申请人认为需说明的其他事项。对证据来源说明。涉及保密材料，申请人应提出保密申请；对于保密材料，申请人应提交非保密概要；不能提供非保密概要的，应说明理由。

8. 材料文本与签收。申请书及证据材料应当采用中文印刷体形式。国家有统一术语的，应当采用。提供的证据是外文的，申请人应提供其外文全文，并提供中文翻译件。申请应当分为保密文本和公开文本。保密文本和公开文本均应提交正本 1 份，副本 6 份；公开文本除提交正本 1 份，副本 6 份外，还应当按已知的申请调查进口产品的出口国（地区）政府的数量提供副本，如涉及已知的申请调查进口产品的出口国（地区）政府的数量过多，可适当减少但不能低于 5 份。可要求申请人提供申请书及证据材料电子数据载体。申请人应以邮寄或直接送达方式将书面申请书及证据材料递交商务部。对申请书及证据材料，商务部应予签收。签收之日为商务部收到申请书及证据材料之日。

（三）中国申请书符合 WTO 要求

《反倾销协议》第 5 条规定，申请书应包括可合理获得内容：①申请人身份和申请人提供的对国内同类产品生产的数量和价值说明。②对被指控的倾销产品完整说明、原产国或出口国名称、每一已知出口商或国外生产者身份以及已知的进口商名单。③所涉产品销售供一个或多个原产国或出口国国内市场消费时的价格信息；出口价格信息；或在适当时，该产品首次转售给进口成员领土内的独立购买者的价格信息。④被指控倾销进口产品数量变化信息，对国内市场同类产品价格的影响，以及由影响国内产业状况的有关因素和指标所证明的这些产品对国内产业造成的影响。

（四）美国①

申请人应该在同一天分别向商务部和联邦贸易委员会提交申请书及任何修

---

① 肖伟主编：《国际反倾销法律与实务（美国卷）》，知识产权出版社 2005 年版，第 243～245 页。

改。如果申请书提交给商务部和委员会日期不同，则较晚一个日期为提起申请正式日期。如果修改中加入了新主张，这些新主张的提出时间将根据19CFR351.202从新确定。

1. 向商务部提交申请书：①申请人及申请人所代表的任何人名字、地址和电话。②申请人所代表产业身份，包括该产业所有已知其他人的名字、地址、电话号码。③申请产业支持程度的信息，包括美国国内同类产品生产的总数量和价值，申请者和已确认的每个国内生产者生产的国内同类产品的数量和价值。④一项表明申请者是否已经根据《1930 年关税法》第 337 节、《1974 年贸易法》第 201 节或第 301 节或《1962 年贸易扩张法》第 232 节，对被调查商品的进口提出法律控制的声明。⑤所要求的调查范围，包括被调查产品的技术特征、用途、美国关税分类号码。⑥被调查产品制造或生产商名称，如果被调查商品从一个制造或生产国以外的国家进口，则为被调查商品进口来源的任何中间国家名称。⑦申请人认为低于公平价值销售被调查商品的每个当事人名称和地址，以及在最近 12 个月期间内，每个当事人所占对美国出口总额比例。如果当事人众多，则根据公开可获得的信息，提供至少占出口总额 2% 以上的当事人信息。⑧与计算被调查商品的出口价格和结构出口价格、外国同类产品的正常价值有关的所有事实性信息，特别是书面证据。如果无法提供有关外国销售或成本信息，则应提供经过调整的反映被调查商品生产国的生产成本的美国生产成本。⑨如果被调查商品来自一个非市场经济国家，则提供与使用生产要素方法计算正常价值有关的事实性资料。⑩在最近两年和申请人认为更具有代表性的任何其他最近期间内，进口的被调查商品的数量和价值；如果在这两年内并无进口，那么应提供与进口销售可能性有关的资料。⑪申请人认为进口被调查商品的每个当事方的名字、地址、电话号码；如果没有进口，则为可能进口被调查商品的每个当事人名字、地址、电话号码。⑫与实质损害、实质损害威胁或实质阻碍及因果关系有关的事实资料。⑬如果申请人宣称存在"紧急情况"，应提供下列证据：被调查商品的进口是否很可能严重削弱反倾销命令的补救效果；在一个较短期间被调查商品大量进口；有倾销历史；进口商知道，出口商正以低于公平价值的价格出售被调查商品，而且这样的销售将会导致实质损害。⑭申请者依靠的其他事实材料。

2. 依照国际贸易委员会《实践和程序规则》第 2D.10 节和第 2D.11 节的规定，申请人向委员会提交申请书：

（1）申请书应该经申请人或其适当授权的官员、律师或代理人签名，而且应该载明申请人和任何这样的官员、律师或代理人地址、电话及所有将在调查中出庭的申请人代表名字。

（2）申请书应该对征收反倾销税的必要因素均有指控，并应包含支持这些指控的合理可获得材料。

（3）申请书还应在申请人合理可获得程度内，包括以下材料：①对申请人所建议的国内同类产品的鉴别；②一份所有美国国内同类产品生产者的清单，包括每个生产者的街道地址、电话号码和联系人；③一份被调查商品所有美国进口者清单，包括每个进口商的街道地址、电话号码；④对申请人请求委员会在调查问卷中寻求定价信息的每个产品的鉴别；⑤一份由被调查商品导致的每个申请企业在申请提出前3年内所失去的所有销售或收入的清单。

（4）申请书应包含一份证明，即申请书没有包括第（3）项所规定的材料，对于申请人而言不是合理可获得的。

（5）申请人还被建议参考有关申请书内容所涉及的商务部规章。

（五）欧盟

任何自然人、法人或没有法人资格的任何协会都可以共同体产业名义提出书面申请。申请可提交委员会；也可提交成员国，再由该成员国转交委员会。委员会应将其收到的任何申请复印件送至成员国。申请以挂号信寄至委员会后或委员会发给回执之日起的第一个工作日，为申请提出之日。没有提出申请的成员国如果掌握有关倾销以及倾销对共同体产业造成损害的足够证据，应立即将这些证据交付委员会。申请书应包括倾销、损害以及所指控的倾销进口与所指控的损害之间存在因果关系的证据。包括申请人能合理获得的以下信息：①申请人身份以及由申请人对共同体相似产品生产数量和价值说明。如果书面申请以共同体产业名义提出，申请应将相似产品所有已知的共同体生产商，或共同体相似产品生产商的联合体列明，并尽可能地说明这些生产商在共同体相似产品的生产中所占的数量和价值，证明提出申请的共同体产业。②全面说明所指控倾销产品原产地国或出口地国名称，每个已知的出口商或外国生产商身份，以及已知进口商名单。③该产品预定在原产地国或出口地国的国内市场上消费而出售价格的信息，或在适当情况下，有关这些产品从原产地国或出口地国向一个或几个第三国出口的出售价格的信息，或关于该产品的推定价值的信息，以及有关出口价格信息，或在适当情况下，该产品最初转售给共同体内独立买主的价格信息。④指控的倾销进口在数量上的变化信息，那些进口产品对共同体市场相似产品价格的影响以及这些进口产品对共同体产业影响，并应被与共同体产业状态有关的相关因素和指数所证实。

综上，各成员方申请书格式同样，都要求具备请求成立的形式要件和初步证据。

四、反倾销调查机关审查申请

1. 立案机关。反倾销立案由商务部负责。但根据《反倾销条例》第 7 条的规定，对损害的调查和确定，由商务部负责；其中涉及农产品反倾销国内产业损害调查，由商务部会同农业部进行。

2. 60 天审查期限。《反倾销调查立案暂行规则》第 33 条现定，公平贸易局应当自对申请书及证据材料签收之日起 60 天内，对申请人的申请进行审查并提出意见，经商国家经贸委后，决定立案或不立案。申请不符合条件，申请人在规定时间内不调整或不补充的或未按要求的内容和时间调整或补充的，驳回其申请。

3. 申请人对申请要件举证，且证据足够。如丹尼尔·伊肯森认为，应当规定进口国企业在申请书中就支持市场被扭曲，提供可靠的（credible）证据。①《反倾销条例》第 15 条规定："申请书应当附具下列证据：①申请调查的进口产品存在倾销；②对国内产业的损害；③倾销与损害之间存在因果关系。"在立案阶段，举证不能仅凭猜测。《反倾销协议》第 5 条也规定："申请应包括：①倾销；②损害；③倾销进口产品与被指控的损害之间一种因果关系。缺乏有关证据的简单断言不能被视为足以满足本款要求。"申请证据标准应为"准确"、"充分"和"足够"。《反倾销协议》第 5 条规定，当局应当审查申请中提供的证据准确性和足够性，用以确定是否有充分的证据证明发起反倾销调查的正当性。一方面，要求申请人对倾销、损害和因果关系应予举证；另一方面，规定证明标准为"sufficient"，只有符合标准才能立案。"sufficient"强调不能在申请人没有证据支持其请求而仅凭简单断言提起申请情况

---

① Brink Lindsey and Daniel J. Ikenson, *Antidumping Exposed——The Devilish Details of Unfair Trade Law*, Cato Institute, p. 161.

下发动调查。

如在 WTO 争端解决机构审理美国与墨西哥之间的高糖玉米糖浆反倾销调查案件（DS132）中，美国指出墨西哥发起的反倾销调查案，墨西哥糖业协会提交的申请书缺少足够的有关玉米糖浆倾销产品可能对其国内产业造成影响的信息，缺少与国内产业状况有关的经济因素和指数，不能够充分证明所指控的倾销与所指控的损害威胁之间存在联系。[①] 专家小组解释《反倾销协议》第 5 条第 3 款为："很明显，在申请中提供信息的数量和质量，不需要像在损害初步或最终裁定中要求的一样。申请人只需要提供它可合理获得的且与相关因素有关的信息。"[②] 能够支持发起调查正当性的证据不一定能够支持初步或最终裁决的正当性。专家小组认为申请发动调查的证据要求，要低于作出初裁或终裁的证据要求。《反倾销协议》第 5 条第 2 款所包含"相关"以及"例如"，可参考第 3 条第 2 款和第 4 款提供的认定因素，但要注意到申请中并不需要包含第 3 条第 2 款和第 4 款中的所有要素。同时用来论证进口对国内产业影响的后果的资料，会因为申请者不同主张、该国内产业本身性质而改变。只要国内产业提供与损害或损害威胁相关的合理信息，而这些信息可以作为证明"存在对国内产业影响的证据"的资料，那么第 5 条第 2 款的要求即已经达到[③]。该案确定了申请反倾销调查具备的证据条件，即低于作出初裁或终裁的证据要求。在立案阶段并不必须对每一对象都确切证明，可根据指控和产业本身性质来决定。申请人只要能合理证明倾销行为对国内产业造成损害，即视为符合法定条件。但这并不是说只要提供证据，就满足条件。

4. 美国。一般情况下，商务部将在申请书提交后 20 天内，通过审查证据的准确性和充分性，确定申请书是否对征收反倾销税必要因素均有指控以及是否支持申请。如果认为申请书理由不充分或缺少确定资料，申请书缺陷无法得到改正，商务部必须给予申请人撤回申请的机会。如果申请人没有撤回申请，商务部将驳回申请，书面通知申请人驳回申请的理由，并在《联邦公

---

① 李昌奎主编：《WTO Anti-dumping Disputecase 世界贸易组织反倾销争端案例：1995~2003 美国卷》，机械工业出版社 2005 年版，第 44 页。

② 李昌奎主编：《WTO Anti-dumping Disputecase 世界贸易组织反倾销争端案例：1995~2003 美国卷》，机械工业出版社 2005 年版，第 31 页。

③ 肖伟主编：《国际反倾销法律与实务（WTO 卷）》，知识产权出版社 2006 年版，第 263~264 页。

报》上公告"驳回反倾销申请"。如果申请在发起或驳回前被撤回，则商务部无需采取任何措施。这 20 天，从申请书提交后的第 1 天开始起算。在发起前审查期间，禁止单方面接触，商务部将不接受任何来自利害关系方的关于申请口头或书面的通信，除非是关于进程状况和产业支持问题的询问等。在涉及国内产业投票表决情形时，商务部最多可以用 40 天作出发起裁定。商务部对申请审查，包括对损害指控充分性评估，但认为损害事项属于联邦贸易委员会专属管辖，拒绝评估申请书中损害数据。① 根据商务部《反倾销规章》规定，申请所需要材料，对于申请人必须是合理可获得的，而且支持申请材料必须为所宣称事实所合理支持。商务部必须确保所有事实性材料为恰当的公司官员和律师所证实。除审查申请书外，商务部还需对申请人资格和产业支持进行审查，以确定申请是否代表国内产业。

5. 加拿大②。国内生产商必须证明得到国内产业支持，投诉国内企业或支持申诉国内企业生产的同类产品必须占国内相同产品生产总产量 25% 以上，而且必须有 50% 的生产商就是否发起反倾销调查发表自己意见。边境服务署将对申请书中提供的关于加拿大国内同类产品和被控倾销产品的情况、加拿大国内产业有关信息，以及关于倾销、损害和因果关系证据是否进行充分审查。《特殊进口措施法》第 32 条规定，如果边境服务署认为证据充分，则其必须在 21 天内书面通知申请人和出口国政府，并在 30 天内立案，在特殊情况下，立案时间可延长至 45 天。如果认为证据不充分，可要求申请人补充资料，审查后若仍认为不符合条件，则不予立案，并通知申请人。

6. 欧盟③。欧委会要求初步证据。《欧盟反倾销条例》第 5 条规定：①委员会应审查申请中所提供证据准确性和充分性，以确定是否有足够证据证明应启动调查。②同时考虑有关倾销和损害证据。如果有关倾销或损害证据不能充分证明应启动调查，申请应予驳回。实践中，欧委会总是倾向于推定申请人结论成立，特别是关于倾销幅度的计算。③可忽略进口数量。《欧盟反倾销条例》第 5 条规定另一审查标准：不得对进口量不足市场份额 1% 的国家提起调查，除非来自几个这样国家的集体进口量达到共同体消费总额的 3% 或以

---

① 肖伟主编：《国际反倾销法律与实务（美国卷）》，知识产权出版社 2005 年版，第 246 页。

② 郭辉："加拿大反倾销法律制度及对华实践"，载《WTO 经济导刊》2005 年第 7 期。

③ 肖伟主编：《国际反倾销法律与实务（欧共体卷）》，知识产权出版社 2005 年版，第 243～249 页。

上。该款规定与《反倾销协议》规定不一致，该协议第 5 条规定：如来自一特定国家的倾销进口产品的数量被查明占进口成员中同类产品进口的不足3%，则该倾销进口产品的数量通常应被视为可忽略不计，除非占进口成员中同类产品进口不足 3% 的国家合计超过该进口成员中同类产品进口的 7%。可见欧盟审查标准比 WTO 标准低。④考虑第三方信息。在欧委会对申请进行审查过程中，如果表明发起反倾销程序缺乏根据的有关证据被提交给委员会，也予以考虑。实践中如果第三方已经提前知道了该申请，并向欧委会提交信息，欧委会通常乐意倾听第三方，特别是出口国政府意见。⑤审查期限。《欧盟反倾销条例》第 5 条规定，欧盟委员会必须与咨询委员会就是否立案进行商议，并在提出申请之日起 45 天内，作出是否立案的决定。如果明显地有充分证据证明应当开始调查程序，委员会应在提交申请 45 天内审查确定。如果所提交证据不充分，经商议后，应在申请提交委员会后 45 天内通知申请人。申请以挂号信寄至委员会后或委员会发给回执之日起的第一个工作日，为申请提出之日。在其他情况下，以欧委会确认收到后的第一个工作日为申请提出之日。申请人可在调查开始前撤回申请，申请应视为没有提出。

7. 申请书提出"紧急情况"①。如《美国反倾销规章》第 2 节第 2 条规定，起诉人可在立案阶段提出"紧急情况"要求。我国反倾销立法也可确立"紧急情况"处理制度，且申请人应提供证据。

五、立案

立案是指反倾销机构接受申请。立案应当公告，公告是发起反倾销的标志。《反倾销条例》第 19 条规定，立案调查决定，由商务部予以公告，并通知申请人、已知的出口经营者和进口经营者、出口国（地区）政府以及其他有利害关系的组织、个人。立案调查决定一经公告，商务部应将申请书文本提供给已知的出口经营者和出口国（地区）政府。商务部应当在发布立案公告之前通知出口国（地区）政府。如果调查涉及大量出口商的，商务部只向出口国（地区）政府提供申请书公开部分。《反倾销调查立案暂行规则》第39 条规定，立案公告应载明：①申请书概要及商务部对申请的审查结果；②发起调查日期；③调查产品及出口国（地区）名称；④调查期间；⑤调查

---

① 根据美国《反倾销条例》第一节第 2 条的规定，"部长"系指商务部长或者其委托授权的人。

机关进行实地核查的意向；⑥利害关系方不应诉将承担的后果；⑦允许利害关系方提出意见的时限；⑧调查机关联系方式。

在美国，商务部立案，将在《联邦公报》上公告，并通知出口国政府、出口商以及国际贸易委员会。在收到申请书或商务部发起调查通知后，委员会将在与商务部磋商之后，尽快启动调查，并在《联邦公报》上公布调查安排①。

在欧盟，如果欧委会决定发起反倾销调查，将在欧盟官方公报上公布。《欧盟反倾销条例》第5条规定，开始调查通知应宣告调查开始，指明所涉产品和国家，简要说明已有信息，并规定应将所有信息通知委员会；同时应说明利害当事人可使委员会知晓的期限，可书面陈述其意见并提供调查中将被考虑信息。此外还应说明利害当事人根据第6条第5款规定可要求接受委员会听审的期限。另外，在发布通知同时，欧委会还应将调查程序的发起告知相关出口国委派到欧盟的外交代表、已知相关出口商、进口商以及申诉方。委员会应将诉讼的开始通告出口商、进口商以及所知的进口商或出口商有关的代表机构、出口国代表和申请人，并在适当考虑保密情况下，将收到书面申请的全文提供给已知出口商以及出口国当局，并应请求使其他所涉及的利害当事人也能获得。如果所涉及出口商数量庞大，书面申请书全文可仅提供给出口国当局或有关贸易协会。

利害关系方是指为了维护自身权益，参与反倾销调查过程所有当事方。包括进口商、国内生产商及其商会、工会；出口国政府和出口商等。应诉方是指出口商及其同业商会，即被调查方。如《反倾销条例》第19条规定，申请人、已知的出口经营者和进口经营者、出口国（地区）政府以及其他有利害关系的组织、个人，统称利害关系方。《反倾销协议》第6条也规定，"利害关系方"包括：①被调查产品的出口商或外国生产者或进口商，或大多数成员为该产品的生产者、出口商或进口商的同业公会或商会；②出口成员的政府；③进口成员中同类产品生产者，或大多数成员在进口成员领土内生产同类产品的同业公会和商会。除此之外，不排除各成员允许国内或国外其他各方被列为利害关系方。在美国，利害关系方是指：①某种产品生产者，出口商或美国进口商，或由某种产品大部分进口商组成的行业协会或商会；

① 肖伟主编：《国际反倾销法律与实务（美国卷）》，知识产权出版社2005年版，第250页。

②生产该商品的本国政府；③美国生产某种相似产品的生产者或销售商，不限于零售商；④由作为该产业代表的工人或由美国某种相似产品的销售商，不限于零售商组成的、经政府批准认可的工会或商业团体；⑤由生产或销售美国生产的相似产品的大部分生产者或销售商组成的行业协会或商会；⑥由本款第③、④或⑤项规定的利害关系方的大部分成员组成的协会。

我们认为，广义的利害关系方还应包括被调查产品的消费者和工业用户及其商会。如《反倾销产业损害调查规定》第20条规定，利害关系方包括：①被调查产品的外国（地区）生产者、出口经营者、国内进口经营者，或者该产品生产者、出口经营者、进口经营者的行业组织或者其他组织；②被调查产品的原产国（地区）、出口国（地区）的政府及其代表；③国内同类产品的生产者、经营者，或者该产品生产者、经营者的行业组织或者其他组织；④其他。"其他"可以包含"消费者"。该规定第22条规定，商务部反倾销产业损害调查的对象包括国内生产者、国内进口经营者、国内购买者、国内最终消费者、国外出口经营者和国外生产者等。

在特殊情形下，商务部没有收到书面申请，但有充分证据认为存在倾销、损害以及二者之间有因果关系的，可启动反倾销调查。《反倾销协议》第5条授权，在特殊情况下，如有关主管部门在未收到国内产业或代表国内产业提出书面申请情况下决定发起调查，则只有在具备第2款所述关于倾销、损害和因果关系充分证据证明发起调查是正当情况下，方可发起调查。如《欧盟反倾销条例》第5条规定，在特殊情况下，未收到欧盟产业或代表欧盟产业提出反倾销调查书面请求，为保证调查正确，应依据第2款规定，具备倾销、损害和因果关系三要素，证明调查是具备充分证据的，欧盟委员会自行发起反倾销，例如欧盟对印度产合成纤维绳索（synthetic fiber ropes）案。①

六、应诉方答辩

应诉方应按调查机关要求及时登记应诉。针对申请方主张，应诉方在程序和实体两方面提出抗辩或反驳。如主张被调查产品范围的排除；提出申请书存在法律缺陷及有关事实不能支持主张的意见；提出未倾销反驳；无损害

---

① Notice of initiation of an anti‐dumping proceeding concerning import of synthetic fiber ropes originating in India, OJ C201, 01/07/1997, p. 8.

和有利于公共利益的抗辩。如《反倾销产业损害调查规定》第 19 条规定，利害关系方申请应诉产业损害调查的，应当自反倾销调查立案公告发布之日起 20 日内向商务部提出应诉申请，办理应诉登记。如中国石油化工股份有限公司巴陵分公司等代表国内己内酰胺产业，对原产于欧盟和美国的进口己内酰胺申请反倾销调查案。① 2010 年 5 月 12 日，调查机关收到帝斯曼化学品北美公司等共同提交的《己内酰胺反倾销案产品排除请求》。2010 年 8 月 18 日和 8 月 30 日，调查机关分别收到帝斯曼化学品北美公司和帝斯曼纤维中间体公司共同提交的《己内酰胺反倾销案无损害抗辩意见书》。2010 年 9 月 20 日和 2010 年 10 月 8 日，调查机关分别收到霍尼韦尔树脂和化学品有限责任公司提交的《关于己内酰胺反倾销案产业损害抗辩意见》。2010 年 10 月 8 日，调查机关收到宇部化学欧洲有限公司提交的《关于进口己内酰胺反倾销案的无损害抗辩书》。2010 年 10 月 8 日，调查机关收到道默有限公司提交的《关于进口己内酰胺反倾销案的无损害抗辩书》。

七、调查期限

调查期限是指反倾销从立案到作出最终裁决的法定时限。《反倾销条例》规定，反倾销调查应自立案调查决定公告之日起 12 个月内结束；特殊情况下可延长，但延长期不得超过 6 个月。据统计，反倾销案，除终止调查或撤诉外，诸多达 18 个月。② 《反倾销协议》规定，除特殊情况外反倾销调查应在发起后一年内结束，且绝不能超过 18 个月。③ 在美国，商务部自反倾销立案后 235 天，复杂案件 285 天，另应出口商请求可以再延长 60 天，最长 345 天内终裁。国际贸易委员会在商务部终裁后 45 天内终裁。但如果商务部终裁为否定，国际贸易委员会在商务部终裁后 75 天内，即最长 420 天内终裁。④ 在欧盟，从立案通知之日起 9 个月内，欧盟委员会初步裁决。立案通知之日起 15

---

① 商务部公告 2011 年第 68 号《关于原产于欧盟和美国的进口己内酰胺反倾销调查的最终裁定》。载商务部网站，http：//gpj. mofcom. gov. cn/article/cs/201110/20111007785016. html. ，2012 年 10 月 19 日访问。

② 1997 年~2005 年 8 年间，我国处理了 75 件反倾销案件，除两起案件终止调查，一起案件撤诉外，其余案件处理时间均达到了 18 个月。

③ 《关于执行关贸总协定第 6 条的建议》第 10 条。

④ 张振安："欧盟反倾销调查程序介绍与应诉启示"，载《中国自行车》2005 年第 10 期。

个月内，欧盟委员会最终裁决。

调查终止是指发现继续调查不必要或无理由，依法终结。①申请人撤销申请；②没有足够证据证明存在倾销、损害或二者之间有因果关系；③倾销幅度低于2%；④倾销进口产品实际或潜在的进口量或损害属于可忽略不计；⑤商务部认为不适宜继续进行反倾销调查。① 终止规定是为了确保及时阻止无意义调查干扰正常贸易。如《反倾销协议》第5条规定，有关当局一旦确认没有充分倾销或损害证据以证明案件程序进行是有理由的，则应对根据本条第1款规定提出的申请予以驳回，并尽快终止调查。在当局确定倾销幅度是最小的、或实际的或潜在的倾销产品的数量或损害可以忽略不计时，案件也应立即终止。如果倾销幅度按出口价格百分比表示小于2%，该幅度应被视为是最小的。如果从一个特定国家进口倾销产品的数量被确定为占进口成员中同类产品进口不足3%，则该倾销产品的数量通常应被视为可忽略不计，除非占进口成员中同类产品进口不足3%那些单个国家，其集体总量超过了该进口成员同类产品进口量7%。主管部门确定倾销幅度最小、或实际、或潜在倾销数量或损害可忽略不计。"最小"一般是指倾销幅度不到正常价值2%；"可忽略不计"一般是指倾销产品数量占进口国同类产品进口不足3%，多国累计不足7%。"最小"原则是为保护中小企业利益。中小企业很难承担高昂的反倾销诉讼费。

在加拿大，反倾销可因两种情况而终止：①如果边境服务署在初裁或终裁中确定被调查产品的倾销幅度可忽略不计（小于2%），调查终止。②如果国际贸易裁判所在初裁或终裁决定中确定倾销没有对国内产业造成损害，调查终止。在欧盟，反倾销会因三种情况而终止：①存在申诉方撤诉。②欧盟委员会商议后，认为没有必要采取反倾销措施，并且咨询委员会没有提出反对意见。但如果咨询委员会提出相反意见，则欧盟委员会应立即向部长理事会提交一份有关商议结果报告和终止调查建议。如果部长理事会在30日内没有经多数表决决定继续调查或采取最终反倾销救济措施。③单个出口商倾销幅度不足2%的情形。

---

① 《中华人民共和国反倾销条例》第26、27条。

第二节　反倾销调查种类

一、问卷调查

（一）问卷调查的含义

问卷调查是指调查机关向出口商、进口商或国内生产商发放问卷，被调查人按要求，完整、真实、准确、诚实地回答问卷，提交信息的调查方法。如《反倾销问卷调查暂行规则》第4条规定，调查问卷是指在反倾销调查中，商务部向报名应诉的被调查国家（地区）生产商或出口商发放的书面问题单，用于确定倾销及幅度。

（二）调查问卷的种类

1. 倾销调查问卷，用于计算倾销幅度，关注点在于价格、产品成本和销售行为。

2. 产业损害调查问卷，用于分析产业损害、因果关系，关注点在于国内产业各类经济指标。如《反倾销产业损害调查规定》第24条规定，商务部采取问卷等调查方式进行产业损害调查。产业损害调查问卷包括：①发放给国内生产者的调查问卷，旨在了解国内产业损害信息；②发放给国内进口商的调查问卷，旨在确定进口商和被诉企业贸易联系，掌握国内供求情况以及产品定价；③发放给外国生产者或出口商的调查问卷，旨在了解进口产品价格、产量、进口量、出口能力及其变化。

3. 专题调查问卷和补充调查问卷，是专门发放给国内消费者的。如《反倾销产业损害调查规定》第25条规定，商务部向利害关系方发放的调查问卷包括国内生产者调查问卷，国内进口商调查问卷，国外生产者、国外出口商调查问卷或者其他类型的调查问卷。

（三）对被调查国家或地区的生产商或出口商问卷调查程序

1. 报名应诉。被调查国家或地区的生产商或出口商应自反倾销立案之日起20天内，按照立案公告要求，向商务部报名应诉。报名应诉应以印刷体简体中文形式提交以下信息：①报名应诉意思表示；②应诉公司名称、地址、法定代表人、联系方式和联系人；③调查期内向中国出口被调查产品的总数量、总金额。报名应诉文件应有应诉公司盖章和其法定代表人签字。应诉公司委托中国执业律师代理呈送的，应列出代理律师的姓名、联系方式、所在律师事务所及其地址，并附授权委托书原件。

2. 问卷发放。调查问卷应在报名应诉截止之日起 10 个工作日内向应诉公司发放。如应诉公司数量过多，商务部决定采取抽样方式进行反倾销调查的，调查问卷可以只发放给经抽样选中的应诉公司。如进行抽样调查，商务部可对发放问卷的期限适当延长。

3. 答卷要求。调查问卷列出倾销与幅度以及损害问题单，应诉公司应按照商务部要求，完整而准确地回答调查问卷中所列的问题，提交调查问卷中所要求的信息和材料。应诉公司应在规定时间内提交完整而准确的答卷，答卷应包括调查问卷所要求的全部信息。应诉公司在回答问卷时对调查问卷有疑问的，可以书面形式向调查问卷所列明的案件调查人员咨询。应诉公司在回答调查问卷所列的问题时，应首先列出问题题目，并在题目下直接回答。答卷应以印刷体简体中文形式填制，并按要求提供证据材料。证据材料原件是外文的，应按照外文原文格式提供中文翻译件，并附外文原文或复印件。应诉公司应指明答卷中所使用的证据材料的来源和出处。所有与答卷有关的销售单证、会计记录、财务报告和其他文件除按要求附在公司答卷中之外，均应留备核查。答卷要求提供的交易证据材料应按照交易发生的时间顺序进行整理；每一笔交易的证据材料应按照交易流程进行整理，并提供该笔交易的证据材料清单。应诉公司按照问卷要求将调查问卷复印转交给关联贸易公司或其他公司填制时，该关联贸易公司或其他公司应按照问卷要求独立提交答卷。

4. 答卷时限。调查问卷的答卷应当在问卷发放之日起 37 日内送达商务部。应诉公司有正当理由表明在答卷到期日前不能完成答卷的，应在问卷提交截止期限 7 日前向商务部提出延期提交答卷书面申请，陈述延期请求和延期理由。商务部应在问卷提交截至期限 4 日前，根据申请延期的应诉公司的具体情况对申请延期请求作出书面答复。通常情况下延期不超过 14 日。这延期天数超过《反倾销协议》规定，即主管部门应给予收到反倾销调查中所使用问卷的出口商或外国生产者至少 30 天时间作出答复。对于延长该 30 天期限的任何请求应给予适当考虑，且根据所陈述原因，只要可行即应予以延期。

5. 申请保密处理。应诉公司认为答卷中有需要保密内容的，应提出保密处理的申请，并陈述需要保密的理由，对要求保密处理的信息，应提供一份非保密概要，非保密概要应当包含充分的有意义的信息，以使其他利害关系方对保密信息能有合理的理解，如不能提供非保密概要，应说明理由。商务部应对保密申请进行审查，如认定保密理由不充分或非保密概要不能满足要求或应诉公司不能提供非保密概要的理由不充分，可要求应诉公司在规定期限内进行修改。应诉公司拒绝修改或修改后的非保密概要仍然不符合要求的，商务部可对该材料不予考虑。答卷应做成两种类型：一类为含有保密信息的完整答卷；一类为只包括公开信息的答卷。应诉公司应当在每份答卷首页注明保密答卷或公开答卷，公开答卷中涉及保密部分的，应用"〔〕"符号标注，并注明相应的非保密概要的序号。应诉公司应提交公开答卷和保密答卷中文原件各 1 份、中文复印件各 4 份，所有答卷均须妥善装订成册，答卷正文和所附证据材料均应按顺序标注页码，答卷应包含答卷目录和附件目录，每一份附件都应列明序号。

6. 保证信息真实。应诉公司应按照答卷的要求提供一份证明信，声明应诉公司提供的信息是准确和完整的，并由应诉公司法定代表人或其授权人签署。商务部对没有附具证明信的答卷不予接受。应诉公司提供的书面答卷和数据表格，应按照问卷要求提交相关的计算机软盘、光盘或商务部可接受的其他电子数据载体。电子数据载体的内容应当与答卷中的内容完全一致，表格中数据涉及计算的部分应保留计算公式，应诉公司应保证提交的电子数据载体不携带病毒，如果携带病毒可被视为阻碍调查，商务部可依据已获得的事实和现有最佳材料作出裁定。通常情况下，不提供电子数据载体，特别是不提供交易和财务数据的电子数据载体的应诉公司将被视为不合作的对象。如应诉公司无法提供电子数据载体或无法按要求提供电子数据载体，或按要求提供电子数据载体将给应诉公司造成不合理的额外负担，应诉公司可以在问卷发放之日起 15 日内向商务部提交书面申请，说明无法按要求提供电子数据载体的理由，商务部在接到申请后 5 日内对是否同意申请作出书面答复。应诉公司的答卷应通过中国的执业律师代理呈送并由代理律师处理相关事宜，在答卷中应提供一份有效的律师授权委托书及该代理律师有效的执业证书复印件。

7. 截止时限。调查问卷的答卷应在截止日当日 17:00 之前寄至或直接送至问卷所列的地址。送达日为商务部收到答卷的日期。在反倾销调查中，商务部可向应诉公司发放补充调查问卷，要求提供补充信息和材料。应有关出口商、生产商请求，且该出口商、生产商所在国或地区政府未提出异议的，商务部可派出工作人员赴该出口国或地区解释该反倾销调查问卷。

8. 不提交答卷的后果。应诉公司在规定期限内不提交答卷，或不能按要求提供完整而准确的答卷，或对其所提供的资料不允许商务部进行核查，或以其他方式严重妨碍调查，则商务部可依据已获得的事实和现有最佳材料作出初步裁定或最终裁定。

（四）美国

1. 美国商务部发放问卷。美国商务部一般会对所有已知涉案出口商或生产商发放调查问卷，如果涉案企业数量很多，会采取抽样方式，或对被调查产量最大的几家企业作调查，商务部通常选定对美国的出口占被调查产品总金额60%以上的几家出口商或生产商发放调查问卷。根据不同情况，美国商务部准备五类调查问卷。对于已知涉案厂商，商务部会寄送第一类问卷，限期21日回复，对于其他种类问卷，回复期为37日。有时，出口商可申请延期回复，但延期不得超过14日。商务部在必要时还会发送补充问卷，通常要求10日内回复。未被抽查企业可主动参与调查，以预防将来被动调查，有利于企业获得单独裁定倾销幅度的机会从而争取更有利的裁决。但商务部可能由于涉案文件过多而拒绝主动调查，参与者可以主动请求。商务部按问卷收集到的数据和信息来选择被调查企业并计算正常进口价格。商务部认为数据不足，会寻找替代市场并根据替代市场的数据来计算此种产品的替代价格。

2. 国际贸易委员会发放问卷。委员会所属调查小组起草问卷，展开调查，调查对象包括：美国生产商、进口商和外国生产商。如果诉讼涉案企业多，就将调查问卷送交企业代表；如果涉案企业不多，那么问卷将送交所有涉案生产商，问卷通常也会发送给所有被调查商品的进口商。同样，在进口商众多的情况下，问卷将被提交给进口商代表。在美国，生产商与进口商通常在收到调查问卷1~3个工作日内将回答后的问卷寄出。国外生产商通常要比上述时间晚。①对美国生产商的调查问卷有三部分：一是涉及被调查方基本的生产经营情况以及是否支持申诉和支持或反对的理由；二是涉及被调查方生产经营能力，包括所有会计数据，如存货、成本、工资、销售费用、利息和设备折旧；三是问卷涉及企业财务，如研发成本，最后的价格，包括产品售价和由于调查带来的运营损失。②对美国进口商的调查问卷一般由三部分组成：一是企业营业范围和基本组织；二是被调查商品进口贸易量、运费、耗损和包装会计数据；三是与价格有关的信息收集。③对外国生产商发出的问卷包括：企业的一般经济状况、产能、运输、出口量、涉案商品库存、贸易情况和成本。

（五）欧盟

欧盟为已知出口商和进口商准备了4套调查问卷，对象分别是欧盟生产商、外国生产商或出口商、关联进口商以及非关联进口商。被调查企业应当在30日内完成问卷填写并寄回问卷。30日期限的起算日通常是企业收到调查问卷的时间，调查问卷发出后一周或转交给外交部门的时间视为企业接到问卷的时间。一般情况下，期限不能延长，但如果案情确实复杂，并且当事人有正当理由，可以延长2周。《欧盟反倾销条例》规定，调查问卷将发放给所有出口商、欧盟生产商和进口商，调查问卷中回复的信息通常都构成所作结论最重要的信息来源。所设计调查问卷内容必须涵盖所有与倾销和损害的确定相关的因素。

1. 发给外国生产商或出口商的调查问卷。该问卷是为了确定倾销是否存在以及是否因倾销造成损害，通常要求提供最近3~5年内向欧盟出口的价格和出口的数量。在调查期间，外国生产商在国内市场和欧盟市场上要有详细信息，以逐笔交易形式提供，以及在将出口价格转换成出厂价格标准时可以扣除的欧盟内外的直接销售费用。在每一份调查问卷中，都要求提供在调查期间内该生产商整体的、每一部门的以及每一件产品的生产成本信息，并要求提供营业，诸如产量、产能、产能利用率、库存、就业、投资、现金流转的统计数据。涉案生产商或出口商的调查问卷通常由封面、一般信息、产品说明、经营统计、涉案产品向欧盟的出口、涉案产品的国内销售、生产成本、电子信息要求、核对表及附件部分组成。

2. 发给欧盟生产商的调查问卷。该问卷是为了使欧盟调查委员会能够确定欧盟生产商是否遭受损害，要求提供最近3~5年内欧盟生产商生产的数量以及出售时的要价、发展趋势，如生产能力、产能利用率、库存、职工数量、生产成本和利润，以使欧盟调查委员会能够评估他们的产业形势。欧盟生产商的调查问卷通常包括：封面、一般信息、涉案产品、产量、购货和存货和销售、分销体系以及销售价格、逐笔交易列表、生产成本、获利情况、因果关系、欧盟利益和保证以及附件。

3. 发给关联进口商的调查问卷。该问卷通常要求提供购买价格、转售价格、购买费用以及进口商在进口和转售之间所发生的费用。这些信息是推定 CIF 出口价格以及将出口价格调整还原为出厂价格所必需的。

4. 发给非关联进口商的调查问卷。该问卷要求提供从相关国家以及通过其他渠道的进口信息。由于欧盟调查委员会意识到非关联进口商与其合作所获得的利益有限，因此给非关联进口商调查问卷是四种调查问卷中最简单的。对问卷回复主要是用来复核外国生产商或出口商所提交的信息以及计算关联进口商所应获得的利润幅度。

（六）加拿大

1. 边境服务署在发出立案通知的同时，向各涉案企业发出调查问卷，涉案企业须在立案后 37 日内交回调查问卷。边境服务署很少同意应诉企业延期申请。被加拿大视为非市场经济的国家，调查机关会同时向该涉案国政府发出调查问卷，以确定《特别进口措施法》第 20 条中有关"国家垄断经济或国家实质影响定价条款"的规定是否适用于该国。边境服务署知道涉案企业确切名称、地址时，会直接将立案通知和调查问卷寄给该企业；当不确定涉案企业或其具体名称、地址时，通常做法是将立案通知和调查问卷交给涉案国驻加拿大使馆或领事馆，由使、领馆转交其国内涉案企业。对涉案产品生产商和出口商发出的调查问卷，包括一般信息，还要求提供详细出口、内销和财务成本信息和数据。

2. 国际贸易裁判所损害调查问卷通常在边境服务署作出初裁后，向进口商、出口商、生产商、加拿大制造商发出，其交卷期限为 22 天。

综上，各国调查问卷在 WTO 项下基本一致。

二、实地核查

实地核查是指调查机关派出工作人员赴有关出口国或地区，核实有关出口商、生产商所提交材料的真实性、准确性和完整性并再次搜集信息的调查方法。[①] 实地核查包括倾销实地核查和产业损害实地核查。

（一）倾销实地核查

1. 时间。倾销实地核查通常应在收到调查问卷答复后或初步裁定后进行，

---

① 王婧："美国反倾销实地核查的特点"，http：//ctie.webtextiles.com/info/info __view.asp? in-foid＝138670，2012 年 8 月 5 日访问。

也可根据案件具体情况在初步裁定前进行。商务部决定实地核查的，应提前通知将被核查的出口商、生产商及其所在国或地区政府。实地核查前，应取得被核查出口商、生产商的明确同意。商务部应将同意被核查的出口商、生产商的名称、地址以及商定的核查日期通知其所在国或地区政府。出口商、生产商所在国或地区政府表示异议的，商务部不得进行实地核查。实地核查前，商务部应将具体行程预先通知被核查出口商、生产商。核查小组由商务部负责组织，该小组通常由负责反倾销调查的政府人员组成。在特殊情况下，还可以邀请非政府专家参与核查，但应事前通知被核查的出口商、生产商及其所在国或地区政府，该非政府专家应严格遵守保密要求。

2. 核查小组应在实地核查前将需要核实信息的一般性质和需要进一步搜集的信息通知被核查的出口商、生产商。核查小组可以根据需要在实地核查前向被核查出口商、生产商发放具体的核查问题单。核查小组主要核查出口商、生产商所提交的信息和材料，包括：①出口商、生产商所提交答卷中涉及的所有信息和材料；②出口商、生产商应商务部要求所提供的补充答卷中涉及的信息和材料；③出口商、生产商主动向商务部提交的有关信息和材料；④商务部认为需要核实的其他信息和材料。

3. 被核查出口商、生产商应整理好支持其答卷和补充答卷中所提供信息的所有证据和材料，以备核查。如前款提及的证据和材料的原始记录通过某种计算机程序以电子数据形式存在，被核查出口商、生产商应保证上述计算机程序能够正常运转，并且该电子数据可复制、打印。被核查出口商、生产商应在核查过程中积极配合核查小组工作，并应配备最初准备答卷的负责人员和其他相关主管人员，随时解释核查小组提出的问题。

4. 核查工作语言为中文或核查小组同意的其他语言。核查小组可以视案件复杂程度，全面核查或抽样核查。实地核查可按照事前通知的范围进行，但该范围不妨碍核查小组根据所获得的信息和材料当场要求被核查的出口商、生产商提供进一步的信息和材料。核查结束后，商务部应在合理期间内向被核查的出口商、生产商披露核查结果。商务部还可以应其他利害关系方的请求披露该核查的概要情况，但不得披露被核查出口商、生产商的保密信息。

5. 拒绝或妨碍实地核查的不利后果。经过核实的答卷和补充答卷中所提供的信息和材料以及核查中进一步搜集的信息和材料将作为商务部裁定倾销和倾销幅度的依据。有下列情况之一的，商务部可以决定采用已经获得的事实和可获得的最佳信息确定倾销和倾销幅度：①出口商、生产商拒绝实地核查的；②被核查出口商、生产商所在国或地区政府对实地核查提出异议的；③对核查小组提出的合理要求，被核查出口商、生产商不积极合作的；④被核查出口商、生产商拖延核查，致使核查未能如期完成的；⑤核查中发现被核查出口商、生产商所提供的信息和材料在真实性、准确性和完整性方面存在重大问题的；⑥被核查出口商、生产商存在明显欺骗、隐瞒行为的；⑦有其他阻碍实地核查行为的。

（二）产业损害实地核查

根据《反倾销产业损害调查规定》第27～29条的规定，商务部可以对利害关系方进行实地核查。实地核查前，应当将核查主要目的和内容提前通知有关利害关系方。应利害关系方请求或根据调查需要，经有关国家或地区同意，商务部可以派出人员赴该国家或地区对有关产品的生产能力、投资扩产、库存、原产或转口及企业间的关联关系情况进行调查。商务部可以要求利害关系方按照规定提交或补充书面材料，利害关系方也可以主动向商务部提交书面材料。

《反倾销协议》规定，为核实提供信息或获得进一步的细节，主管机关可根据需要在其他成员领土内进行调查，但应获得有关企业同意并通知所涉成员的政府代表，除非该成员反对。在其他成员领土内进行调查时，应遵守如下规则：①发起调查后，应将进行实地调查的意向通知出口成员机关和已知的有关公司。②在特殊情况下，有意在调查组中包含非政府专家的，应将此通知出口成员的公司和主管机关。此类非政府专家如违反保密要求，应受到有效的处罚。③在访问最终确定之前，应获得出口成员中有关公司的明确同意。④一经获得有关公司同意，调查机关即应将准备访问的公司名称和地址以及商定日期通知出口成员的主管机关。⑤在进行访问之前，应向所涉公司作出充分的预先通知。⑥对于解释问卷的访问，只应在出口公司提出请求后进行。此种访问只有在：进口成员的主管机关通知所涉成员的代表和后者不反对该访问的情况下进行。⑦实地核查的目的是核实所提供信息或获得进一步的细节，应在收到问卷答复之后进行，除非该公司同意相反的做法，且调查机关已将预期访问通知出口的成员政府，而后者不持异议。实地核查标准做法应为，在访问之前告知有关公司需要核实信息一般性质和需要提供的任何的进一步信息，但不排除根据所获的信息当场要求提供深层的细节。⑧出口成员的主管机关或公司提出的对成功进行实地核查的必要询问，只要可能，均应在访问前作出答复。①

在美国，在涉案企业提交调查问卷后，为验证该答卷是否真实、准确，公布初裁后大概两周内，商务部会派专人前往出口国的涉案企业实地核查，并披露相关信息。通常亲临外国涉案产品的生产企业和出口经营者，审核其生产记录、购销合同、财务记录、保险、运输单据和发票。如果商务部发现核查结果与涉案企业提交的调查问卷内容有出入，商务部在计算倾销幅度时将采用自己问卷调查得到的数据，并且如果涉案企业没有能够在商务部给定的期限内对商务部认为有问题的信息给予合理解释，将根据可获得最佳资料的规则处理。实地核查常在公布初裁结果之后进行，派往涉案国人员一般有丰富的专业知识和实践经验。强制应诉的出口商和每家生产企业都应当接受实地核查。调查机关会在核查前制作 1 份核查清单，列举全部核查所涉项目的内容，并将核查清单发放给被核查企业的代理律师，核查将严格按照核查清单上面项目进行，核查清单使核查过程更严谨。②

在加拿大，边境服务署官员可亲自到涉案企业对其答卷涉及内容、证据进行现场核实、查证。核查一般应在立案之日起 46 天后初裁前进行。在特殊情况下，也可在初裁后进行。核查前，边境服务署应将实地核查的要求通知相关企业和所在国政府并征得其同意。

在欧盟，对于当事方所提供的所有被最终作为确定倾销和损害存在的信息，都应当通过合理途径充分验证其可靠性。通常欧盟会先从进口商、出口商、生产商那里获得初步信息，之后启动实地核查。核查对象可以是出口商、进口商、生产商、代理商和贸易联合会。如果调查对象是出口商，委员会通常会访问出口商总部或工厂，查看有关会计账目、清单从而验证调查问卷中的信息或提交的其他书面报告的准确性。如果调查对象在国外，则应将核查企业的名称和日期事先通知该国政府，若该国政府反对，核查不进行。在核查开始后，委员会有权要求成员国为其提供援助以保证核查顺利进行，核查还需获得企业同意，并应将核查内容、需要在核查中提供的信息告知企业，

---

① 《关于执行 1994 关贸总协定第 6 条的协议》（反倾销协议）。

② 王婧："美国反倾销实地核查的特点"，http：//ctie.webtextiles.com/info/info __view.asp？infoid＝138670，2012 年 8 月 5 日访问。

但这并不妨碍在核查期间根据具体需要，要求企业提供其他信息。

总之，各国实地核查规则基本一致，都源于《反倾销协议》。

三、抽样调查

抽样调查是指商务部按照统计原理，从被调查对象中，按规定抽取样本来进行调查，用所得数据代表被调查对象总体的取证方法。商务部应在全面调查的基础上为每一应诉出口商或生产商确定单独的倾销幅度，但因出口商、生产商、产品型号或交易过多，为每一出口商、生产商单独确定倾销幅度或调查全部产品型号、交易会带来过重的负担并妨碍倾销调查及时完成，所以，可采用抽样方法。如《反倾销协议》规定，主管机关通常应对被调查产品的每一已知出口商或生产者确定各自的倾销幅度。在出口商、生产者、进口商数量或所涉产品种类特别多而使作出此种确定不实际的情况下，主管机关可通过在作出选择时可获得信息的基础上使用统计学上有效抽样方法，将其审查限制在合理数量利害关系方或产品上，或限制在可进行合理调查的来自所涉国家出口量的最大百分比上，上述选择最好与有关出口商、生产者或进口商进行磋商并取得他们同意后作出。商务部选择的调查样本应当具有代表性。统计学有效抽样方法包括等距抽样、随机抽样或其他适当的统计抽样。

以对象为标准，抽样调查分为：出口商或生产商抽样调查、产品型号抽样调查和交易抽样调查。

1. 出口商或生产商抽样调查。商务部根据报名登记应诉的情况决定选取及备选的出口商、生产商。商务部初步决定选取及备选的出口商、生产商后，应及时通知各利害关系方。利害关系方在收到通知后 7 日内，可以就出口商、生产商的选择发表评论。商务部应尽量选择同意备选的出口商、生产商；出口商、生产商不同意备选的，不妨碍商务部选择。商务部只向选取及备选的出口商、生产商发放调查问卷，选取及备选的出口商、生产商应按照问卷要求及时提供完整准确的答卷；未被选取及备选的出口商、生产商可以自愿向商务部提供信息。商务部应对选取的出口商、生产商确定单独的倾销幅度，选取的出口商、生产商不合作的，商务部可以用备选的出口商、生产商替代该出口商、生产商。未单独审查的应诉出口商、生产商的倾销幅度按选取的出口商、生产商的加权平均的倾销幅度确定。商务部应对未被选取但及时提供了必要信息并明确要求为其确定单独倾销幅度的出口商、生产商进行单独审查，除非该单独审查会妨碍倾销调查的及时完成。未应诉的出口商、生产商的倾销幅度，商务部根据《反倾销条例》第21条的规定，根据已经获得的事实和可获得的最佳信息作出裁定。

2. 产品型号抽样调查。商务部收到应诉出口商、生产商答卷后，如发现出口商、生产商的被调查产品涉及型号众多，商务部可采取抽样调查的方法选取部分型号的产品来确定该应诉公司被调查产品的倾销及倾销幅度。商务部初步决定选取的产品型号后，应及时通知各利害关系方。利害关系方在收到通知后7日内，可以就产品型号的选取发表评论。商务部应尽量选择出口商、生产商同意的产品型号；出口商、生产商不同意的，不妨碍商务部的选择。被调查产品的倾销幅度按照被选取型号的产品的加权平均倾销幅度确定。

3. 交易抽样调查。商务部在收到应诉出口商、生产商答卷后，如果被调查产品的国内销售或出口销售交易笔数过多，商务部可采取抽样调查方法选取部分交易来确定该被调查产品的正常价值或出口价格。商务部进行抽样时应当采用统计学的有效抽样方法。商务部决定被选取的交易时应取得有关应诉出口商、生产商的同意。该被调查产品的正常价值或出口价格按被选取交易的加权平均值确定。

在欧盟，在大案中，出口商、进口商、申请方或产品型号、交易额很多，要想保证调查在规定的时间内完成，抽样调查较快捷、方便。未被选中的企业也不用再费时费力准备问卷调查和实地核查需要提交的材料，因为对未被选中的企业的裁决结果将等同于对选中企业的裁决结果。《欧盟反倾销条例》第17条规定：

1. 如果申请方、出口商或进口商、产品种类或交易数量较大，可通过所获得有效数据将调查对象限制在合理数量范围内当事人、产品或交易中进行，或将调查对象限制在有效时间内接受调查的具有最大代表性的生产量、销售量或出口量上。①

2. 欧盟委员会有权决定当事人、产品种类或交易最终抽样选择结果，不过为了使有代表性的被抽样的公司被选中，在调查开始后的3周内如果当事人提供了调查所需必要信息，并且在与委员会协商后同意作为抽样对象，则

---

① See Council Regulation (EC) No. 384/96 of 22 December 1995 on protection against dumped imports from countries not members of the European Community. Article 17 (1).

这部分当事人应当作为抽样调查优先选择对象。①

3. 根据本条规定，调查受限制，仍应当为那些在规定时间内提供了必要信息，却未在最初被选作抽样对象的出口商或生产商单独计算倾销幅度，除非这些出口商或生产商的数目过多以至于为调查带来不必要的负担且阻碍调查按时完成。② 理由是通常欧盟会为每一个出口商、生产商单独确定倾销幅度，但如果出口商、生产商过多，欧委会仅对被抽中的企业确定倾销幅度，没有抽中的企业的倾销幅度等于被抽中企业的加权平均倾销幅度。这样如果被抽中的企业不配合调查导致欧委会适用了最佳资料原则来确定倾销幅度，则不仅会对被抽中的企业造成严重后果，而且也会连累到未被抽中的企业。为避免这种情况，如果未被抽中的企业在规定时间内提交了必要资料，申请为其单独确定倾销幅度，欧委会应同意。但如果这些出口商或生产商的数目过多以至于为调查带来不必要负担且阻碍调查按时完成，欧委会同样可拒绝该申请。③

4. 如果部分或全部当事方不予积极合作，导致可能实质影响抽样调查结果，则可重新选择新抽样对象。如果不作为构成不合作，或没有足够时间去重新选择抽样对象，应适用《欧洲反倾销条例》第18条最佳资料原则规定。一旦回答不准确、不完整或没有在规定时间内作出回答，都有可能被欧盟委员会认定是不合作的表现，欧盟委员会将根据自己获得的信息来征收反倾销税，税率常为最高税率。④ 为确保抽样调查的代表性，欧盟规定参考标准：①在欧盟市场的销售量；②产量；③企业规模；④产品生产方法；⑤产品品种或型号。以上标准综合考虑，最重要的是在欧盟市场上的销售量，有时也考虑出口商的产量。

反倾销实际上是针对出口国某整体行业。在收到抽样通知后，企业会从自身利益考虑，决定是否同意为抽样对象；而出口国政府和商会、协会，从

---

① See Council Regulation (EC) No. 384/96 of 22 December 1995 on protection against dumped imports from countries not members of the European Community. Article 17 (2).

② 如在欧盟针对台湾的不锈钢紧固案中，欧委会仅对49家应诉企业中的5家进行了抽样调查，对于另外2家企业个案审核的申请，以此理由予以拒绝。

③ See Council Regulation (EC) No. 384/96 of 22 December 1995 on protection against dumped imports from countries not members of the European Community. Article 17 (3).

④ See Council Regulation (EC) No. 384/96 of 22 December 1995 on protection against dumped imports from countries not members of the European Community. Article 17 (4).

整个行业立场评价抽样。《反倾销调查抽样暂行规则》第 7 条规定，"商务部初步决定选取及备选出口商、生产商后，应及时通知各利害关系方。利害关系方在收到通知后 7 日内，可以就出口商、生产商的选择发表评论。"主管部门应将初步选定及备选的抽样对象清单明确发给出口国政府、商会或协会，征求其对抽样名单意见，允许其发表评论。实际上，从《反倾销协议》到国外对这个问题都未作明确规定。

第三节　信息披露与查阅

一、信息披露与查阅

广义的反倾销披露与查阅包括对利害关系人和公众的信息披露与查阅。狭义的反倾销披露与查阅仅指反倾销机关对反倾销案件利害关系人的信息披露与查阅，包括反倾销调查信息披露与查阅和产业损害调查信息查阅与信息披露。在反倾销程序中，反倾销机关披露信息与允许当事人查阅案卷是各国反倾销正当程序的要求。如《反倾销协议》第 12 条规定，反倾销主管部门信息披露义务包括：①在遵守保护机密信息要求的前提下，一利害关系方提出的书面证据应迅速向参与调查的其他利害关系方提供。②对于调查过程中使用的所有不属于机密性质的信息，主管机关都应该向所有利害关系方提供使其了解的机会，利害关系人以此信息为基础准备陈述。③在主管机关作出最终裁定之前，应将考虑中的、构成是否实施最终措施决定依据基本事实通知所有利害关系方。在 WTO 项下，美国、欧盟和中国等成员方都应遵守基本一致的披露与查阅规则。

如中国石油巴陵分公司等代表的国内己内酰胺产业对原产于欧盟和美国进口的己内酰胺申请反倾销调查案。① 商务部依据《反倾销条例》第 25 条第 2 款和商务部《反倾销调查信息披露暂行规则》规定，向各应诉公司分别披露了计算各公司倾销幅度时所依据的基本事实，向欧盟驻华代表团和美国驻

---

① 商务部公告 2011 年第 68 号《关于原产于欧盟和美国的进口己内酰胺反倾销调查的最终裁定》，载商务部网站，http://gpj.mofcom.gov.cn/aarticle/cs/201110/20111007785016.html，2012 年 10 月 19 日访问。

华大使馆披露了本案最终裁决所依据的基本事实，并给予各利害关系方提出评论意见的机会。①

二、反倾销调查信息披露与查阅

（一）反倾销调查信息披露

它是指商务部公平贸易局向在反倾销调查过程中提供信息的利害关系方告知在裁定该利害关系方的倾销及倾销幅度时所采用的基本数据、信息、证据及理由的步骤。披露包括初裁公布后披露、实地核查结果披露和终裁前披露。

1. 初裁公布后披露和终裁前披露内容：①正常价值：对正常价值的认定、计算正常价值所采用的交易数据及调整数据、计算正常价值时未采用的数据及其理由；②出口价格：对出口价格认定、计算出口价格所采用的交易数据及调整数据、计算出口价格时未采用的数据及其理由；③成本：认定生产成本采用的数据、各项费用分摊方法及采用的数据、利润的估计、非正常项目的认定；④现有最佳信息的使用及理由，但涉及其他利害关系方保密信息的除外；⑤倾销幅度的计算方法；⑥需要披露的其他信息。

2. 披露采用书面形式。商务部应自反倾销调查初裁决定公告发布之日起20天内向有关利害关系方披露。商务部向有关利害关系方披露后，应给予其不少于10天的时间，对初裁决定及披露的相关事项予以评论。该评论应以书面方式在规定时间内提交商务部。

3. 商务部应在实地核查结束后合理期限内向被核查出口商、生产商披露有关核查结果：①被核查出口商、生产商是否合作；②被核查出口商、生产商提供数据、信息和材料的真实性、准确性和完整性情况；③被核查出口商、生产商是否存在欺骗、隐瞒的行为；④在被核查出口商、生产商所在国家或地区进一步搜集信息的情况；⑤商务部认为需要披露的其他相关信息。

4. 商务部在终裁前进行披露时应给予被披露的有关利害关系方不少于10天的时间，对披露的有关事项进行评论。该评论应以书面方式在规定的时间内提交商务部。

---

① 《产业损害调查信息查阅与信息披露规定》。

（二）反倾销调查公开信息查阅

1. 它是指与反倾销案件有关的利害关系方到外经贸部指定的地点查找、阅览、抄录并复印其他利害关系方就该案件所提交的非保密的信息和材料。

2. 可查阅信息包括：①申请人提交的反倾销调查申请书的非保密文本；②应诉国外出口商和生产商提交的答卷及补充答卷的非保密文本；③利害关系方向商务部提供的其他非保密信息；④利害关系方向商务部提出的请求，包括但不限于延期递交答卷、追加被调查国家或地区、追溯征税、提出价格承诺、召开听证会、复审等申请；⑤其他利害关系方对上款的申请提出的意见及评论中涉及的非保密信息；⑥商务部对上述第④款中所提申请的答复；⑦商务部会见有关利害关系方的概要；⑧商务部发布的公告、通知；⑨商务部实地核查的概要；⑩商务部认为利害关系方可查阅的其他非保密信息。

3. 利害关系方在向商务部提供相关信息时，应注明为公开信息还是保密信息。对保密信息，可向商务部提出对该部分信息进行保密处理的请求，并应提供一份该保密信息的非保密概要，该非保密概要应包含在公开文本中。未注明保密信息的，商务部可视其为公开信息，允许其他利害关系方查阅。

4. 在整个案件调查过程中，各利害关系方可以在商务部的工作时间内到商务部查阅公开信息。利害关系方在查阅公开信息前，应事先与商务部有关人员取得联系，并说明所查阅信息的内容和范围。利害关系方在查阅公开信息时，应向商务部有关人员出示能够证明其身份的证件或文件，并登记。利害关系方可抄录、复印所查阅的公开信息，但不得将材料借出，不得毁损。

三、产业损害调查信息披露与查阅

（一）产业损害调查信息披露

1. 信息披露是指在案件最终裁定作出前的合理时间内，商务部向利害关系方告知案件产业损害裁定所依据的基本事实。在遵守保护保密信息要求的前提下，在案件最终裁定作出前的合理时间内，商务部应告知已参加产业损害调查活动登记的利害关系方和国内申请人有关产业损害最终裁定所依据的基本事实，并告知其他未登记的利害关系方可以到公开信息查阅室查阅有关披露材料。如商务部关于甲乙酮反倾销案产业损害调查信息披露："各有关利害关系方：根据《产业损害调查信息查阅与信息披露规定》，现对甲乙酮反倾销案产业损害调查裁决所依据的基本事实进行信息披露，详见《关于甲乙酮反倾销案产业损害调查裁决所依据的基本事实》。从即日起各利害关系方可以到商务部贸易救济公开信息查阅室查阅有关披露材料。"①

2. 基本事实内容：①产业损害调查期及产业损害调查程序；②国内同类产品认定所依据的因素或数据；③国内产业认定所依据的因素或数据；④累积评估认定所依据的因素或数据；⑤倾销或补贴产品的进口数量（绝对数量及相对数量）和进口价格的数据；⑥评估国内产业是否受到损害的有关经济因素或数据；⑦有关被调查的国家（地区）存在进一步对国内产业影响的因素或数据；⑧利害关系方提供的相关信息的采信情况，包括可获得最佳信息的使用及其理由；⑨其他对裁决产生实质影响的信息。

3. 商务部通常应在作出终裁 30 日之前进行信息披露。特殊情况下，如在上述时间内不适合作出部分事实披露的，商务部应于其后的最终裁定作出前的合理时间内作出披露。信息披露应采用书面形式。信息披露可以直接向各有关利害关系方作出，也可以向其代理人作出。信息披露后，利害关系方可以在 10 日内以书面方式向商务部提出评论意见。对利害关系方在规定时间内提供的评论，商务部应予以考虑，合理的内容应在最终裁定中予以采纳。最终裁定所依据的基本事实因此有所不同的，在不影响案件调查程序正常进行的情况下，商务部仍应迅速将此信息予以披露，相关利害关系方可以对此提出评论。

（二）产业损害调查信息查阅

它是指案件的所有利害关系方（外国或地区生产者、出口经营者、国内进口经营者，或他们各自的行业组织或其他组织；出口国或地区的政府；国内同类产品的生产者或其行业组织）可以到商务部贸易救济措施公开信息查阅室查找、阅览、摘抄、复印与案件产业损害调查有关的公开信息。

1. 可以查阅与案件产业损害调查有关的公开信息：①申请书及其附件的公开文本或非保密概要；②利害关系方登记参加产业损害调查活动的申请材料的公开文本或非保密概要；③利害关系方提供的产业损害调查问卷及补充问卷答卷的公开文本或非保密概要；④利害关系方在产业损害调查过程中向商务部提交的其他申请材料的公开文本或非保密概要，包括召开产业损害调查听证会、延期递交答卷、产品范围调整、国内生产者排除等申请材料；其

---

① 载商务部网站，http：//www. mofcom. gov. cn，2013 年。

他利害关系方对相关申请提出的意见或评论的公开文本或非保密概要；⑤相关利害关系方对其他利害关系方有关保密信息申请及其提供的保密信息的公开文本或非保密概要所提出的评论意见的公开文本或非保密概要；⑥产业损害调查听证会等的会议记录或纪要的公开文本或非保密概要；⑦商务部发布的公告、通知，包括立案、初裁和终裁等公告；参加产业损害调查活动申请登记、发放调查问卷、实地核查、举行听证会、采取抽样调查的决定通知；⑧商务部有关产业损害最终裁定所依据的基本事实披露材料的公开文本或非保密概要；⑨商务部在产业损害调查过程中获得或制作的其他可以公开的资料。

2. 任何信息如不能在公开渠道获得，且一旦被公布，将会导致其他竞争者实质性的获利，或对信息提供者或信息来源者造成实质性的不利影响，或造成其他不利影响，该信息应被视为保密信息。任何本质上具有保密性质的信息或利害关系方要求作为保密信息的信息，在利害关系方说明正当理由后，商务部应对此类信息按保密信息处理。

3. 利害关系方向商务部提供相关信息时，应注明为公开信息还是保密信息。未注明保密与否的，商务部可以将该信息视为公开信息。利害关系方在提供保密信息时应书面说明申请保密的理由并同时提供此类信息的公开文本或非保密概要。利害关系方要求对已提供材料中的部分内容进行修改或补充的，也应同时提供有关修改或补充内容的公开文本或非保密概要，并附修改说明。公开文本或非保密概要应当合理表达保密信息的实质内容。特殊情况下，利害关系方在得到商务部批准后，可以不提供公开文本或非保密概要，但应书面说明无法提供公开文本或非保密概要的充分理由。利害关系方不提供保密信息的公开文本或非保密概要，或提供的公开文本或非保密概要不足以合理表达保密信息的实质内容，或利害关系方无法提供公开文本或非保密概要的申请理由不充分的，商务部可以要求其撤回申请。利害关系方不撤回申请的，商务部可以对该信息不予考虑，除非商务部能自其他适当来源充分证实该信息是正确的。商务部认为利害关系方申请保密的理由不符合本规定要求的，应自收到有关公开文本或非保密概要之日起 7 日内向利害关系方说明理由并给予其合理的时间对此进行评论。如商务部决定对利害关系方提供的信息不予考虑的，应及时以书面的方式通知该利害关系方，商务部自其他适当的来源充分证实该信息为正确的除外。

4.《反倾销协议》规定，即"对于任何属机密性质的信息。如由于信息披露会给予一竞争者巨大竞争优势，或由于信息披露会给信息提供者或给向信息获得者提供信息的人士带来严重不利影响，或由调查参加方在保密基础上提供的信息，主管机关应在对方说明正当原因后，按机密信息处理。此类信息未经提供方特别允许不得披露。主管机关应要求提供机密信息的利害关系方提供此类信息的非机密摘要。这些摘要应足够详细，以便能够合理了解以机密形式提交信息的实质内容。在特殊情况下，此类利害关系方可表明此类信息无法摘要。在此类特殊情况下，必须提供一份关于为何不能进行摘要的原因说明。如主管机关认为关于保密的请求缺乏正当理由，且如果信息提供者不愿公布信息，或不愿授权以概括或摘要的形式披露信息，则主管机关可忽略此类信息，除非主管机关可从适当的来源满意地证明该信息是正确的。除此之外，主管机关在行使上述信息披露义务时，也应注意遵守保护机密信息要求"。

5. 商务部应在收到利害关系方提供的相关材料后 7 个工作日内，将此类材料的公开文本或非保密概要提交公开信息查阅室 1 份供查阅。商务部制作或获得的其他相关信息的公开文本或非保密概要，如无特殊情形，一般应当在文件形成后 10 日内送交公开信息查阅室。在产业损害调查过程中，案件的所有利害关系方可以在工作时间内到公开信息查阅室查阅与案件产业损害调查有关的所有公开信息。最终裁定公布后的 6 个月内，利害关系方也可以查阅相关公开信息。利害关系方在查阅公开信息时，应当出具能够证明其身份的文件，并登记。利害关系方可以查找、阅览、摘抄、复印公开信息，但不得将公开信息原件带离公开信息查阅室。

四、美国反倾销信息披露规则

在美国，通常把反倾销信息分为四类：公开信息（public information）、商业专有信息（business proprietary information）、特权信息（privileged information）和分类信息（classified information）。商务部和委员会将依照法律规定，向案件当事方披露信息。

商业专有信息是指未向公众公开的，其披露将对持有人竞争力产生实质性损害的具体商业信息，包括但不限于企业知识产权、商业秘密、经销商、生产成本、销售成本、供货商等信息。通常情况下，除非符合商业专有信息性质而被界定为该类信息，否则当事人提交的信息都被视为公开信息。美国规定以下几种信息为非商业专有信息：①当事人未指定为商业专有信息的信息；②已经公开发表的或当事人通过广告、产品说明书等方式向公众公开的信息；③虽然当事人指定为商业专有信息，但经证实并未与某一特定当事人活动有关或未使用于某特定当事人活动，或部长认为当事人指定专有信息方式不恰当；④与程序相关的书面证据，且未被指定为商业专有信息；⑤在一国内公开可获得的法律、法规、判决、命令或其他官方文件及文件英文译文。

特权信息只有特定的美国政府机构或被特许的人员才有权获得，它是指由商务部决定的不向公众或其他当事人公开的秘密信息，包括了裁决前评审、政策方面的意见、内部各个机构之间的意见交流，这类文件披露往往会造成意见、建议、观点等在内部的交流不通畅、受到限制或阻碍。特许信息以特许摘要的方式放入档案，且可以不向当事人或公众披露，不受行政保护令约束，但在司法程序中，除非法庭不同意披露，否则这类信息可以根据司法保护令加以披露。

分级信息分为秘密、机密、绝密信息三类，是指其披露可能对国家利益和安全造成影响的信息，不受行政保护令约束，由于这类信息的特殊性，在反倾销案件中很少会涉及分类信息。①《美国反倾销规章》第1节第4条规定，机密性质信息分为秘密资料、机密资料和绝密资料三种。秘密资料包括：①与产品性质或生产过程有关的商业秘密或行业秘密；②各种生产成本，但生产零件本身不属于秘密资料，除非某一特定零件属于行业秘密；③各种销售成本，但销售渠道不属于秘密资料；④各种营销方法，但并非指那些向公众提供的营销方法；⑤每笔销售的价格，可能发生的销售的价格，或其他要约定价（但不包括：如按公开价目表制定的各种价格的组成部分，比如交通运输费用；销售日期；不符合本条第2款第1项所指内容的产品说明）；⑥特定顾客、销售商或供应商名字，但不是指销售目的地，也不是指某种顾客、零售商、供应商的商号，除非这种目的地或商号可能会暴露名字；⑦每笔销售的确切的倾销差价；⑧提供该种秘密资料的特定人的名字；⑨其泄露将可能对资料提供者的竞争地位造成重大损害的一切商业资料。机密资料是指依照有关特许资料的法律原则，部长不得将其泄露给公众或诉讼当事方的资料。绝

---

① 《美国联邦法规（CFR）》第19条351.105（b）（c）（d）。

密资料是指根据《第 12356 号行政命令》以及随之可能发布的补充行政令而应加以保密的资料。

在美国，信息披露因信息不同而有所不同。公开信息是可完全且不受限制地对所有公众公开的，当事人有权利从公开档案中获取信息。披露商业专有信息应严格按行政保护令进行，受行政保护令保护。提供商业专有信息，当事人应制作与该信息内容对应的非保密摘要，放入公开档案。特权信息使用仅限于有关机构和其工作人员，但提供者也应当制作该特许信息摘要，以便在档案中公开。分级信息使用应严格遵循法律规定，不会向当事人披露。

五、欧盟反倾销信息披露规则

如果欧盟委员会在进行一段时期调查后决定采取临时反倾销措施，则涉案产品的出口商和进口商有权要求委员会披露其据以作出该临时反倾销措施的事实及法律依据，委员会应以最快时间对上述请求给予答复。当事方有权对上述依据提出质疑。此外在欧盟委员会作出了最终反倾销决定后，当事方仍有权向委员会申请披露据以作出该决定的依据，如果最终决定是建议征收反倾销税，则当事方的请求应保证委员会能够在征税公告后 1 个月后收到；如果最终决定是终止调查，当事方则应当在委员会规定时间内向其提出披露申请。此外对于最终决定，委员会至少应当给当事人 10 天（具体天数根据案件的紧急情况而定）时间对其作出评论，并且这些评论也应当被加以考虑。另外欧盟法律要求信息披露应当尽快进行，通常不应迟于最终决定前 1 个月或委员会基于《反倾销条例》第 9 条规定提出最终行动建议前的 1 个月，如果案件情况复杂，委员会无法在上述时间内进行披露，则应当尽早在此后的时间里披露。委员会或理事会在此后作出任何决定都应当以之前披露的事实和法律为依据，但不排除由于其在之后获得了新证据而据此作出新决定，并且新决定所依据的事实也应当尽早披露给该当事方。委员会必须保护经营者商业利益，使保密信息保持其保密状态，一旦保密信息被委员会公开，委员会应承担赔偿责任。通常委员会要求当事方提交保密信息的非保密摘要，在摘要中将重要商业数据用参数方式代替，如将进出口商的销售额的参数设定为 10，则其他相关销售量数据也可用不同指数来表示。如果当事方由于某种原因不能以非保密摘要方式代替保密信息，则应当向委员会说明理由。

应诉企业、进口商、出口商、代理商、出口国政府代表、消费者以及消费者组织和商会应先以书面形式提出查阅申请，在查阅后可对案件信息中的内容发表评论，查阅信息包括了与案件有关的全部非保密案件信息和案件非保密摘要。对于查阅人作出的评论，委员会可将其作为案件信息的一部分对其加以考虑。

六、完善中国的信息保密和披露制度

在实践中，当事人担心商业秘密被暴露，而不愿意提供过多的商业信息，导致反倾销调查参与度不够，不利于查明案情。美国反倾销法对每种信息都有准确界定，并根据其特点和需要公开的程度都对应一种披露方式，这不仅有利于行政机关实施，也可打消当事人的后顾之忧。我国反倾销立法对保密信息种类、应当遵守怎样的披露规则、如违反保密规定的后果都没有作明确的规定。美国反倾销法还规定了行政保护令制度（Administrative Protective Order)，这是一项保护商业秘密的机制，要求：①保密资料只能在反倾销程序中加以披露；②与保护令无关的其他人无权获得保密信息；③违反行政保护令的行为应及时报告并接受制裁。不论对行政机关而言还是对当事人而言都既是权利又构成义务，当事人向商务部申请行政保护令同时就意味着其同意接受行政保护令的约束，而行政机关使用行政保护令的同时，也应谨言慎行，否则一旦违反同样要承担赔偿责任。这一点就值得借鉴。

第四节　反倾销听证

一、反倾销听证

听证是指由行政机关主持言辞厅审案件，在当事人陈述、举证和质证的基础上，制作笔录，作出决定的程序。尤其是在作出不利于当事人的重大决定之前，行政机关应口头听取各方当事人的辩论意见。反倾销听证是指反倾销机关开厅审理案件，为所有利害关系方提供与具有相反利益当事方当面质证的机会，以便陈述对立观点和提出反驳论据的程序。《对外贸易法》第38条规定，调查可以采取召开听证会方式进行。《反倾销条例》第20条规定，商务部可以采用听证会方式向利害关系方了解情况，进行调查，商务部应为

有关利害关系方提供陈述意见和论据机会。① 这符合《反倾销协议》第6条规定，在整个反倾销调查期间，所有利害关系方均有为其利益进行辩护的充分机会。在当事方请求下，主管机关应向所有利害关系方提供与具有相反利益当事方会面的机会，以便陈述对立的观点和提出反驳的论据。提供此类机会必须考虑保护机密和方便有关当事方的需要。任何一方均无必须出席会议的义务，未能出席会议不得对该方的案件产生不利。利害关系方还有权在说明正当理由后口头提出其他信息。听证源于自然公正，目的在于保护当事人的抗辩权，确保实体裁决正确。作为世贸组织成员，中国应加快听证制度的建设。如中石油巴陵分公司等代表国内己内酰胺产业，对原产于欧盟和美国进口己内酰胺申请反倾销调查案。② 2010年11月4日，商务部召开了己内酰胺反倾销调查听证会，进一步听取了申请人、应诉公司以及下游产业对本案的调查意见。2010年11月10日，本案申请人及相关企业提交《己内酰胺反倾销案倾销调查听证会国内产业会后补充意见》；11月26日，帝斯曼化学品北美公司等三家公司提交了《关于〈己内酰胺反倾销案倾销调查听证会国内产业会后补充意见〉评论意见》。调查机关对听证会上利害关系方发表的意见及会后相关的意见依法予以考虑。

二、行政听证的分类

1. 以是否正式听证为标准，听证可分为正式听证和非正式听证。正式听证是指行政机关作出行政决定时，举行正式听证会，当事人得以陈述、举证、质证和辩论，行政机关基于听证记录而作出决定的程序。非正式听证是指行政机关作出行政决定时，给予当事人口头与书面相结合的陈述意见机会，行政机关在听取意见基础上作出决定的程序。③ 正式听证称为"审判型听证"，近似司法"两造对抗、居中裁判"。非正式听证有质证、辩论环节，程序相对简单。④ 反倾销对抗式听证属于正式听证。通常正式和非正式听证相结合。

---

① 宋和平主编：《反倾销法律制度概论》，中国检察出版社2007年版，第31页。
② 商务部公告2011年第68号《关于原产于欧盟和美国的进口己内酰胺反倾销调查的最终裁定》，载商务部网站，http://gpj.mofcom.gov.cn/aarticle/cs/201110/20111007785016.html，2012年10月19日访问。
③ 张树义主编：《行政法学》，北京大学出版社2005年版，第303页。
④ 马怀德主编：《行政法学》，中国政法大学出版社2007年版，第157页。

2. 行政决策类听证和行政决定类听证。前者如价格决策听证、行政立法听证、为制定反倾销规章而举行的听证；后者如处罚听证、反倾销裁决听证等。前者一般针对不特定的利害关系人作出，影响范围广；后者影响特定当事人具体的权利义务。前者或可质证、辩论或可适用案卷排他性原则；而后者应当质证、辩论并适用案卷排他性原则。

3. 美国反倾销①听证有一般型（general）、封闭型（closed）及合并型（consolidated）三种形式。一般型听证会就是一般对外公开听取意见，旨在作出正确行政决定的会议。② 反倾销当事人提出请求，应召开公开听证会，各方可口头陈述意见。封闭型听证会是指涉及商业专有信息的听证会。当事人应在不晚于案情摘要到期日提出申请，并应证明其必要性，且事先计算封闭型听证会所需要的时间。封闭型听证会仅用于确认有关专门问题，即由提出要求的当事方加以确认的独立性问题（discrete issues），应严格遵照行政保护令的要求，只有依照行政保护令有权接触商业专有信息的当事方方可参加封闭型听证会。③ 如果案情特别，商务部或委员会可将两个或更多调查或复审中的听证会合并在一起，以便提高案件处理效率。通常如果被调查产品来自不同国家，或被调查产品有多种且属于某个国家出口的多种产品时，最有可能举行合并型听证会④。如果涉及封闭型会议，对听证会进行合并可能会产生行政保护令问题，假如这一问题无法解决，商务部或委员会将视具体情况改变听证会的形式。

4. 听证可采用口头听证（oral hearing）和对抗式听证（confrontation meeting）。

（1）口头听证是指单方会见，由调查部门听取利害关系方陈述，一方当事人向调查部门提供信息，提出意见和看法，其实就是面询。口头听证条件只有一个，即证明合理。⑤ 在欧盟，口头听证会通常是指欧委会代表听取某一

---

① 肖伟主编：《国际反倾销法律与实务（美国卷）》，知识产权出版社 2005 年版，第 292～298 页。

② 《美国联邦法规（CFR）》第 19 条 1677c（a）。

③ 《美国联邦法规（CFR）》第 19 条 351.310（f）。

④ 《美国联邦法规（CFR）》第 19 条 351.310（e）。

⑤ 肖伟主编：《国际反倾销法律与实务（欧共体卷）》，知识产权出版社 2005 年版，第 291～293 页。

当事方，或有相似利益当事方群体的意见，对立方不参加。一般不按照严格程序进行，不作正式记录，听证官简要地记录会议进程，以便完成内部报告。除听取当事人意见外，还向他们提供非保密信息资料。[①] 在实践中欧委会准许对那些无权查阅文件的人进行口头听证。欧委会可能会认为其对这些人进行听证仅是为了获取信息而不是因为他们有此等权利。《欧盟反倾销条例》第 6条使用含义宽泛"利害关系方"一词，意图是要表明听证请求人范围要比有权查看非保密信息的人范围广，欧委会批准听证请求宽松。通常在反倾销事务部办公室对每一利害关系方举行一场听证会。出席人为请求听证人和欧委会的案件主管人员，会议在非正式氛围中进行。《欧盟反倾销条例》没有规定举行听证会的时间，通常由处理案件的官员根据案情决定。有时在立案开始就举行；有时在实地核查过程中或核查后，但在国外实地核查前举行；有时在欧盟和外国实地调查后；有时在征收临时反倾销税前，甚至之后又举行。欧盟听证官是一位没有直接参与反倾销调查，但熟悉业务，经验丰富的官员，他主持听证会，并负责向具体处理案件的欧盟委员会官员陈述案件意见。听证官多为反倾销事务部领导之一，当事方可对指派哪位听证官主持听证提出要求。[②]

（2）对抗式听证是指利益对立当事人间会晤，调查部门则听取利益对立方不同意见和异议。对抗式会议条件是利害关系方请求、遵守机密信息规定和当事方便利。目的是让不同利害方能够面对面，坦诚而直接地交换意见。这种听证会通常由外国涉案产品出口商或生产商提出，未提出申请的其他利益相关方没有必须出席听证会的义务，不出席不会对其带来不利影响。如欧盟在布鲁塞尔欧委会办公室举行，由一位欧委会官员主持。在听证会上，对立当事人在代表的安排下进行辩论，每一方都可提出自己的观点并且反驳对方提出的任何辩解。但由于保护商业秘密的需要，这种听证会实践中已不常用。[③]

5. 根据反倾销步骤，反倾销听证分为倾销调查听证和产业损害听证。如

---

① 《欧盟反倾销基本条例》第 6 条第 5 款。

② 肖伟主编：《国际反倾销法律与实务（欧共体卷）》，知识产权出版社 2005 年版，第 291～293页。

③ 肖伟主编：《国际反倾销法律与实务（欧共体卷）》，知识产权出版社 2005 年版，第 291～293页。

在美国①，依 1930 年《关税法》第 167 节的规定，终局裁定，经调查任何一方要求，商务部和国际贸易委员会一般分别举行听证会。倾销听证是指对于涉案产品是否构成倾销，用以确定正常价值、出口价格和倾销幅度所采取的听证。如《反倾销调查听证会暂行规则》第 2 条规定，适用于对外贸易经济合作部在反倾销调查程序中举行的倾销裁定听证会。产业损害听证是指在进口国主管当局调查涉案产品是否对国内产业造成实质性损害、实质性损害威胁或对国内产业新建造成实质性阻碍过程中采取的听证。《产业损害调查听证规则》第 2 条规定，适用于国家经济贸易委员会在反倾销案件调查程序中举行的产业损害调查听证。

三、反倾销听证的价值

1. 听证有利于广泛收集利害关系方的证据和主张，行政机关作出的裁定不利于当事人，事先给予其充分陈述、申辩的机会是避免行政机关作出"错误决定"的最好方式。② 因为通过口头质证，各方在事实和法律上充分交流，有利于促使行政机关作出正确裁决。

2. 满足正当程序的要求。通过反倾销听证，实现《反倾销协议》给予各利害关系方会面、陈述和反驳对立证据和意见机会的权利。以站在利益对立面的国内申请人和外国生产商或出口商为核心的利害关系方通过程序中的对抗，推进案件调查，力促进口国当局不偏不倚，中立裁判。

3. 听证有利于实现国际贸易公平与效率。同进口国国内产业一方平等对抗并因此被裁定不构成倾销，是外国生产商或出口商的目的，听证因此具有维护国际贸易正义的特殊意义。听证有利于保障反倾销和产业损害调查公平，保护各方的合法权益，维护正常的国际贸易秩序。《反倾销调查听证会暂行规则》第 1 条规定，听证目的是保障反倾销调查公平、公正，维护利害关系方的合法权益。

4. 通过听证收集到各方意见，获取充足证据，节省调查成本。给予利害关系方听证的权利，使公民成为行政裁决实际的参与者，利于他们接受行政

---

① 肖伟主编：《国际反倾销法律与实务（美国卷）》，知识产权出版社 2005 年版，第 292～298 页。

② 即便在作为当事人主义审判模式的代表国家——美国，其正式听证也与其他国家一样适用职权主义听证模式。应松年主编：《当代中国行政法》，中国方正出版社 2005 年版，第 1415 页。

裁决，顺利执行。建立在经过充分质证基础上的行政裁决，可减少争议纠纷。

四、听证程序

（一）依申请或依职权启动听证

1. 倾销调查听证启动。反倾销调查申请人、已知出口经营者和进口经营者、出口国（地区）政府及其他有利害关系的组织、个人，可向商务部提出书面申请；商务部在认为必要时也可主动举行听证会。如《反倾销调查听证会暂行规则》第 8 条规定，利害关系方要求举行听证会的，应当向进出口公平贸易局提出要求举行听证会的书面申请。申请书包括：①听证会申请人的名称、地址和有关情况；②申请的事项；③申请的理由。如在美国，除非商务部改动了时间限制，提出听证会申请必须在初裁或初步结论公布之后的 30 天内提出。商务部要求申请人提供以下信息：①当事人姓名、地址和电话号码；②参加者人数；③参加理由。[①] 又如欧委会通常对符合以下情况的利害关系方，有义务召开听证会：①提出书面请求；②在欧盟官方公告中规定的期限内提出；③身份是利害关系方；④诉讼结果可能对其产生影响；⑤有需要听证的特殊原因。[②] 当事人必须在发起反倾销通知规定的时间内（通常情况下是 37 天）提出书面申请。

2. 产业损害调查听证启动。《产业损害调查听证规则》第 5 条和第 6 条规定，反倾销调查申请人、被申请人及其他利害关系方就产业损害及其因果关系要求商务部举行听证，或商务部认为有必要举行听证的，可以举行产业损害调查听证。申请人等要求举行听证，应向商务部提出书面申请。申请书包括听证申请人名称、地址、联系人及联系方式、申请事项及所依据的事实和理由。

（二）听证立项通知与登记

1. 倾销调查听证会立项。《反倾销调查听证会暂行规则》第 9 条规定，进出口公平贸易局应当在收到利害关系方的听证会申请后 15 天内决定举行听证会，并通知包括听证会申请人在内的各利害关系方。各方收到决定举行听

---

① 肖伟主编：《国际反倾销法律与实务（美国卷）》，知识产权出版社 2005 年版，第 292～298 页。

② 《欧盟反倾销基本条例》第 6 条第 5 款。

证会的通知后，根据通知的内容向进出口公平贸易局登记。通知形式为进出口公平贸易局公告，特殊情况下进出口公平贸易局可以采取其他形式。进出口公平贸易局决定举行听证会的通知应包括如下内容：①决定举行听证会；②决定举行听证会的理由；③各利害关系方在听证会前的登记的时间、地点及相关要求；④其他事项。

2. 产业损害调查听证会立项。《产业损害调查听证规则》第7条、第8条规定，商务部举行产业损害调查听证，应当组织听证会，并在听证会举行前20日将举行听证的决定、听证事由、听证会召开时间、地点、相关要求等事项以公告方式或书面通知方式告知利害关系方。利害关系方应当在产业损害调查听证会公告发布之日起或书面通知之日起15日内，按照规定方式向国家经贸委登记，提交听证会发言概要及相关证据材料的通用语言文字正本一式10份。

（三）听证会准备

1. 进出口公平贸易局负责组织倾销调查听证。《反倾销调查听证会暂行规则》第12条规定，进出口公平贸易局应当在决定举行听证会的通知所确定的登记截止之日起20天内对听证会举行的时间、地点、听证主持人、听证会会议议程等作出决定，并通知已登记的利害关系方。如美国商务部或贸委会通常在听证会召开当天，项目秘书或助理会再次核对会议室，并逐个电话通知每一位调查小组成员，并提醒他们有关听证会的事宜。

2. 国家经贸委负责组织产业损害调查听证。应在听证会举行前20日将举行听证的事项以公告方式或书面通知方式告知利害关系方。在合理的时间前得到通知是当事人的权利，也是程序公平的最低要求。听证问题复杂，应提前更长时间将听证召开的时间和地点通知利害关系人。我国"提前20天通知"，同样，美国规定为"调查机关应提前30天将举行听证的决定、听证事由、听证会召开的时间、地点、相关要求等事项以公告或书面通知告知利害关系方"。

3. 美国听证会准备。①通常在当事人提交案情摘要后7~9天，或提交辩驳摘要（rebuttal briefs）2天后召开。通常不晚于终裁作出日之前30天。②日期确定之后，调查人员应随即将其发布在《联邦公报》上。③调查人员将在听证会召开前10天，询问部长助理秘书是否能出席主持听证会。④如果部长助理秘书不能主持听证会，调查人员将通知办公室负责人主持听证会，或由办公室负责人指定主持人。⑤听证会报告人。调查人员会通知项目秘书或助理，召开听证会的日期、大约会期和被调查的产品，要其选取听证会报告人。调查人员通知报告人召开听证会的确切时间和地点。⑥收取案情摘要和辩驳摘要。在收到案情摘要时，调查人员立即将商业专有信息版本提交给听证会主席，并确保该摘要包含不超过 5 页的问题实施概要和专家列表。如果案情摘要和辩驳摘要中没有包含这一部分，调查人员会向提交者法律顾问询问，要求其提供。在收到当事方辩驳摘要时，调查人员也将立即呈交给听证会主席。新事实信息不得提交作为案情摘要和辩驳摘要的一部分，如果调查人员在准备听证会涉及此类文件时发现了新的事实信息，会通知调查小组和上级官员或项目负责人。⑦准备一份供听证会主席使用的案情通报簿。案情通报簿应包括经主席审查和加注的案情摘要和辩驳摘要复印件。通报簿包括：一个恰当制作的"欢迎评论和关闭评论"部分；参加者清单；如果部分听证会是封闭的，应当包括一份具有行政保护令封面的参加者的单独清单；来自当事方要求召开听证会的信函；案情摘要和辩驳摘要复印件；发起调查和初裁的通知；听证会同步备忘录。① 美国听证当事人预先提交案情摘要和辩驳摘要，值得我们借鉴。

4. 公开举行。听证会应公开举行，但涉及国家秘密、商业秘密或个人隐私的，经利害关系方申请，商务部决定后可以采取其他方式举行。如在美国，如果部分听证会是封闭的，调查人员将要求报告人在听证会开始时先签署一份保密声明。在召开听证会的封闭部分会议时，所有未按行政保护令授权接触商业专有信息的当事方都必须离开会场。报告人也会被告知封闭会议部分的所有记录都将放入商业专有信息文件中，并区别于听证会公开部分记录进行单独制作。美国在听证会公开会议上，任何参加者都不得讨论商业专有信息。② 我们认为为打消当事人不应有的顾虑，发挥听证会搜集必要商业专有信息的功能，必须强化保护商业秘密。应将可不公开与必须不公开两种情形分别规定。可不公开的，经利害关系方申请，由听证主持人根据情况决定是否公开。

---

① 肖伟主编：《国际反倾销法律与实务（美国卷）》，知识产权出版社 2005 年版，第 292～298 页。

② 肖伟主编：《国际反倾销法律与实务（美国卷）》，知识产权出版社 2005 年版，第 292～298 页。

（四）听证主持人

1. 听证由听证主持人和首席听证主持人组成。如《产业损害调查听证规则》第11条规定，听证主持人通常由3~5人担任，其中1人担任首席听证主持人。

2. 借鉴行政法官制度。美国听证常由行政法官主持，行政法官独立，不受行政机关控制，在行政机关内专门主持听证，其考核、薪金和免停职都不由雇佣他们的机关决定。行政法官具有良好的业务素质，客观中立。行政法官制有利于实现程序正当和实体正当。应实行行政法官由高质量专业人员担任，实行行政调查与听证分离制度。听证结束行政法官应就各方提出的事实主张和证据，作初步或建议性决定，作为最终认定倾销和损害与否的基础。

3. 听证主持人主持听证会。

（五）听证顺序

1. 听证主持人宣布听证会开始，宣读听证会纪律。如《产业损害调查听证规则》第16条规定，听证会开始前，听证主持人首先查验听证当事人身份及代理人资格，宣读听证会纪律，告知当事人权利、义务。

2. 宣读案由。

3. 核对听证会参加人或代理人身份。

4. 告知当事人权利、义务。

5. 当事人顺次陈述并举证。申请方和应诉方简要陈述，出示证据、相互质询证人和反驳。主持人可限定每位当事人的时间，自行分配出示证据和反驳证据的时间。当事人应事前提交案情摘要。必要时，应给每位发言者计时。

6. 发言者的评论意见仅限于在他们的案情摘要中提出的问题。如果参加者试图以口头方式，或以提交支持文件作为听证会记录的方式引入新的事实信息，调查人员也将通知主席。通常商务部不会接受未制作为案情摘要的部分信息以及未恰当提交和放入中心档案馆中的支持文件。①

7. 主持人向各利害关系方发问，并允许当事人相互发问。听证主持人预先准备好问题。调查人员也可以自己提问，通常主席会在听证会的直接出示证据和反驳证据部分结束时要求调查人员提问。②

---

① 肖伟主编：《国际反倾销法律与实务（美国卷）》，知识产权出版社2005年版，第292~298页。

② 肖伟主编：《国际反倾销法律与实务（美国卷）》，知识产权出版社2005年版，第292~298页。

8. 决定是否允许各利害关系方补充提交证据，是否对已出示的证据进行鉴定。

9. 维持听证会秩序，对违反听证纪律行为予以警告或制止。

10. 决定中止、延期或终止听证。

11. 在听证会结尾时，申请方和应诉方各有一段总结陈词的时间。

12. 主持人宣布听证会结束。

（六）反倾销听证应有辩论步骤

通过辩论，证据的真实性、关联性和合法性得到充分展示，有利于发现案件真实。《产业损害调查听证规则》第 18 条规定，听证会旨在为反倾销产业损害调查机关提供进一步收集信息的机会，并为各利害关系方提供陈述意见及提交证据材料的机会，不设辩论程序。不辩论，当事人程序参与的权利不能得到完全行使，听证就为简单提出意见的场所，各方疑惑或得不到解除，当事人的实体权利或受损害。我们认为辩论是普世的，设定辩论制度是大趋势。当然可以限定辩论范围在预定争点的范围内。

（七）当事人的权利与义务

1. 权利。①得到通知的权利；②出席听证会或委托代理人的权利。如《产业损害调查听证规则》第 14 条规定，听证当事人可以由其法定代表人或主要负责人参加听证会，也可以委托代理人参加听证会。由代理人参加听证会的，应当在进行听证登记时向国家经贸委提交参加听证会的授权委托书。③听证主持人与本案有利害关系的，可申请听证主持人回避。如听证主持人与本案利害关系方法定代表人或利害关系方委托代理人有近亲属关系，听证主持人也应当自行回避。④提出主张，提供证据。⑤有正当理由，可提出延期听证申请。如《产业损害调查听证规则》第 10 条规定，听证当事人有正当理由，可以在听证会举行 10 日前提出延期听证的申请；是否准许延期，由国家经贸委决定。

2. 义务。按时出席听证会；遵守纪律；如实陈述；依法举证、质证和提出认定证据的建议。如《产业损害调查听证规则》第 15 条规定，听证当事人应当承担下列义务：①按时到达指定地点出席听证会；②遵守听证纪律，服从听证主持人安排；③如实回答听证主持人的询问；④对提出的主张承担举证责任。《反倾销协议》第 6 条规定，"任何一方均无必须出席会议的义务，未能出席会议不得对该方的案件产生不利"。《欧盟反倾销条例》第 6 条也规定，"任何当事人均无义务出席会议，未出席会议不应有损于当事人的案件"，我们认为不出席，客观上对其不会有不利。

（八）延期、取消、终止和恢复听证

听证会申请人因不可抗力的事件或行为，且已提交延期或取消举行听证会的书面申请的，经商务部决定，可以延期或取消举行听证会。延期即中止。如《产业损害调查听证规则》第 21 条规定，有下列情形之一的，应当中止听证：①听证申请人因不可抗拒的事由不能参加听证；②其他应当中止听证的情形。延期举行原因消除后，商务部应当恢复听证会，并通知已登记的利害关系方。《产业损害调查听证规则》第 23 条规定，有下列情形之一的，应当终止听证：①听证申请人撤回听证申请的；②反倾销调查终止的。有中止或终止听证情形的，是否中止或终止听证，在确定听证主持人前由商务部决定，在确定听证主持人后由听证主持人合议决定。

（九）听证记录

听证会应当制作笔录，如实记录各方陈述、举证和质证的意见。如美国反倾销听证，适用正式证据规则，所有相关证据都纳入档案。《反倾销调查听证会暂行规则》第 18 条规定，听证会应当制作笔录，听证会主持人、笔录记录人、参加听证会的各利害关系方应当场签名或盖章；利害关系方拒绝签名或盖章的，听证主持人应当在听证笔录上载明有关情况。

（十）听证当事人口头发言和陈述均应以会后提交书面材料为准

如《产业损害调查听证规则》第 20 条规定，"听证当事人在听证会上所作口头发言和陈述均应以听证结束之日起 10 日内向商务部提交的书面材料为准，补充证据也应在听证结束之日起 10 日内向商务部提交"。《反倾销协议》第 6 条规定，"只有在随后以书面形式再次提出并按照第 1 款第 2 项规定向其他利害关系方提供的情况下，主管机关方可考虑根据第 2 款提供的口头信息"。如在美国，当事人在听证会后提交听证摘要，截止到工作日程表或听证会主持人规定日期，通常在听证会后 5 个工作日内提交。听证后摘要长度限于 15 页双倍行距的公文用纸，但不包括在听证会上应商务部或委员会提问或要求提交的信息。① 有时，听证会主席要求参加者在特定问题上补充提交书面

---

① 肖伟主编：《国际反倾销法律与实务（美国卷）》，知识产权出版社 2005 年版，第 292～298 页。

文件。如果情况如此，调查人员应保证这些文件及时和恰当地提交。[①] 对抗性听证中当事人提供的信息，欧盟也要求随后以书面形式确定。口头提供信息事后变为书面形式，反倾销机关才予以考虑。

（十一）当事人有权查阅和复制听证会记录和档案资料，听证机关为此应提供便利

如美国商务部或贸委会依法，将听证会记录放入公开档案，并在听证会上告知利益方如何获取、记录复印件。记录通常在听证会结束后一周内由报告人提供给商务部，复印件应立即送往中心档案馆归档。对特定案件，商务部要求报告人在听证会后 1~2 个工作日内提供记录。听证会参加者可以到中心档案馆复印书面记录的公开版本，或从报告人处获得书面记录的复印件。但商业专有信息部分必须由行政保护令专家办公室依行政保护令进行披露。[②] 美国听证软实力在于其悠久的正当程序原则。

---

① 肖伟主编：《国际反倾销法律与实务（美国卷）》，知识产权出版社 2005 年版，第 292~298 页。

② 肖伟主编：《国际反倾销法律与实务（美国卷）》，知识产权出版社 2005 年版，第 292~298 页。

第四章　反倾销裁决证据

第一节　举证责任

一、举证责任

在行政程序中，举证责任指行政机关或当事人就其主张所依赖的事实根据承担的提供证据责任，以及在证据缺失或正反证据证明力相平的情况下，所负担的主张不成立的后果责任。如《产业损害调查听证规则》第15条规定，听证当事人对自己提出的主张承担举证责任。

1. 在英美法上，举证责任指"诉讼当事人为证明其诉讼主张，而承担的后果责任"[①]，一般分为提供证据责任和说服责任。提供证据责任（burden of presentation of evidence）是指当事人提供用以证明其事实主张的证据的责任。说服责任（burden of persuasion）是指当事人"提出的证据及证据组合，有多大证明力量，能确立其主张成立的责任"[②]。

2. 在德国，举证责任分为客观举证责任和主观举证责任。客观举证责任指"当事人因实体法规定而面临的提供证据的必要"[③]。主观举证责任指"当事人因程序规定而面临的提供证据的必要"[④]。如《德国联邦行政程序法》第26条规定："参与人应参加事实的调查。参与人尤其应提供知道的事实和证据。其他协助事实调查义务，尤其是到场或陈述的义务，仅存在于法律有规定的情况。"一般说来，英美法上的提供证据责任、说服责任与德国法上的主

[①] 刘善春等：《诉讼证据规则研究》，中国法制出版社2000年版，第684页。
[②] 刘善春等：《诉讼证据规则研究》，中国法制出版社2000年版，第85页。
[③] 高家伟：《行政诉讼证据的理论与实践》，工商出版社1998年版，第66~70页。
[④] 高家伟：《行政诉讼证据的理论与实践》，工商出版社1998年版，第66~70页。

观举证责任、客观举证责任基本一致。[①]

利害关系方举证既是权利，又是义务。反倾销机关应将要求提供的信息资料通知所有利害关系当事人，并给予充分机会让其用书面形式提出与调查有关的全部证据。如《反倾销协议》第 6 条规定，"各利害关系方应当得到通知和足够机会以书面形式提供证据"。举证责任本质是为避免败诉风险的责任。

二、决定举证责任分配的因素

1. 法规范说。它由德国学者罗森贝克（Rosenberg）所创立。[②] 罗森贝克认为"不适用特定法规范，其诉讼请求就不可能满足当事人，必须对法规范要素在真实事件中得到实现，承担主张责任和证明责任"[③]。他将民法条文分为权利发生规范、权利妨害规范和权利消灭规范，认为主张权利存在的当事人应就权利发生规范的法律要件承担举证责任。主张权利障碍的当事人就其法律要件承担举证责任。程序权利同样存在权利发生法律要件，如《反倾销条例》第 22 条规定，"利害关系方认为其提供的资料泄露后将产生严重不利影响的，可向商务部申请对该资料按保密资料处理"。其中"资料泄露后将产生严重不利影响"是该程序权利发生的法律要件，主张该权利方就该法律要件承担举证责任。法规范说也存在缺陷，如权利产生规范与权利妨害规范界限模糊，难以辨别。刻板依据法条表述区分，过于注重规范形式，妨碍反倾销的实质公平。实际上，法规范说仅为举证责任分配的一个因素而已，对有些举证责任分配问题"力不从心"。

2. 主张责任、肯定性事实。举证责任的前提要件是主张责任，主张责任是指当事人必须提出确切具体的事实和权利主张，以此来说服法院或行政裁决机关认可当事人期望的法律后果的小前提即要件事实。[④] 承担主张责任的当事人一般对主张成立的事实根据负举证责任，但是举证责任和主张责任归属有时不一致。如主张未履行债务责任的一方通常是债权人，但举证责任可由

---

① 袁慧敏："试论行政诉讼举证责任的含义"，载《法制与社会》2007 年第 8 期。

② 1900 年，罗森贝克出版《证明责任分配论》，主要对证明责任分配问题进行阐释。

③ ［德］莱奥·罗森见克：《证明责任论》（第四版），庄敬华译，中国法制出版社 2002 年版，第 104 页。

④ ［德］汉斯·普维庭：《现代证明责任问题》，吴越译，法律出版社 2000 年版，第 68 页。

债务人承担。有时主张责任归属也不明确，因而也就难以作为举证责任分配统一的标准。①

在反倾销调查程序中，行政机关和当事人都可承担主张责任。一般地说，对于依职权的行政行为，行政机关承担主张责任。对于依申请的行政行为，申请人承担主张责任。主张责任一般是以行政实体法或民法为基础提出的权利请求。当事人对其权利请求可负担举证责任，如在行政许可案件中，申请人提出申请，并须对其申请承担举证责任。当事人承认行政机关主张，也不改变行政机关所应负担的举证责任。当事人反驳行政机关提出的主张，为此应享有提供证据的权利，至多负担提供证据责任，不负担说服责任。②

在英美法上，"肯定者负举证责任"一直是举证责任分配的一般标准。主张肯定性事实的当事人应承担举证责任，而主张否定性事实，当事人无需承担举证责任，这符合人类的生活逻辑，因为在一般情况下，"证明事物的不存在要比证明事物的存在困难得多"③。主张责任与肯定性事实二者有相通之处，主张的一般应是肯定的。由于语言表达有不确定性，当事人可任意变换，在确定何谓肯定性事实、何谓否定性事实的问题上不能仅看其语言表达形式，而应根据问题的实质来决定。

3. 证据距离、公平原则。举证责任通常由拥有较强举证能力的一方承担。距离证据较近的一方举证难度小，通常由距离证据较近的一方承担举证责任。

4. 盖然性。是指某一要件事实成立可能性大小，根据人们的生活经验来确定。"其发生之盖然性高者，主张该事实发生之当事人不负举证责任，相对人就该事实不发生应为举证。"④ "由于盖然性规则与法官对事实认定的活动紧密相关，又可将其看作是一种证明标准。"⑤ 盖然性规则是在主客观条件都受限制的情况下，法官就某一案件事实无法查明时，依据该事实发生盖然性的高低对事实作出认定的规则。当某一要件事实真伪不明、无法确认时，需要根据该要件事实发生的盖然性大小确定。如果该要件事实成立的盖然性较

① 吴宏耀、魏晓娜主编：《诉讼证明原理》，法律出版社 2002 年版，第 373 页。
② 刘善春："论行政程序举证责任"，载《政法论坛》2009 年第 4 期。
③ 菲普森：《菲普森论证据》，1979 年英文第 12 版，第 36 页，转引自李浩：《民事举证责任研究》，中国政法大学出版社 1993 年版，第 119 页。
④ 陈荣宗：《举证责任分配与民事程序法》，台湾三民书局有限公司 1984 年版，第 54 页。
⑤ 毕玉谦："试论民事诉讼证明上的盖然性规则"，载《法学评论》2000 年第 4 期。

大，则可认定该要件事实成立，从而推定对其承担举证责任的当事人完成举证。如果该要件事实成立的盖然性较小，则对其承担举证责任的当事人需要承担该要件事实不成立的不利后果①。因为法院认定发生盖然性高的事实存在要比认定其不存在更能接近事实从而最大限度地避免误判。盖然性说将人类生活经验及概率适用于举证责任领域，"是人类长期社会实践在司法审判中的一种必然产物"②。盖然性规则在英美法中又为"盖然性占优势"；在大陆法系为"高度盖然性"。世界有 200 多个国家和地区，WTO 成员早超过 151 个③。如欧盟在 1994 年第 519 号规则中列举"非市场经济国家"只有 13 个。又如印度在 2001 年将 15 个国家列为"非市场经济国家"④。尽管其认为"非市场经济国家"不限于列举，但"非市场经济国家"肯定远远少于"市场经济国家"，一国为"非市场经济国家"概率远远小于"市场经济国家"概率。如果依据盖然性，应由主张某国为"非市场经济国家"一方承担说服责任。

　　5. 推定。是从已知事实推知另一事实逻辑的过程。推定有法律推定和事实推定。法律推定是指法律上明确规定的推定。事实推定是指在司法实践中运用的但尚未由法律明确规定的推定。法律推定又可分为可反驳的法律推定和不可反驳的法律推定。不可反驳的法律推定，⑤ 推论不可被推翻；可反驳的法律推定其结论是可被推翻的，只要有足够的否定它的证据就可。可反驳的法律推定在证据法上能够起到重新分配举证责任的作用，⑥ 推定直接结果只将"行为责任"转移给了对方，但结果责任不会随之转移。法律明文规定的推定则具有转移全部举证责任的作用，包括行为责任和结果责任。反倾销也存在推定，如《反倾销条例》第 12 条规定："同类产品，是指与倾销进口产品相同的产品；没有相同产品的，以与倾销进口产品的特性最相似的产品为同类产品。"这实际是可反驳的法律推定。"最相似"是不确定概念，在现有可比较范围内存在一个最相似的，但他人可能会在现有比较范围之外找到更为相

---

① ［德］汉斯·普维庭：《现代证明责任问题》，吴越译，法律出版社 2000 年版，第 277 页。
② 毕玉谦：《民事证据法及其程序功能》，法律出版社 1997 年版，第 76～77 页。
③ "Members and Ovservers"，载 http：//www.wto.org/english/thewto＿e/whatis＿e/tif＿e/org6＿e.htm，2008 年 4 月 4 日访问。
④ "如何应对印度反倾销"，载 http：//www.wenzhouglasses.com/html/news/214123.html，2007 年 11 月 27 日访问。
⑤ 江伟主编：《证据法学》，法律出版社 1999 年版，第 133～134 页。
⑥ 李浩：《民事举证责任研究》，中国政法大学出版社 1993 年版，第 196 页。

似的，这就是可反驳的推定。

6. 政策。在反倾销领域中对举证责任具有重要影响的政策，如"非市场经济地位"，我国在签订入世议定书时，暂时默认，而要获市场经济地位就得承担举证责任。但这一政策只是阶段性的，即最长不超过我国入世后的15年。

三、反倾销调查过程中的举证责任

1. 在对倾销、损害以及二者之间因果关系的证明过程中，申请人一般对其肯定性主张负举证责任。至少应对倾销主张负担提供证据责任。应对损害[1]以及倾销与损害之间因果关系的主张负举证责任。法律赋予申请人公平竞争权，即因倾销行为而受到损害，构成公平竞争权形成的条件，申请人可对其所受损害承担举证责任。申请方距离损害证据较近，与应诉方相比，申请方对进口国本行业状况更为熟悉，举证有优势，申请方掌握着对认定是否存在损害事实至关重要的进口国同类产品生产、销售的各种数据资料。如丹尼尔·伊肯森认为，[2] 反倾销当局在发起调查之时应确定国内生产企业就支持市场被扭曲的主张，提供可靠的证据。

2. 对是否构成倾销的争议，或由应诉方负担说服责任。申请方对倾销或可掌握初步证据，应诉方即出口商自身对是否倾销最清楚。如《反倾销产业损害调查规定》第19条规定，利害关系方申请应诉产业损害调查的，应当自反倾销调查立案公告发布之日起20日内向商务部提出应诉申请，办理应诉登记；同时应提供产业损害调查期内应诉申请人的生产能力、产量、库存以及在建和扩建计划；向中国出口该产品的数量及金额；进口经营者进口的数量及金额等情况。如在间苯二酚反倾销案中，[3] 商务部对原产于日本和美国的进

---

① 指实质性损害、实质性损害威胁和建立国内产业的实质阻碍。

② Brink Lindsey and Daniel J. Ikenson, *Antidumping Exposed——The Devilish Details of Unfair Trade Law*, Cato Institute, p. 161.

③ 资料来源："我国对原产于日本和美国的进口间苯二酚进行反倾销立案调查"，载中国贸易救济信息网，http：//www. cacs. gov. cn/cacs/newcommon/details. aspx? articleid =96153，2012 年 3 月 23 日访问；"我国对原产于日本和美国的进口间苯二酚反倾销调查的初步裁定"，载 http：//www. cacs. gov. cn/cacs/newcommon/details. aspx? articleid =106737，2012 年 11 月 23 日访问；"关于间苯二酚反倾销调查最终裁定的公告"，载 http：//www. cacs. gov. cn/cacs/newcommon/details. aspx? articleid = 110868，2013 年 3 月 22 日访问。

口间苯二酚进行反倾销调查。2012年4月28日，被调查产品生产商美国茵蒂斯派克化学公司向调查机关提交《无法提供间苯二酚反倾销调查答卷的函》，未在规定时限内提交答卷。2012年5月18日，被调查产品生产商日本三井化学株式会社向调查机关提交《关于三井化学株式会社退出间苯二酚反倾销调查的函》，表示退出反倾销调查，未在规定时限内提交答卷。被调查产品生产商日本住友化学株式会社未在规定时限内提交答卷。由于这些公司均未提交答卷，没有配合调查，调查机关无法获得其倾销调查期内被调查产品的正常价值、出口价格、调整因素等直接数据。依据《反倾销条例》第21条，调查机关决定采用可获得的最佳信息对上述公司在调查期内的正常价值、出口价格、影响正常价值和出口价格可比性因素等进行认定。

3. 申请方负担提供证据责任的范围：①进口产品名称、种类、规格、用途及市场情况。国内同类产品名称、种类、规格、用途及市场情况。②进口产品在申请提出前12个月中实际支付或应支付的价格。③被调查产品在出口国或地区，或原产国或地区正常贸易中用于消费的可比价格、结构价格或向第三国的出口价格。

4. 申请方负担举证责任的范围。

（1）国内产业的实质损害。①进口产品的绝对数量及申请提出前三年的相对增长情况的变动幅度曲线图表，进口产品在申请提出前三年在中国国内的平均售价变动图表。其中3年灵活性不够，实践中有变通，掌握一般期限是3～5年，如在甲乙酮案①中的期限将近5年（2002年1月1日～2006年6月30日）。如美国规定期间是最近两年或起诉人认为其他更具代表性的期间。②对国内同类产品价格的削减、压低或抑制以及变动值，对影响国内产业的经济指标如国内产业的销售、利润、产量、市场份额、生产率、投资效益、设备利用率的实际影响和潜在的下降、影响国内价格的因素、倾销幅度的大小、现金流动、就业、工资、筹措资金或投资及库存。③对国内产业的实质损害威胁，包括进口产品以倾销价格大幅增长的可能性、上述影响国内产业的经济指标的可明显预见和变化趋势。④对建立国内产业的实质障碍，包括国内产业可能发展如产业建立计划及其实施的情况。

（2）进口产品与国内产业损害之间直接因果关系的论证；以及未以倾销

---

① 商务部公告2006年第92号《甲乙酮立案公告》。

价格销售的进口产品数量及价格、需求减少或消费模式变化、国外或国内生产者的限制贸易的做法及其竞争、技术发展及国内产业的出口实绩、生产率对国内产业损害的影响。

5. 应诉方被迫对市场经济地位主张负举证责任。

（1）我国加入 WTO 议定书第 15 条（a）项规定："在根据 GATT1994 第 6 条和《反倾销协定》确定价格可比性时，该 WTO 进口成员应当依据下列规则，使用接受调查产业的中国价格和成本，或者使用不依据与中国国内价格或成本进行严格比较的方法：①如受调查的生产者能够明确证明，生产该同类产品的产业在制造、生产和销售该产品方面具备市场经济条件，则该 WTO 进口成员在确定价格可比性时，应当使用受调查产业的中国价格或成本；②如受调查的生产者不能明确证明生产该同类产品产业在制造、生产和销售该产品方面具备市场经济条件，则该 WTO 进口成员可使用不依据与中国国内价格或成本进行严格比较的方法。"根据该规定，中国受调查生产者必须证明自身具备市场经济地位，才可排除"非市场经济国家"项下确定价格可比性方法的适用，从而适用其自身正常价格或成本作为比较对象。该条（d）项规定，"一旦中国根据该 WTO 进口成员的国内法证实其是一个市场经济体，则（a）项规定即应终止，但截至加入之日，该 WTO 进口成员的国内法中须包含有关市场经济标准。无论如何，（a）项（ⅱ）目的规定应在加入之日后 15 年终止。此外，如中国根据该 WTO 进口成员的国内法证实一特定产业或部门具备市场经济条件，则（a）项中的非市场经济条款不得再对该产业或部门适用"。据此，中国虽暂时承担证明自身"市场经济地位"的举证责任，如果一旦证明其某一特定产业或部门具备市场经济条件，则其效力应永久，完全排除"非市场经条款"在该特定产业或部门的适用。[①]

（2）已有中国生产商经过证明成功获得有条件的市场经济地位。如欧盟对我国黄磷反倾销案[②]、对我国氧化锌反倾销案[③]、对原产中国的甲酚反倾销案[④]、

[①] "欧盟北京代表处证实：欧盟拒认我市场经济地位"，载 http：//www. people. com. cn/GB/jingji/1037/2604754. html，2004 年 6 月 29 日访问；"欧盟未承认中国市场经济地位非单纯技术问题"，载 http：//finance. sina. com. cn/review/20050718/08381806922. shtml，2005 年 7 月 18 日访问。

[②] 此为欧盟给予中国应诉企业市场经济地位的第一案。

[③] Official Journal L62，05. 03. 2002，p. 7.

[④] Official Journal L234，20. 09. 2003，p. 1. 在本案中，所有应诉企业都获得了市场经济地位。

对华打火机案、黄磷案①。在欧盟对我国钼铁反倾销案中，最初有 10 家企业申请给予市场经济地位，其中有 4 家因未能提供完整充分的资料而未被拒绝，初裁阶段只有一家获得市场经济地位，其余 9 家企业按程序自动转入给予分别待遇调查②。但在终裁阶段，欧盟委员会撤销了初裁中给予的市场经济地位待遇，理由是中国某商会召集厂商会议与若干国有企业共同达成了出口限制安排，欧盟委员会据此推断存在中国政府干预以及规避反倾销的可能。欧盟对调查期之后发生的情况在调查时一般不考虑，这说明欧盟在给予市场经济地位问题上很随意。欧盟规定的 5 项条件要求苛刻，证明难度高。如在钼铁案中提供了完整资料的其余 6 家申请企业中，就有 5 家不能证明自己拥有一套清晰的依据国际会计准则审核的基本会计记录。而在黄磷案中，应诉企业云南马龙 70% 的股份由云南马龙县国有资产管理局掌握，但由于其提供了完整清晰的财务报表和审计报告，给欧盟反倾销主管机构留下很好的印象，并最终成功获得市场经济地位③。国有企业本身就极易遭受反倾销调查机关歧视，与其他私企相比，其能够获得市场经济地位的难度更大。马龙之所以成功，其提供完整清晰的财务报表和审计报告起了至关重要的作用。

6. 应诉方对分别待遇的主张可负举证责任。国外反倾销机关一般对来自同一非市场经济国家的所有出口商征收统一的反倾销税，他们认为如果不对所有同类产品采用相同的反倾销税率，非市场经济国家政府将通过税率小产品的出口企业进行出口。④ 出口商可申请"分别待遇"。分别待遇就是针对不同企业分别确定反倾销税率。应诉方主张不适用"统一税率"，应承担举证责任。⑤ 欧盟给予"分别待遇"大体低于"市场经济地位"标准。2000 年欧盟正式将原 8 条标准修改为以下 5 条："①私人投资是否掌握大部分股份；②公司对原材料和投入资金的控制；③自由汇出利润到境外以及自由返还投资；④自主地决定出口价格和出口数量；⑤自主经营。"⑥ 如在欧盟对我国不锈钢

---

① Official Journal C 320, 9. 11. 2000, p. 3.

② 蔡庆辉主编：《欧盟对华反倾销案例研究——以机械冶金类产品为例》，厦门大学出版社 2006 年版，第 462 页。

③ 殷源源："浅析欧盟反倾销非市场经济问题"，载《当代法学》2003 年第 2 期。

④ 蒋小红："欧共体非市场经济反倾销规则研究"，载《外国法译评》2000 年第 4 期。

⑤ 蒋小红："欧共体非市场经济反倾销规则研究"，载《外国法译评》2000 年第 4 期。

⑥ 蔡庆辉主编：《欧盟对华反倾销案例研究——以机械冶金类产品为例》，厦门大学出版社 2006 年版，第 499 页；蒋小红："欧共体非市场经济反倾销规则研究"，载《外国法译评》2000 年第 4 期。

紧固件反倾销案①中，两家公司获得分别待遇，欧盟对其征收的反倾销税率分别为13.6%和24.2%，而其他所有企业被征收的反倾销税率均为74.7%。

7. 应诉方选择类比国可负举证责任。类比国制度就是对来自于"非市场经济国家"产品的正常价值进行类比确定。依据是1955年《关贸总协定》第6条第1款的补充说明②③。在欧盟，利害关系方提出类比国建议，欧盟委员会一般会予以考虑。如欧盟反倾销机关主动选择类比国，而举证责任也应由其承担。欧盟在选择替代国时，一般会初步确定几个可供选择的比较对象，而在涉案国家中既有市场经济国家又有非市场经济国家时，欧盟一般会推定涉案市场经济国家为最合适的类比国首选。如在欧盟对华钢铁管接头反倾销案④中，欧盟首先选定涉案泰国作为我国的类比国，后在调查阶段没有任何当事人提出反对，于是确定泰国为我国的类比国。《欧盟反倾销条例》第2条只对选择标准作了原则规定。而"欧盟委员会实践，遵循'适当的，不是不合理的'原则"⑤，这是一种很低的证明标准。考虑因素有：类比国为市场经济第三国，类比国市场竞争的有效性、工业保护水平的适当性和国内价格水平的合理性，产品的相似性和获得原材料等难易情况，产品生产程序、规模的相似性和可比性，销量的可比性、调查的方便性和资料充足性。⑥ 在选定类比国后，如果应诉方认为类比国某些方面与本案实际情况相去甚远，不具备可比性，可提出抗辩，请求调整。应诉方需要提供证据以说服反倾销机关。如欧盟在对我国氟石反倾销案⑦中，将南非作为我国的类比国，我国生产商认为南非氟石直接销售给商品用户，而我国氟石是销售给进口商或出口商，二者

---

① Official Journal C 369, 7. 12. 1996, p. 3.

② 即"应当承认，对全部或大体上全部由国家垄断并由国家规定价格的进口货物，在为第1款之目的决定可比价格时，可能存在特殊的困难。在这种情况下，进口缔约国可能发现有必要考虑这种可能，即与这种国家的国内价格作严格比较不一定经常适当"。这一解释说明"通常被认为是对'替代国制度'的一种默认"。

③ 蔡庆辉主编：《欧盟对华反倾销案例研究——以机械冶金类产品为例》，厦门大学出版社2006年版，第156页。

④ Official Journal L23, 30. 1. 1996, p. 1.

⑤ 蔡庆辉主编：《欧盟对华反倾销案例研究——以机械冶金类产品为例》，厦门大学出版社2006年版，第45页。

⑥ 蔡庆辉主编：《欧盟对华反倾销案例研究——以机械冶金类产品为例》，厦门大学出版社2006年版，第46页。

⑦ Official Journal C105, 25. 4. 1992. p. 23.

在售价上有一定差距，并据此提出抗辩。欧盟接受了该抗辩，将南非氟石可比价格下调了 10%。这意味着倾销幅度及反倾销税率降低 10%。类比国确定后并不意味着应诉方只能被动接受，仍可抓有利点抗辩。

8. 利害关系方如消费者，主张自身利益或公益，应承担举证责任。

四、反倾销调查终结阶段的证明标准

1. 反倾销案成立的证明标准。是指对构成倾销、损害成立和因果关系存在的证据证明要求达到的程度。如《反倾销协议》第 3 条第 4 款规定："关于倾销进口产品对国内产业影响的审查应包括对影响产业状况的所有有关经济因素和指标的评估，包括销售、利润、产量、市场份额、生产力、投资收益或设备利用率实际和潜在的下降；影响国内价格因素；倾销幅度大小；对现金流动、库存、就业、工资、增长、筹措资金或投资能力的实际和潜在消极影响。该清单不是详尽无遗的，这些因素中的一个或多个均未必能够给予决定性指导。"其中对"所有有关经济因素和指标评估"规定是对证据充分性的要求。

2. 在反倾销裁决程序中，举证责任方应确切地证明存在倾销、损害，以及二者之间存在因果关系。申请方如欲成功说服反倾销机关作出反倾销措施，证明应当达到清楚、令人信服的程度。证明标准应高于民事诉讼的证明程度，或应看齐刑事诉讼的证明程度，达到排除合理怀疑的程度。无论初裁还是终裁，无论是肯定裁决还是否定裁决，对申请方或应诉方生产经营影响非常大，或生死攸关。初裁和终裁阶段的证明标准应高于立案阶段的证明标准，终裁阶段证明的标准高于初裁阶段的证明标准。如"在美国，初步裁定通常只要求有'合理迹象'或'合理证据'表明被控倾销的进口产品存在低价倾销和损害，而终裁则要求在'事实上'确定被控产品是否存在倾销、损害及其因果关系，即必须有足够证据支持最终裁定所作出的肯定性结论，否则即应裁定倾销不成立。这应是实践所普遍遵循的"。[①] 如《反倾销协议》第 5.8 条规定，如果证据不足以证明倾销或损害存在，倾销幅度属微量，或倾销进口量或损害属于可忽略不计，反倾销调查须立即终止。

---

① 王国锋："反倾销程序法研究"，西南政法大学硕士学位论文，2003 年。

间苯二酚反倾销案①

2012 年 3 月 23 日，商务部公告对原产于日本和美国的进口间苯二酚进行反倾销调查。

应诉方住友化学株式会社在《关于终止间苯二酚反倾销调查的请求》、住友无损害抗辩多次提出，其间苯二酚生产装置发生爆炸，截至 2012 年 6 月仍未恢复生产，导致亚洲乃至全球间苯二酚市场供需发生实质性变化，住友化学株式会社专注供应日本市场，对中国出口下降，中国国内间苯二酚市场将出现供应短缺和价格上涨的情况。鉴于以上重大情势变迁，商务部应立即终止反倾销调查，这是住友化学株式会社的抗辩。申请人评论认为住友化学株式会社的主张不能成立。①在反倾销调查中，商务部通常不应考虑调查期之外的信息。②三井化学株式会社间苯二酚产能仅占三家应诉企业的 12.7%，占 2011 年全球总产能的比例仅为 7%，且产品主要供应日本国内市场，在全球间苯二酚市场严重供过于求的情况下，其装置停产不足以对中国间苯二酚市场状况带来实质性的影响。③从 2012 年 1～7 月的进口数据看，被调查产品进口量仍然较大，进口价格未出现暴涨。三井化学株式会社间苯二酚装置爆炸事件并未导致住友化学株式会社所谓"重大情势变迁"的情况，其影响并非是"显而易见、无可置疑的、持续不断的"，商务部应不予考虑。商务部认为住友化学株式会社关于终止本次调查的请求缺乏法律依据，这是正确的。因为住友化学株式会社没有足够地证明其主张。

住友化学株式会社提出，一般贸易之外的其他贸易方式进口的目的在于再出口，并未进入中国商业，与国内同类产品不构成竞争，不应计入被调查产品的进口数量，这是住友化学株式会社的新主张。申请人评论意见反驳：①根据中国法，一般贸易外的其他贸易方式的进口产品均属"进口货物"范畴。②WTO 规则和中国法规定的反倾销调查审查对象为"倾销进口产品"，并未明确要求排除一般贸易以外的其他进口。③通过加工贸易等方式进口的被

① 资料来源："我国对原产于日本和美国的进口间苯二酚进行反倾销立案调查"，载中国贸易救济信息网，http：//www. cacs. gov. cn/cacs/newcommon/details. aspx? articleid＝96153，2012 年 3 月 23 日访问；"我国对原产于日本和美国的进口间苯二酚反倾销调查的初步裁定"，载 http：//www. cacs. gov. cn/cacs/newcommon/details. aspx? articleid＝106737，2012 年 11 月 23 日访问；"关于间苯二酚反倾销调查最终裁定的公告"，载 http：//www. cacs. gov. cn/cacs/newcommon/details. aspx? articleid＝110868，2013 年 3 月 22 日访问。

调查产品与国内产业同类产品存在竞争关系，同样会对国内产业造成影响和冲击，不应从被调查产品的进口数量中排除。商务部认为：①根据《反倾销产业损害调查规定》第5条规定，在确定倾销对国内产业造成的损害时，应当审查以下事项：其一倾销进口产品的数量和倾销进口产品对国内同类产品价格的影响；其二倾销进口产品对国内产业的影响。第6条规定，对倾销进口产品数量的审查，应包括倾销进口产品的绝对数量是否大量增加，或相对于国内同类产品生产或消费数量是否大量增加；审查倾销进口产品对国内同类产品价格的影响，应考察与国内同类产品价格相比，倾销进口产品是否大幅削价销售，或倾销进口产品是否大幅压低国内同类产品价格，或在很大程度上抑制国内同类产品本应发生的价格增长。无论以何种贸易方式进口的被调查产品，只要存在倾销，均属于倾销进口产品。②中国海关统计数据显示，调查期内以非一般贸易方式进口的被调查产品绝大部分通过加工贸易方式进口，即被中国国内下游企业用作生产原料。以非一般贸易方式进口的被调查产品已经进入中国国内市场，与市场上存在的其他间苯二酚产品存在竞争，并非住友化学株式会社所主张的"未进入中国商业"。③中国国内下游企业可以自行选择通过各种方式采购所需的间苯二酚。各方产业损害调查问卷答卷和下游用户使用意见反馈报告等证据显示，部分下游生产企业同时通过一般贸易方式、非一般贸易方式进口被调查产品或购买国内同类产品。以非一般贸易方式进口的被调查产品与国内同类产品在中国国内间苯二酚市场上存在竞争。因此商务部认定，住友化学株式会社关于以非一般贸易方式进口的被调查产品不应计入进口数量的主张缺乏事实和法律依据。

评析：住友提出一般贸易之外的其他贸易方式进口的目的在于再出口，并未进入中国商业，与国内同类产品不构成竞争，不应计入被调查产品的进口数量。这是新主张，应负举证责任，但其举证不足以证明其主张。

3. 倾销证据充分性的证明标准。如WTO争端解决机构专家小组，在危地马拉对墨西哥出口灰色普通水泥实施的最终反倾销措施案中确定了倾销证据充分性的证明标准。专家小组认为，在考虑是否有足够倾销证据支持调查结论时，主管机关必须拥有足以支持发起反倾销调查、WTO反倾销协议第2条所规定倾销的证据，即产品出口价格低于同类产品在正常贸易过程中供出口国消费的可比价格的证据。在该案中，危地马拉反倾销机关发起调查所依赖的正常价值的证据，是墨西哥零售商的两张发票，两张发票都是一袋水泥，而出口价格的证据由两张进口发票组成，分别是 7035 袋和 4221 袋水泥。正常价值和出口价格的证据在涉及交易数量和销售的贸易水平上差别过于悬殊。文件反映墨西哥国内水泥价格的发票对应的是商业链的终端发生的销售，而进口单证反映的是进口点的价格，则是墨西哥水泥在危地马拉商业链的始点。这些数量和贸易水平的巨大差异，在专家小组看来是不可能得出存在足够证据支持发起反倾销调查结论的。①

4. 损害证据充分性的证明标准。举证责任方必须提供足以支持发起调查的、《反倾销协议》第 3 条所规定的损害证据。尤其是该条第 4 款列举的所有因素。如 WTO 争端解决机构专家小组在印度诉欧盟棉制亚麻床单反倾销案中认为，在审查进口产品倾销对相关国内产业影响的每一个案件中，《反倾销协议》第 3 条第 4 款所列举的 15 项因素中的任何一个都必须得到调查机关评估。调查机关只有对所有这些因素分析之后，才能得出某些因素在具体案件中可能不具有代表性或与最终裁决结果无关的结论②。

5. 因果关系证据充分性的证明标准。举证责任方必须提供足以支持反倾销调查、《反倾销协议》第 3 条第 5 款规定的关于因果关系成立的证据，即"证明倾销进口产品与对国内产业损害之间存在因果关系应以审查主管机关得到的所有有关证据为依据。主管机关还应审查除倾销进口产品外的、同时正在损害国内产业的任何已知因素，且这些其他因素造成的损害不得归因于倾销进口产品。在这方面可能有关的因素特别包括未以倾销价格销售的进口产品的数量和价格、需求的减少或消费模式的变化、外国与国内生产者的限制贸易的做法及它们之间的竞争、技术发展以及国内产业的出口实绩和生产率。"

五、反倾销调查程序举证责任的延伸

1. 反倾销调查程序举证责任分配决定复审举证责任分配。由于原反倾销终裁都为肯定裁决，原申请人举证，证实了倾销、损害以及二者之间的因果关系，并得反倾销机关的支持，采取反倾销措施。如果利害关系方提出复审申请，提出了变更现存法律关系的新主张，应对其主张承担举证责任。如在

---

① 陈明聪、陶立峰："反倾销调查中证据提供的法律问题"，载《法学》2004 年第 6 期。
② 沈四宝、刘彤编著：《WTO 反倾销协议解读》，湖南科学技术出版社 2006 年版，第 61～62 页。

新出口商复审程序中，新出口商提出复审请求时认为其不应适用这一税率，而请求单独确定其倾销幅度。这不是对原申请人否定性抗辩，也不是对原裁决合法性否定，是新主张，新出口商对其主张应承担举证责任。在期中复审或日落复审程序中，申请人须对实体要件，即为计算倾销幅度而必须作出的各种调整或继续实施反倾销措施的必要性承担举证责任。反倾销机关主动发起复审，由反倾销机关举证。

2. 反倾销利害关系人举证责任可带入行政诉讼。如《最高人民法院关于审理反倾销行政案件应用法律若干问题的规定》第 8 条规定，原告负担提供证据责任。被告在反倾销调查程序中依照法定程序要求原告提供证据，原告无正当理由拒不提供、不如实提供，而在行政诉讼程序中提供的证据，法院不予采纳。当然在行政诉讼中，商务部应对反倾销裁决合法性负举证责任。

第二节　反倾销行政质证

一、质证

质证起源于英国交叉询问①制度，最早形成于 17 世纪中叶。有广义和狭义两种含义。广义质证指在法庭审判过程中由当事人及其代理人对双方提供给法庭的、有争议和疑问的材料，通过询问、辨认、质疑、说明和辩驳的方式，查明、核实其能否作为定案根据的诉讼活动②。狭义质证仅指以交叉询问方式对言词证据的真实、合法性进行质疑，从而确定其证明价值的诉讼活动③。

广义质证把对证据的询问、辨认和说明作为质证方式是正确的。④ 狭义质证把质证等同于交叉询问，认为质证仅限于言词证据，反映了质证的原始涵义，但已不适应现代质证需求。这应源于 1979 年《刑事诉讼法》第 36 条规定的"证人证言必须在法庭上经过公诉人、被害人和被告人、辩护人双方讯

---

① 交叉询问是指一方当事人或其代理律师在法庭上对另一方证人所进行的盘诘性询问。《布莱克法律词典》对这个概念的解释是：在审判或听证中由与传唤证人出庭作证的一方相对立的一方对该证人进行的询问。*Black's Law Dictionary* (*Seven Edition*), West Group, 1999, p. 383.

② 孙彩虹主编：《证据法学》，中国政法大学出版社 2008 年版，第 125 页。

③ 叶向阳："质证制度及立法之完善"，载《法学研究》1995 年第 2 期。

④ 何家弘、南英主编：《刑事证据制度改革研究》，法律出版社 2003 年版，第 392 页。

问、质证，听取各方证人证言并经过查实以后，才能作为定案根据。"1984 年最高人民法院《关于贯彻执行〈民事诉讼法（试行）〉若干问题的意见》规定，作为定案依据的主要证据，应当庭出示或宣读，允许双方当事人辩论和质证。这里质证的对象不限于证人证言，包括"作为定案依据的主要证据"。时下质证范围可适用于所有证据。不过质证如限定在诉讼，就忽略了行政质证。质证指一方当事人及代理人在行政程序或诉讼程序中针对对方提供的证据的资格及证明力进行的质疑活动。

二、反倾销行政质证

行政质证是指在行政程序中，在行政机关的主持下，由当事人就证据资格及其证明力进行的质疑。如《行政许可法》第 48 条："举行听证时，审查该行政许可申请的工作人员应当提供审查意见的证据、理由，申请人、利害关系人可以提出证据，并进行申辩和质证。"如《美国联邦行政程序法》第 556 条第 4 款规定："当事人有权用口头或书面证据提出其意见或辩解，有权提出反驳证据，也有权进行可能为全面查清事实真相所需要的交叉盘问。"《德国联邦行政程序法》第 66 条规定："要式行政程序中，参与人有权在作出决定之前获得表达其意见的机会。在询问证人、鉴定人以及勘验时，参与人有权在场并就相关问题发问，书面鉴定须送达参与人。"《奥地利普通行政程序法》第 40 条规定："言词审理应传唤所有已知之利害关系人，以及必要之证人及鉴定人。"该法第 43 条规定："担任言词审理之行政官员，于审理开始后，应进行个别讯问，审理其为当事人或其他利害关系人之地位及可能具有之代理权限，并说明案由。审理之主席应随时注意审查之目的，不使程序离题或延滞，应使当事人有听证权，并使其他利害关系人有协助认定事实之机会。与案件无关之人，于审理中不得发言。特别应使各方当事人有机会提出一切与本案有关之观点，并附证据，对其他利害关系人、证人、鉴定人所提出之观点，或被认为公知之事实，以及他人提出之申请和官署调查之结果，发表意见。"①

反倾销行政质证是指在反倾销程序中，在调查机关主持下，由当事人就证据资格及其证明力进行的质疑。质证是当事人对其不利证据提出异议的权

---

① 应松年主编：《外国行政程序法汇编》，中国法制出版社 1999 年版，第 450～483 页。

利。调查机关应当为所有当事人提供会见并辩论的机会。如《反倾销条例》规定:"商务部应当为有关利害关系方提供陈述意见和论据的机会。"《反倾销协议》第 6 条第 2 款也规定:"为此,应请求主管机关应向所有利害关系方提供与具有相反利益的当事方会面的机会,以便陈述对立观点和提出反驳论据。提供此类机会必须考虑保护机密和方便有关当事方的需要。利害关系方还有权利在说明正当理由后口头提供其他信息。"

　　质证既要保证当事人的正当权利,又不迟延效率,不可能完全照搬诉讼规则。如《美国联邦行政程序法》虽然规定了质证,但该程序只适用于正式听证。该法第 554 条(a)款规定,正式程序裁决只"适用于依法律规定必须根据机关听证记录作出裁决的案件"。如果其他法律没有规定听证,或只规定行政机关作出决定时必须举行听证,没有规定必须根据听证记录作出裁决,这种裁决不是正式程序裁决,不受联邦行政程序法的约束①。美国 90% 以上行政采用非正式程序,正式程序所占分量不到 1%。该法第 556 条(d)款规定,在依正式程序制定法规、决定金钱或物质利益的请求、或初次申请执照的裁决中,在不损害当事人利益时,也可以全部或部分地采取书面程序提供证据,以避免正式程序所要求的口头质证②。主持听证官员对质证以及广度享有裁量权,但裁量权必须合理行使,应服务于全面查明事实③。限定质证程序适用,是为防止因质证而妨碍效率。"质证延长听证时间,增加当事人的负担,而且不是一切有争议的事实都能或都需质证。"④

　　质证是行政机关审查、认定证据的必要前提,未经质证不能作为定案依据。

三、质证主体

　　质证主体是指有权利对证据提出质疑的当事人。"利害关系方"不仅申请人、应诉人,其他所有利害关系人都有权利质证。《反倾销协议》第 6 条第 2 款规定,"在整个反倾销调查期间,所有利害关系方均有为其利益进行辩护的充分机会。为此,应请求,主管机关应向所有利害关系方提供与具有相反利益的当事方会面的机会,以便陈述对立的观点和提出反驳的论据。"如《美国

---

① 王名扬:《美国行政法》,中国法制出版社 1995 年版,第 419 页。
② 王名扬:《美国行政法》,中国法制出版社 1995 年版,第 537 页。
③ 王名扬:《美国行政法》,中国法制出版社 1995 年版,第 481 页。
④ 王名扬:《美国行政法》,中国法制出版社 1995 年版,第 481 页。

反倾销规章》第 3 节第 8 条第 2 款规定:"在部长的初裁、初步复审结论公布之日起 10 天内,除非部长改变了时限规定,否则任何利害关系方得请求部长对将提出的意见和辩驳意见举行公众听证会。"

质证主体包括:被调查产品的出口商或进口商,或大多数成员为该产品的生产者、出口商或进口商的行业协会,出口国(地区)政府以及我国同类产品的生产者或经营者,或大多数成员在我国领土内生产和经营同类产品的行业协会,以及消费者或其组织,或上下游产业。

四、质证范围

1. 范围是指可质证的证据种类。一方利害关系人不仅针对另一方提出的证据,而且有权利对反倾销机关调取的证据进行质证。① 当事人已认可的证据免于质证。涉及国家秘密、商业秘密和个人隐私的证据免于质证,或进行不公开质证②。

2. 质证对象主要是书面证据。如《反倾销协议》第 6 条规定,"在遵守保护机密信息要求的前提下,一利害关系方提出的书面证据应迅速向参与调查的其他利害关系方提供"。利害关系方所提供的证据必须形成书面形式,即使听证会上的口头辩论,事后也必须以书面材料递交进口国主管机关和对方当事人,否则不予考虑。只有这些口头信息在随后以书面形式在遵守保护机密信息要求的同时向其他利害关系方提供的情况下,主管机关方可予以考虑。《欧盟反倾销条例》第 6 条第 6 款规定,"应请求,根据第 5 条第 10 款作过使委员会知晓的进口商、出口商、出口国政府的代表以及原告应被给予机会去会见与他们有着相反利益的当事人,以便可以提出不同观点的和反驳性的意见。提供这些机会时,必须考虑保密需要以及当事人的方便。依本节提供的口头信息,只要随后以书面确认下来,就应该予以考虑"。

3. 质证主要围绕下列证据:①申请人身份和申请人提供的对国内同类产品生产的数量和价值的说明;②对被指控的倾销产品的完整说明、所涉一个或多个原产国或出口国名称、每一已知出口商或国外生产者身份以及已知的进口所涉产品的人员名单;③所涉产品销售供一个或多个原产国或出口国国

---

① 《行政处罚法》第 42 条,《行政许可法》第 48 条。
② 何家弘、刘品新:《证据法学》,法律出版社 2011 年版,第 239 页。

内市场消费时的价格信息，或在适当时，关于该产品自一个或多个原产国或出口国向一个或多个第三国销售价格的信息，或关于该产品推定的价格信息，或在适当时，该产品首次转售给进口成员领土内一独立购买者的价格信息；④被指控的倾销进口产品数量变化信息，这些进口产品对国内市场同类产品价格的影响，以及由影响国内产业状况的有关因素和指标所证明的这些产品对国内产业造成的影响。如在美国对原产于加拿大的针叶材的倾销裁定案中，加拿大一方就申请人提出的证据进行质证，认为申请人没有提交它可合理获得的关于成本和价格证据的所有信息。①

4. 对反倾销机关调取的证据，也可质证。调查机关应及时向所有当事人提供一切与案件有关的资料。如在欧盟对华人造金刚砂反倾销案中，欧盟委员会通过调查认定共同体内生产和销售人造金刚砂、作为类比国的巴西生产和销售的人造金刚砂与从中国进口的人造金刚砂均是由相同原材料制造出来的，生产过程都使用了相同基本技术，因而属于同类产品。中国生产商对此进行质证，认为从中国进口的块状人造金刚砂（artificial corundum in lump form）与共同体销售的微粒状人造金刚砂（artificial corundum in grain form）不具有任何可比性，不属于同类产品。②

5. 涉及国家秘密、商业秘密和个人隐私的证据可免于质证。调查机关对利害关系方提供的有正当理由的要求保密的机密信息负有保密义务。如果属于机密性质的信息，未经提供方允许不能质证。为防止利害关系方滥用关于保护机密信息的规定，主管机关应要求提供机密信息的利害关系方提供此类信息的非机密摘要。这些摘要应足够详细，以便能够合理了解以机密形式提交的信息的实质内容。如果利害关系方认为此类信息无法摘要，也必须提供一份关于为何不能进行摘要的原因的说明。对于这些非机密摘要，利害关系方有权利质证。

6. 质证内容含证据资格和证明力。对证据资格质证，即对证据的合法性或关联性提出质疑。证明力质证是对证据的可靠与充分进行质疑。③ 证据合法性质疑是针对申请人所提供的证据违反其所在国国内法，或反倾销调查机关

---

① 李昌奎编著：《世界贸易组织反倾销争端案例2004》，中国社会科学出版社2006年版，第16页。
② 蔡庆辉主编：《欧盟对华反倾销案例研究——以机械冶金类产品为例》，厦门大学出版社2006年版，第16页。
③ 何家弘、刘品新：《证据法学》，法律出版社2011年版，第240页。

所获得的证据违反法定程序，包括反倾销调查机关所在国国内法、被调查国家的国内法以及《反倾销协议》所规定的程序进行质疑。真实性质疑指利害关系方认为有关证据与实际情况不符，是虚假证据，如所提供财务报表是伪造的，或存在错误。如在 1999 年欧盟对华钢铁反倾销案中，应诉企业中有一家企业错误地对一小部分无形资产采用了加速折旧政策，虽然此错误金额只占该企业整个销售成本的 0.004%，但利害关系方认为该应诉企业所提供的证据有误，不符合客观性要求，该证据最终没有被采纳。[①] 关联性质疑是利害关系方认为有关证据与是否构成倾销事实不存在逻辑联系，如被调查产品的公众知名度就与是否构成倾销不存在必然联系。

7. 质证方式。反倾销质证可用书面形式。《反倾销调查听证会暂行规则》第 17 条规定："听证会旨在为各利害关系方提供充分陈述意见的机会……"《反倾销协议》第 6 条规定，"在整个反倾销调查期间，所有利害关系方均有为其利益进行辩护的充分机会。为此，应请求，主管机关应向所有利害关系方提供与具有相反利益当事方会面机会，以便陈述对立的观点和提出反驳的论据。提供此类机会必须考虑保护机密和方便有关当事方的需要"。《美国反倾销规章》第 3 节第 8 条规定，"听证会不受行政程序法制约。如果有证人证词，那么这些证人证词不能以宣誓方式作出，也不能用来与另一利害关系方或证人的证词对质。在听证会期间，主席可以询问任何利害关系人或证人，并可以要求他们提交附加书面意见"。一方面限制对质，以防止冗长、拖沓辩论，另外也允许通过书面形式质证。我们认为质证可直接言辞，《反倾销协议》以及一些成员方反倾销不设辩论的规定僵化，不利于维护利害关系方的权利。如对证据有争议，应质证。

第三节　反倾销证据认定

一、反倾销证据认定

1. 证据认定指反倾销机关对证据能力和效力进行判断、评定和确认。[②]

---

① 庞颖："从证据的属性看反倾销调查当中法律要求与会计职业判断的冲突和协调"，载《对外经贸财会》2006 年第 2 期。

② 何家弘："证据的审查与认定原理论纲"，载《法学家》2008 年第 3 期。

证据认定是举证和质证的归宿，反倾销证据认定属于行政证据认定。

2. 其特征包括以下几个方面：①反倾销机关对有关当事人提供的资料负有核实和认定责任，为证据认定主体。②证据认定的直接目的是确定证据资格和证明力。认定机关必须阐明证据采信理由及其证明力，并认定该倾销事实存在与否。③认定要求证据相关、合法和确凿。如《反倾销协议》第 6 条规定，"除第 8 款规定的情况外，在调查过程中，主管机关应当设法使自己确信利害关系方提供的、其调查结果所依据的信息准确性"。

3. 认定的一般规则：①遵循法治，诚实信用。如《反倾销协议》第 6.3 条规定，只有在随后以书面形式再次提出并按照第 1 款第 2 项的规定问其他利害关系方提供的情况下，主管机关方可考虑根据第 2 款提供的口头信息。②正当程序。如《反倾销协议》第 6.2 条规定，在整个反倾销调查期间，所有利害关系方均有为其利益进行辩护的机会。为此，应请求主管机关应向所有利害关系方提供与具有相反利益的当事方会面的机会，以便陈述对立的观点和提出反驳的论据。《反倾销协议》第 12 条规定，如证据未被接受，主管机关应将有关理由通知提供方。③谨慎认真。如《反倾销协议》第 5.3 条则规定，主管机关应审查申请中提供的证据的准确性和充分性，以确定是否有足够的证据证明发起调查是正当的。

二、证据认定的构成

1. 证据资格。即证据能力，是指某材料可进入反倾销调查程序作为证据的法定强制形式要件。如《反倾销协议》第 2 条规定，"成本通常应以被调查的出口商或生产者保存的记录为基础进行计算，只要此类记录符合出口国的公认会计原则并合理反映与被调查产品有关的生产和销售成本"。其中"被调查的出口商或生产者保存的记录"和"此类记录符合出口国的公认会计原则"规定就是证据资格要件。

2. 证据证明力。是指证据材料证明待证事实的价值及其大小。如在美国对来自韩国的 1 兆或以上动态随机存储器征收反倾销税一案中，韩国生产商根据《反倾销协议》第 2 条规定，提供了符合公认的韩国会计准则成本数据，美国反倾销机关在审查后认为，该成本数据存在严重问题，不符合通行国际会计标准，拒绝采纳韩国生产商提供的成本数据，当然它就无证明力。这一决定得到了 WTO 争端解决机构专家组的支持①。不真实证据材料无证明力，如该协议第 3 条规定"对损害确定应依据肯定性证据，……"WTO 争端解决机构专家组将"肯定性证据"要求解释为，协议要求调查机关采用的证据必须是"肯定性、客观、可核实且是可信赖的"②。根据专家组对"肯定性证据"要求的解释，对确定倾销与损害的证据要求关联性，如在认定倾销进口产品对国内市场同类产品价格影响的证据时，主管机关必须审查该证据材料与价格之间存在必然联系。不合法证据材料没有证明力或证明力小。

三、反倾销证据认定规则

（一）证明力最优规则

它是指在对证明同一案件事实的证据相互冲突或不一致，进行审查认定时应遵循的优先采信证明力强的证据规则。③ 如《最高人民法院关于行政诉讼证据若干问题的规定》第 63 条规定了证明力大小认定规则：①国家机关以及其他职能部门依职权制作的公文文书可优于其他书证。如海关所出具的报价材料可优于行业协会所提供的产品价格数据。②鉴定结论、现场笔录、勘验笔录、档案材料以及经过公证或登记的书证可优于其他书证、视听资料和证人证言。如反倾销机关所派出的调查组通过实际核查所获得的证据可优于生产商所填写的问卷材料。③其他证人证言可优于与当事人有亲属关系或其他密切关系的证人提供的对该当事人有利的证言。④出庭作证证人证言优于未出庭作证的证人证言。⑤原件、原物优于复制件、复制品。法定鉴定部门的鉴定结论可优于其他鉴定部门的鉴定结论。如对同类产品的物理性能的鉴定，反倾销机关授权的鉴定部门的鉴定结论可优于生产商委托的鉴定部门的鉴定结论。⑥数个种类不同、内容一致的证据可优于一个孤立的证据。

（二）非法证据排除规则

它是指违反法律规定所收集的证据，不具备合法性要求，不作为定案依据的规则。

1. 收集或提供证据的主体违法。如《反倾销协议》规定，反倾销调查机

---

① 肖伟主编：《国际反倾销法律与实务（WTO 卷）》，知识产权出版社 2006 年版，第 82～83 页。
② 沈四宝、刘彤编著：《WTO 反倾销协议解读》，湖南科学技术出版社 2006 年版，第 58 页。
③ 何家弘："证据的审查与认定原理论纲"，载《法学家》2008 年第 3 期。

关，在进行反倾销调查核实时，通常成立由政府专家所组成的调查组负责证据的收集和调取。但《反倾销协议》附件1第2条规定，"如在特殊情况下，有意在调查组中包含非政府专家，则应将此通知出口成员的公司和主管机关。……"如果反倾销调查机关没有将调查组中包含非政府专家的情况通知出口成员的公司和主管机关，那么该调查组所收集和调取的证据，因为主体违法而不能作为定案依据。如在危地马拉对墨西哥出口的灰色普通水泥实施最终反倾销措施案中，墨西哥指控危地马拉政府派出的赴墨西哥生产商所在地的调查组中包含有非政府专家而违法，因而拒绝实地调查。虽然这种指控不成立，但危地马拉政府确实没有证据证明其已经将调查组中包含有非政府专家的情况通知了墨西哥，假如该调查组经墨西哥允许进行了实地调查，所获得证据也不能作为定案依据①。

2. 证据的形式违法。如《反倾销协议》第6条规定，所有证据必须以书面形式提供，口头信息也必须以书面方式提出才能被主管机关考虑，纯粹口头信息证据不能作为定案依据。有些证据要求提供原件或原物，该协议第2条第2款第1项规定的"出口商或生产者保存的记录"，其实就是要求提供这些记录的原件以确保这些记录的真实性。当然如果这些记录被当事人或他人进行技术处理而无法辨明真伪，也不能作为定案依据。另外该协议第6条第5款对非机密摘要作出形式要求，即"这些摘要应足够详细，以便能够合理了解以机密形式提交的信息的实质内容"。如果摘要不够详细，不能作为定案依据。

3. 收集证据的程序违法。如《反倾销协议》第6条第1款规定："应给予收到反倾销调查中所使用问卷的出口商或外国生产者至少30天时间作出答复。对于延长该30天期限的任何请求应给予适当考虑，且根据所陈述的原因，只要可行即应予以延期。"如果反倾销调查机关所给予问卷答复时间少于30天，这就违反了协议所规定的程序，在这种情况下所获得的证据可不作为定案证据。"为此，应请求主管机关向所有利害关系方提供与具有相反利益当事方会面的机会，以便陈述对立的观点和提出反驳的论据。……"如果主管机关没有给予利害关系方为其利益进行辩护的机会，那么所获得的证据也因违

① 肖伟主编：《国际反倾销法律与实务（WTO卷）》，知识产权出版社2006年版，第273～273页。

反法定程序而不能采纳。"为核实提供的信息或获得进一步细节，主管机关可根据需要在其他成员领土内进行调查，但它们应获得有关企业的同意并通知所涉成员的政府代表，但该成员反对调查时除外。"如果主管机关没有征得有关企业同意并通知所涉成员的政府代表而进行调查，其所获得的证据同样不能采纳。

4. 收集或提取证据的手段违法。如果调查机关以偷拍、偷录和窃听方式获取侵害他人合法权益的证据材料或以利诱、欺诈、胁迫、暴力等不正当手段获取证据，就不能作为定案依据。

（三）补强证据规则

它是指某一证据由于其资格或形式上的某些瑕疵或弱点，对案件事实证明力不足，不能单独作为定案依据，必须依靠其他证据佐证的规则。如《反倾销协议》第3条第4款在列举了审查倾销进口产品对国内产业影响时应考虑的各种因素后规定："……该清单不是详尽无遗的，这些因素中的一个或多个均未必能够给予决定性指导。"该规定说明，这些因素中一个或多个不能单独作为认定倾销进口产品对国内产业产生影响的证据，须有其他因素佐证。反倾销证据认定，还应遵循一些公认的补强证据规则：①无法与原件、原物核对的复制件或复制品，不能单独作为定案依据。②经一方当事人或者他人改动，对方当事人不予认可的证据材料，不能单独作为定案依据。③难以识别是否经过修改的视听资料，不能单独作为定案依据。④与利害关系人有亲属关系或其他密切关系的证人所作的对该当事人有利的证言，或与一方当事人有不利关系的证人所作的对该当事人不利的证言，不能单独作为定案依据。

（四）遵循案卷排他规则

即只能依听证笔录所载证据认定，听证笔录没有记载的证据不能作为定案依据。由于反倾销涉及利害关系方很多，对一国或地区所有同类产品生产商或出口商，根据听证作出裁决，或有疏漏。如有正当理由，未参加听证的生产商可主张"特殊情况"，他们在听证会以外提供的证据可作为定案依据，不绝对遵循案卷排他原则。例外，如欧盟在对原产于中国钼铁采取最终反倾销措施案中，使用了调查期限过后的信息。欧盟部长理事会指出，通常情况下，调查期限过后的证据不予考虑，但在特殊情况下，对新的有致使先前结论明显不合理的证据给予考虑是合适的。

四、依可得最佳资料作出裁定

1. 它是指被调查方非法拒绝配合协助行政机关的调查,反倾销机关可依据可得证据资料作出裁决的规则。① 如《反倾销条例》第 21 条规定,商务部进行调查时,利害关系方应如实反映情况,提供有关资料。利害关系方不如实反映情况、提供有关资料的,或没有在合理时间内提供必要信息的,或以其他方式严重妨碍调查的,商务部可根据已经获得的事实和可获得的最佳信息作出裁定。

(1) 不提交答卷。如《反倾销问卷调查暂行规则》第 31 条规定,应诉公司在规定期限内不提交答卷,或不能按照本规则的要求提供完整而准确的答卷,外经贸部可依据可获得的事实材料作出初裁或终裁。

(2) 拒绝实地核查。如《反倾销调查实地核查暂行规则》规定,在下述情况下,商务部可决定采用已经获得的事实和可获得的最佳信息确定倾销和倾销幅度:①出口商、生产商拒绝实地核查的;②被核查出口商、生产商所在国(地区)政府对实地核查提出异议的;③对核查小组提出的合理要求,被核查出口商、生产商不积极合作的;④被核查出口商、生产商拖延核查,致使核查未能如期完成的。《反倾销问卷调查暂行规则》第 31 条规定,应诉公司对其所提供资料不允许外经贸部进行核查的也适用。

(3) 当事人提交的证据不真实。如外经贸部在实地核查中,发现被核查出口商、生产商所提供的信息和材料的在真实性、准确性和完整性方面存在重大问题的,被核查出口商、生产商存在明显欺骗、隐瞒行为的。

(4) 提交证据不合格,如《反倾销问卷调查暂行规则》第 25 条规定,应诉公司应保证提交的电子数据载体不携带病毒。如果携带病毒可被视为阻碍调查,也适用。

2. 督促当事人积极配合反倾销机关调查取证。适用于应诉人,可致增缴反倾销税。如在美国商务部裁决的 224 个案件中,使用"最佳资料"的 36 个案件平均倾销幅度为 66.7%,而没有使用"最佳资料"的 188 个案件的平均倾销幅度为 27.9%。如在五矿石案中,由于中国出口商没有向美国商务部问

---

① 周全:"外国对华反倾销的现状分析与应对思考",载 http://www.148cn.org/data/2006/0508/article__900.htm,2012 年 10 月 24 日访问。

卷调查提供全部资料，商务部不承认所提供资料，最终裁定对中国产品征收
150%的反倾销税，使半年内中国出口商丧失了 2000 万美元的美国市场，给
外贸造成损害。①

3.《反倾销协议》第 6 条规定，"如任何利害关系方不允许使用必要信息
或未在合理时间内提供必要信息，或严重妨碍调查，则初步和最终裁定，无
论是肯定还是否定的，均可在可获得的事实基础上作出。"就利害关系方所提
供的信息部分不合格是否影响其余部分效力的问题，实践中有争议。如 WTO
争端解决机构专家组在美国对原产于印度的钢板实施反倾销案中对该问题作
出了评判。在该案中，美国对印度赛欧公司所提交的几份问卷进行了核查，
发现了其中几个数据是错误的，因而得出赛欧公司所提供的数据整体上不可
信的结论，拒绝了赛欧公司所提供的所有信息，并以可获得的事实为依据作
出裁定。美国认为，《反倾销协议》第 6 条第 8 款中的"信息"是指所有信
息，只要存在部分信息不合格，调查机关就可拒绝接受利害关系方所提供的
所有信息。印度则认为，调查机关应审查所提交的每一类信息以确定是否接
受所有信息。专家组认为，答案在双方所持观点的两个极端之间，即调查机
关必须根据附件 2 第 3 条所给出的指导，考虑已经提交的信息是否满足其中
的标准。如果是，在作出裁定时必须考虑这些信息；如果不是，就可拒绝这
些信息并使用可获得的事实。至于某些信息因为不符合第 3 条的标准被拒绝
能否成为拒绝其他符合第 3 条标准的信息的理由，专家组认为，这取决于既
定案件中调查的具体事实和情况，其判断关键为，符合第 3 条标准的信息按
照它与被拒绝信息的关系，是否可以被适用而无不当的困难②。这一判断标准
虽然模糊，但为各成员国具体适用最佳资料规则作出限定。

4. 美国反倾销裁决遵循实质证据标准，反倾销当事人提供信息应符合法
律规定，在规定时间内提交给商务部信息，只要被证实真实，且使用该信息
不会导致不适当、不合理的困难，都将会作为最终裁决的依据。但当商务部
无法从当事人提供的材料中获得需要的信息，当事人提供信息虚假，无法获
得证实的，或当事人没有按照要求提供信息，如未在规定时间内提供，违反

---

① 周全："外国对华反倾销的现状分析与应对思考"，载 http：//www. 148cn. org/ data/2006/0508/
article _900. htm，2012 年 10 月 24 日访问。

② 李昌奎主编：《世界贸易组织反倾销争端案例（1995～2003 美国卷）》，机械工业出版社 2005
年版，第 222～231 页。

信息提供的程序规则,商务部就可不利推定,将从其他渠道获得信息适用于案件。这些渠道包括:①申请人提供的信息;②官方统计信息;③可公开获得的信息;④其他利害关系方提供的信息;⑤针对同案中其他被调查人作出的倾销幅度的决定;⑥任何先前程序中的裁决结果。

5. 被欧盟认为构成"不合作"将直接导致运用最佳资料规则。

(1)《欧盟反倾销条例》第18条规定,"不合作"情形有:①在法规规定期限内拒绝提供或以其他方式不提供必要的信息;②严重妨碍调查进行,妨碍临时或最终裁决的作出;③提供虚假的或误导的信息。以上任何一种情形,委员会都可能根据最佳资料原则征收临时反倾销税或最终反倾销税。①

(2)如果利害关系方认为提供计算机化的答复将给其造成不合理的额外负担或不合理的附加成本时,这类资料不提供并不会构成"不合作"。②

(3)虽然当事方提供的信息并不是在所有方面都令委员会满意,但只要是当事方尽其所能提供的,且其中所存在的缺陷不会给委员会达成合理准确的结果带来过多的困难,同时信息可经证实且在合理时间内提交,则委员会通常不会自动放弃这些信息。

(4)如果当事方提供的信息被认为不能接受,委员会应说明拒绝接受的理由,并给出一定时间让当事方有机会作出解释。但如果委员会认为解释不能令其满意,委员会应对外公开说明其拒绝接受的理由。

(5)如果反倾销决定是根据最佳资料原则作出的,则在满足可行性且在调查时间内,据以决定的任何依据都应当能通过独立的渠道(independent sources)加以证实,如从公开价格清单、政府的进口数据、海关答复、或在调查过程中从其他利害关系方处获取的信息中加以证明。

(6)如果利害关系方"不合作",或仅部分合作导致信息没有被采纳,则会给该利害关系方带来不利的后果。

6. 该原则也是反倾销行政法约束当事人的必然结果。

---

① See Council Regulation (EC) No. 384/96 of 22 December 1995 on protection against dumped imports from countries not members of the European Community. Article 18 (1).

② See Council Regulation (EC) No. 384/96 of 22 December 1995 on protection against dumped imports from countries not members of the European Community. Article 18 (2).

五、心证公开

反倾销机关对证据和事实认定的内涵考量，即"自由心证"。心证公开要求对作为定案根据的证据说明理由，未被采信的证据给予解释。[①] 如《反倾销协议》附件 2 第 6 条规定："如证据或信息未被接受，则应将有关理由通知提供方，并应提供在合理时间内作出进一步说明机会，同时适当考虑调查时限。如主管机关认为该说明不令人满意，则应在任何公布的裁定中列出拒绝该证据或信息的理由。""实施临时措施的公告应列出或通过单独报告提供关于倾销和损害的初步裁定的详细说明，并应提及导致有关论据被接受或被拒绝的事实问题和法律问题。应适当考虑保护机密信息的要求，特别包含：①根据第 2 条确定的倾销幅度及关于确定和比较出口价格和正常价值所使用方法的理由的完整说明；②按第 3 条所列与损害确定有关的考虑；③导致作出裁定的主要理由。""在规定征收最终反倾销税或接受价格承诺的肯定裁定的情况下，公告应包含或通过单独报告提供导致实施最终措施或接受价格承诺的所有有关事实问题和法律问题及理由，同时应适当考虑保护机密信息的要求。公告或报告应包含 2.1 项所述的信息，以及接受或拒绝出口商和进口商所提有关论据或请求事项的理由，及根据第 6 条第 10.2 款作出任何决定的依据。"在欧盟，如果当事方提供的信息被认为不能接受，委员会应说明拒绝接受的理由，并给出一定时间让当事方有机会作出解释，但如果委员会认为解释不能令其满意，委员会应对外公开说明其拒绝接受的理由。向当事人说明拒绝的理由一方面可提醒当事人可能造成的后果，起警示作用；同时也可给予其解释或重新准备材料的机会。如果最终信息没有被接受仍应当将理由公示，及时披露信息，有利于信息提供者和其他利害关系人及时了解反倾销的进展，这符合正当程序原则。

---

① 何家弘："证据的审查与认定原理论纲"，载《法学家》2008 年第 3 期。

第五章　反倾销裁决实体法适用

第一节　反倾销裁决实体法适用范畴

一、反倾销实体法适用

反倾销实体法适用是指在行政程序中，行政机关依据反倾销实体法对反倾销案的事实和法律的定性、实体权利义务的配置，进行的解释和适用。包括国际条约、法律、行政法规、规章以及最高人民法院司法解释和判例。反倾销机关应正确适用实体法条款，对倾销、损害、倾销与损害之间的因果关系进行认定，作出正确初裁和终裁，采取合法有效的反倾销措施。

二、反倾销实体法适用规则

（一）上位法优于下位法

宪法效力最高，其次是法律，法律的效力高于行政法规，行政法规的效力高于地方性法规和规章。[①] 反倾销案件适用法律顺序如下：①宪法；②《对外贸易法》；③国际条约；④《反倾销条例》；⑤部门规章。同一机关制定法律规范之间存在冲突，按照特别规定优于一般规定，新的规定优于旧的规定原则予以适用。如 2004 年《反倾销条例》优于 1997 年《反倾销条例》。法律之间对同一事项的新的一般规定与旧的特别规定不一致，不能确定如何适用的，由全国人民代表大会常务委员会裁决；行政法规之间对同一事项的新的一般规定与旧的特别规定不一致的，不能确定如何适用的，由国务院裁决。反倾销规章之间冲突，不能确定如何适用的，可由国务院或制定机关裁决。

---

① 《立法法》第 78～82 条。

（二）中国优先适用国际条约

1. 反倾销国际条约主要指《关贸总协定》第 6 条、《反倾销协议》、区域性条约和双边协定。依据 WTO 规定，WTO 各成员方必须接受包括《反倾销协议》在内的全部乌拉圭回合的一揽子协议，由此确立了 WTO 反倾销"自动适用原则"。WTO 法律规则优先于各成员国国内法，各成员国应当对国内法与 WTO 规则之间的不一致作出修改。《反倾销协议》第 18 条第 4 款规定，"每一成员应采取所有必要的一般或特殊步骤，以保证在不迟于《反倾销协议》对其生效之日，使其法律、法规和行政程序符合可能对所涉成员适用的本协定的规定。"实践中，成员方几乎都是通过国内立法将《反倾销协议》规定转化为国内反倾销法加以适用的。中国明确承诺 WTO 协定具有高于贸易类法律的效力位阶。《中国加入（WTO）工作组报告》第 67 条指出："中国代表表示，中国一贯忠实履行其国际条约义务，根据《宪法》和《缔结条约程序法》，WTO 协定属于'重要国际协定'，需经全国人大常委会批准。中国将保证其有关或影响贸易的法律、法规符合《WTO 协定》及其承诺。"当国内法律与 WTO 协定冲突时，后者优先。《中国加入（WTO）工作组报告》第 68 条指出，"中国代表确认，行政法规、部门规章和其他中央政府措施将及时颁布，以在相关的时限内完全履行中国承诺。如果行政法规、部门规章或其他中央政府措施在此种时限内不能到位，主管机关仍然履行中国按照 WTO 协定和议定书承担的义务。中国代表进一步确认，中央政府将及时修改或者废止与中国按照 WTO 协定和议定书承担的义务不一致的行政法规或部门规章"。当行政法规、规章与《反倾销协议》不一致时，反倾销机关应适用《反倾销协议》。

2. 在美国，宪法赋予国际条约以与联邦法律相同的地位，实践中，一般按订立程序，将国际条约分为 5 类，不同类别在国内效力和地位不同。WTO 协定是通过"快车道"程序订立的，在国内并不属于可以"自动执行"条约类型，它在美国通过制定《乌拉圭回合协定实施法》来实现。《乌拉圭回合协定实施法》第 102 节规定，"乌拉圭回合各协定中任何条款，或该条款对于任何人在任何情况下的适用，在与美国法律冲突情况下，均不具有效力"。此外该条还规定，除美国国民外，任何人不得依据协定的任何规定或者国会对协定的批准享有诉权或提出抗辩；不得在诉讼中以与协定不符为由对美国联邦政府或州机构的行为或不作为提出异议。WTO 协定基本上不具有直接适用效力。① WTO《反倾销协议》作为 WTO 协定一部分，如果与美国国内法相冲突，则国内法优先适用。

3. 欧盟也不及中国承认 WTO 协议的效力高于法律态度之明确。欧盟反倾销条约包括两类：一类是 GATT 第 6 条和《反倾销协议》；另一类是欧盟与某些国家缔结的双边协定。对前者，欧盟并未明确规定实施方式。司法实践中，欧盟对国际条约采取有限的直接适用方式，通过判例来确定不同国际条约是否具有直接适用的效力。"欧盟法院可以对欧盟缔结条约含义有解释权，还可决定二级共同体立法是否违反了国际条约中规定义务而无效，还可以利用国际条约来帮助解释欧共体立法。"② 欧盟法院认为："如果一个国际条约能够扩大欧共体规则的适用范围而不是质疑或使之无效，如果被质疑的不是欧共体的立法而是成员国立法，欧洲法院愿意给予国际条约直接效力。如在 Naka-jima 案中，欧盟法院认为，GATT47 条可以被用来解释执行某一特定 GATT 条款的欧共体立法。GATT47 条反倾销法规可以用来审查根据《欧共体反倾销条例》得出反倾销中贸易的合法性，因为该条例根据现存国际义务制定的，尤其是来自总协定第 6 条反倾销法规定义务。"③ 欧盟法院通过判例，一方面确认 WTO 法属于欧盟法律体系，其效力高于欧盟二级立法，二级立法必须与之保持一致；另一方面又否认 WTO 对欧盟法具有直接效力，即自然人、法人不能以欧盟法违反 WTO 法为由向法院起诉。只有在欧盟表明希望执行 WTO 条款规定的任何特定义务或在欧盟的某项措施中明确提及 WTO 协定某个具体条款时，欧盟法院才可以依据这些 WTO 规则来认定该欧盟措施的合法性问题。就 WTO 法不具有直接效力的原因，护法顾问 Alber 在 Omega 案中作了深入阐述：首先，从国际经济制度上看，很多国家特别是美国不认可 WTO 法对国内法直接效力；其次，三权分立原则是衡量 WTO 法是否具有直接效力的准则，在国际贸易领域，起主导和决定作用的是行政机关和立法机关，而不是司法机关；再次，在决定 WTO 法是否具有直接效力方面，仅靠欧盟单边承认是行

---

① 孙雯："WTO 协定的国内适用——以反倾销司法审查为视角"，载《法律适用》2005 年第 6 期。

② 王景琦：《中外反倾销法律与实务》，人民法院出版社 2000 年版，第 86 页。

③ 刘华："国际条约和 WTO 规则在欧盟的法律地位和适用及对我国的借鉴意义"，载吴双全、张榆青、陈威编：《国际法学前沿》，人民法院出版社 2005 年版，第 91～93 页。

不通的，必须由全部 WTO 成员方在多边基础上承认才行得通；最后，尽管 WTO 法对欧盟法不具有直接效力，但间接效力比直接效力更重要。①

欧盟所签署的区域性条约和双边协定，对欧盟所有成员和机构都具有约束力。这些条约和协定往往只规定实施反倾销程序和限制性规则，不涉及实体规则。这些条约和协定在"实践中主要对欧盟反倾销实施机关有直接约束力。这些机关在具体实施反倾销时，必须遵从有关协定要求，采取协定中规定的必要措施"②。还有所谓欧盟决定，如由于《欧盟反倾销条例》不适用于煤钢进出口，所以对于煤钢产品反倾销主要适用欧共体理事会于 1984 年 7 月 27 日颁布的欧洲煤钢共同体第 2177/84 号决定，即《欧共体关于抵制来自非欧洲煤钢共同体成员国的进口倾销或产品补贴的决定》，后经修正为欧洲煤钢共同体第 2424/88 号决定。

三、灵活适用对外贸易政策

对外贸易政策指由国务院或商务部经国务院授权，根据一定时期经济贸易发展而制定的外贸决策。"外贸政策作为一国经济政策组成部分，是由外贸政策目标和手段组成的。"③ 相比法律，政策更加灵活实用。反倾销必须考虑当时外贸政策，以实现个案公正，维护本国利益。采取反倾销措施，外贸政策可优先于行政法规和规章。政策符合当前实际，行政法规和规章或已过时，特定情况下反倾销的法律适用必须变通。

第一，针对国外歧视性反倾销而报复。《反倾销条例》规定，任何国家（地区）对中国出口产品采取歧视性反倾销措施的，中国可以根据实际情况对该国家（地区）采取相应措施。

第二，对某些国内急需品，在一定时期内，采取无限制进口政策。如 2006 年印度国内出现基本食品短缺情况，印度政府决定容许私营公司零关税、无限制地进口小麦和糖，并禁止出口任何豆类产品。此时印度不会对进入其国内市场的小麦和糖发起反倾销调查，即使在其国内市场上的销售已经具备

---

① 刘敬东、姚臻主编：《反倾销案件行政复议、司法审查制度的理论与实践》，中国人民公安大学出版社 2004 年版，第 187～189 页。

② ［英］Snyder、唐青阳主编：《欧盟反倾销制度与实务研究》，法律出版社 2005 年版，第 312 页。

③ 黄鲁成："对外贸易政策的构成、特征及运用规则"，载《经贸世界》1995 年第 1 期。

采取反倾销措施条件。

第三，基于友好关系的需要贯彻互惠政策。《海关总署关于执行贸易救济措施时适用税率有关问题的通知》对在实施贸易救济措施过程中，对涉及部分优惠协定国家或地区进口商品的税率明确规定："凡进口原产于与我国达成优惠贸易协定的国家或地区并享受协定税率的商品，同时该商品又属于我国反倾销反补贴措施范围内，应按优惠贸易协定税率计征进口关税。"

外贸政策举足轻重。如商务部在 2003 年第 50 号公告中，对原产于俄罗斯、韩国、乌克兰、哈萨克斯坦和中国台湾地区的进口冷轧板卷经反倾销调查后作出终裁决定，被调查产品存在倾销和实质损害，且倾销与实质损害之间存在因果关系，反倾销措施自 2003 年 9 月 23 日起实施共计 5 年，但鉴于当时中国对钢铁产品实施进口保障，国内钢材需求旺盛，导致国内钢材价格持续攀升，国内钢材用户成本剧增，商务部决定暂不实施反倾销。2003 年 12 月 26 日，根据国际钢材市场形势变化，商务部终止实施钢铁保障措施。2004 年 1 月 14 日，中国恢复对进口冷轧板卷征收反倾销税。但是征收反倾销税增加了广大国内用户企业成本，给企业经营增大压力。商务部又于 2004 年 5 月 7 日发布公告，决定对进口冷轧板卷继续征收反倾销税的必要性进行复审。2004 年 9 月 10 日商务部作出复审裁定，认为国际市场情况及中国供求关系发生实质变化，中国大陆冷轧板卷资源出现阶段性短缺，没有必要对有关国家和地区的进口冷轧板卷继续征收反倾销税。① 据此可看出商务部对进口冷轧板卷决定是否征收反倾销税，完全是依据当时的贸易政策和市场需求进行变通。

四、遵循行政和司法先例

1. 反倾销法只设定一般原则，对个案不作具体规制，交由调查机关依据公平原则和专门知识解释和裁量。如在著名 1999 年美国热轧钢案中，日本对美国所采用的 99.5% 测试法提出质疑，认为美国反倾销法律和条例中并未规定 99.5% 测试法，而且该方法也违反了《反倾销协议》相关规定。专家组指出，《反倾销协议》并未确定一般检测标准，由此调查当局可以通过一定方法来检测正常贸易过程，上诉机构认为，美国反倾销法第 2.2.1 条本身并未禁

---

① 朱庆华："从保护产业利益到服务公共利益"，http：//blog.sina.com.cn/s/blog553c6bd01007xsb.html，2012 年 9 月 16 日访问。

止调查当局用一种特定方法对正常贸易过程进行认定，调查当局在这方面具有当然裁量权。调查当局应以公平对待反倾销调查所有利害关系方的方式来使用裁量权。[①] 又如在欧共体"床上用品"案件中，印度、日本和埃及对欧共体在确定倾销幅度所采用的"归零法"提出质疑。专家组认为，尽管《反倾销协议》并未禁止使用此种方法，但并不能表明此种方法是允许的，因为它导致的结果违反了第2.4.2条规定义务。上诉机构同样维持了专家小组意见。可见，虽然调查机关拥有裁量权，但裁量权应正当行使。为防止裁量权滥用，要适用行政先例控制。行政先例是行政机关在一个较长时期内处理相同事务逐渐形成的"规则"，可为法院认可。先例填补成文法漏洞。[②] 先例在特定情境下对行政执法产生约束力，其作为法源的效力则隐含于行政自我拘束、信赖保护原则要求之中。[③] 反倾销机关在实体法规定不明确时，往往根据本国需要，结合外贸政策，或参照别国实践，形成一些固定做法，在较长时期内重复适用，形成先例。这对后来的反倾销案件具有约束力。反倾销有很多技术细节，如工资率确定或替代国选择，但由于没有法律具体规定，或不足以解决问题。

2. 美国商务部及贸易委员会往往在反倾销案中确定一些标准，形成惯例。在选择替代国时，要对整个国家经济发展水平、人口、社会分工进行考察，不仅限于同一产业。如针对中国商品提起反倾销，替代国选择时，一般都是由商务部在其掌握的经济发展数据基础上确定，选用印度、巴基斯坦或斯里兰卡为与中国经济发展水平具有可比性国家，并且倾向于选择印度为中国的替代国。[④] 美国商务部和国际贸易委员会还分别编写官方手册以指导反倾销工作，但仅供内部使用。美国商务部《反倾销手册》以及国际贸易委员会《反倾销和反补贴手册》，是指导反倾销调查以及复审重要文件。

3. 在对非市场经济国家替代国选择上，欧盟长期以来的做法，考虑了以下因素：①行政便利；②候选替代国所生产的产品是否属于与受调查产品同类的产品；③候选国同类产品数量是否充分；④候选国同类产品的价格及其所反映的候选国市场竞争程度；⑤候选国同类产品的生产流程，技术水平以

---

① 刘勇：《WTO〈反倾销协定〉研究》，厦门大学出版社2005年版，第137~138页。

② 章剑生："论'行政惯例'在现代行政法法源中的地位"，载《政治与法律》2010年第6期。

③ 周佑勇："论作为行政法之法源的行政惯例"，载《政治与法律》2010年第6期。

④ 肖伟主编：《国际反倾销法律与实务（美国卷）》，知识产权出版社2005年版，第106页。

及获取原材料的难易程度同出口国的相似性。欧盟在选择替代国时更多地考虑同类产品的产业情况，对出口国和替代国的同一产业进行比较，[①] 这是欧盟反倾销机关在确定替代国时习惯做法。

4. 遵从最高法院司法解释或判例。最高法院在反倾销案件审判中就如何应用法律有权作出解释，这种解释具有法律效力，反倾销机关应当遵守和执行。最高法院判例在许多国家作为法律渊源适用于反倾销案件，英美法系国家实行判例法，欧盟法院也确立了判例法制度，通过判例对欧盟行政行为进行规制。欧盟法院所创经典案例丰富发展了欧盟反倾销理论与实践，在国际上影响很大。

第二节　认定倾销

一、倾销认定

1. 倾销认定是事实判断，即判断外国出口商是否存在倾销行为。只要事实上"出口价格"低于"可比价格"，即可被认定为倾销。《反倾销条例》第3条第1款规定："倾销，是指在正常贸易过程中进口产品以低于其正常价值的出口价格进入中国市场。"《反倾销协议》第2条第1款规定："就本协定而言如一产品自一国出口至另一国的出口价格低于在正常贸易过程中出口国供消费的同类产品的可比价格，即以低于正常价值的价格进入另一国的商业，则该产品被视为倾销。"在美国，在市场条件相同情况下，外国产品以低于正常价值销售即构成倾销。在欧盟，若某一产品销往欧共体的出口价格低于其在出口国国内的同类产品在正常贸易中的可比价格，则该产品即被认为构成倾销。

2. 倾销认定步骤。①确定出口产品的正常价值，并视具体情况对其进行适当法律上和会计上调整，使其具备可比性。②确定出口产品的出口价格，并视具体情况对其进行适当法律上和会计上调整，使其具备可比性。③将具备可比性的出口价格与具备可比性的正常价值进行比较，如果前者低于后者，

---

① 肖伟主编：《国际反倾销法律与实务（欧共体卷）》，知识产权出版社2005年版，第82～84页。

则被认为构成倾销，其所得出的负值则为倾销幅度。认定倾销应包含三个必备要素："正常价值"、"出口价格"和"倾销幅度"。

二、认定正常价值

（一）正常价值的含义

正常价值是指出口国或原产地国在正常贸易过程中，用于消费同类产品实际已付或应付的可比价格。《反倾销协议》列了三种方法确定正常价值：出口国国内正常销售价格、向第三国的销售价格、结构价格。① 这三种方法仅针对市场经济国家，非市场经济国家的出口产品，由成员国自行判断。

（二）确定正常价值，应按次序确定使用方法

《反倾销条例》第 4 条规定，"进口产品的正常价值，应当区别不同情况，按照下列方法确定：①进口产品的同类产品，在出口国（地区）国内市场的正常贸易过程中有可比价格的，以该可比价格为正常价值；②进口产品的同类产品，在出口国（地区）国内市场的正常贸易过程中没有销售的，或者该同类产品的价格、数量不能据以进行公平比较的，以该同类产品出口到一个适当第三国（地区）的可比价格或以该同类产品在原产国（地区）生产成本加合理费用、利润，为正常价值。进口产品不直接来自原产国（地区）的，按照前款第①项规定确定正常价值；但在产品仅通过出口国（地区）转运、产品在出口国（地区）无生产或者在出口国（地区）中不存在可比价格情形下，可以该同类产品在原产国（地区）的价格为正常价值。"这符合《反倾销协议》第 2 条规定的被控倾销产品在正常贸易过程中供出口国消费的同类产品可比价格为正常价值。被控倾销产品的正常价值有时还表现为以下两种：①若国内无此种产品的销售，或出口国国内市场情况特殊、销售量未达一定比例，则正常价值以该产品在正常情况下向具有代表性的第三国的出口价格计算，即"第三国价格"；②通过比较产品在原产国的生产成本加合理金额的管理、销售和一般费用及利润确定，即产品"结构价格"。

（三）国内市场价格应为正常贸易过程价格

1. 正常贸易过程要求双方在市场经济规律自发作用下进行贸易，人为抑制产品价格、使出口价格背离产品生产成本的做法都应被视作非正常贸易过

---

① 杨仕辉：《反倾销的国际比较、博弈与我国对策研究》，科学出版社 2005 年版，第 35 页。

程，并且此种情况下的价格不能被用于确定正常价值。《反倾销协议》未明确界定"正常贸易过程"。《反倾销协议》第 2 条第 2 款第 1 项列明一种非"正常贸易过程"，即亏本销售，即"同类产品以低于单位（固定和可变）生产成本加管理、销售和一般费用的价格在出口国国内市场的销售或对一第三国的销售"。这种亏本销售属于非正常贸易过程。该类产品在出口国国内市场或对一第三国的销售价格不能作为价格比较中的正常价值的基础。但根据该项规定，如果调查机关根据此原则在计算正常价值时排除有关国内出口商的国内销售价格，必须证明 3 个必要条件存在：①此类销售在一持续时间内进行，通常为期 6 个月以上；②达到实质数量，即在调查机关用于计算正常价值的交易中，产品的加权平均售价低于加权平均的单位成本，或者低于单位成本的销售量不少于交易总量的 20%；③这种销售价格导致出口商无法在一段合理时间内（调查期内）收回成本，即这种价格低于调查期内销售的同类产品的加权平均单位成本。

　　除了这种亏本销售情况外，实践中还有两种经常被认定为非正常贸易的情况：①关联交易或特殊贸易安排，即被控倾销产品在国内市场上的销售都是关联企业之间交易，或由于其他原因使销售都是在某种特殊贸易安排基础上进行的，这就导致这些交易价格不能被用作计算正常价值基础；②出口国销售市场是"非市场经济下的销售市场"，即对于非市场经济国家的被控倾销产品在国内市场上的销售价格不能被用作计算正常价值的基础，进口国主管机关有权确定特殊正常价值认定方法，一般选择替代国价格。

　　2. 同类产品。根据《反倾销协议》第 2 条第 6 款规定，"同类产品"应解释为指相同产品，即与考虑中的产品在各方面都相同的产品，或如果无此种产品，则为尽管并非在各方面都相同，但具有与考虑中的产品极为相似特点的另一种产品。一般从物理和技术特性、工艺流程、产品用途、销售渠道和客户群体、消费者和生产者评价方面进行调查与认定。①

　　3. 国内市场价格要有代表性，"它不是特殊情况下或高或低价格，不是不具有一定规模或交易量价格，而是能够真正反映产品出口国国内市场一般

---

① 商务部公告 2010 年第 40 号《关于碳钢紧固件反倾销调查终裁公告》、商务部公告 2011 年第 1 号《关于原产于欧盟进口 X 射线安全检查设备反倾销调查最终裁定的公告》。

交易水平价格"①。

4. 涉案产品在出口国国内的销售与出口的销售量之间达到一定比例。

5. 对于国内市场价格的确定与出口价格的确定应为同一时段，否则不具有可采性。

（四）第三国价格

第三国价格只有在无法适用出口国国内市场价格的情形下才能适用：出口国国内市场无此种产品销售；出口国国内市场情况特殊或销售量未达比例。同时该第三国价格应是正常贸易过程中价格，且为具有代表性价格。②《反倾销协议》未明确"具有代表性"内涵，因此如何以第三国价格方式确定正常价值，《反倾销协议》并未作具体规定。美国《反倾销规章》规定，③ 适用第三国价格前提包括：①出口到第三国的产品比出口到其他国家的产品更具有同出口到进口国产品的相似性，且在第三国销售已达一定规模；②上述产品在该第三国销售数量最大，大于在原产地国或进口国销售数量；③第三国市场组织及发育程度与进口国相似。但实践中，真正使用这种计算方法并不多。因为向第三国出口时也可能存在倾销，如果用第三国价格作为计算正常价值依据，有可能得出未倾销或倾销幅度很低的结论。

（五）结构价格

结构价格是在无国内市场价格情况下采取的，同第三国价格方式并行，因而正常价值的确定方法可以在两者之间选用。《反倾销协议》第 2 条规定，结构价格为（原产国）生产成本、管理费用、销售费用、一般费用与利润之和。生产成本通常应以被调查的出口商或生产者保存的记录为基础进行计算，前提是此类记录符合出口国的公认会计原则并合理反映与被调查的产品有关的生产和销售成本。主管机关应考虑关于成本适当分摊的所有可获得的证据，包括出口商或生产者在调查过程中提供的证据，只要此类分摊方法是出口商或生产者一贯延续使用的，特别是关于确定资本支出和其他开发成本的适当摊销和折旧期限及备抵的证据。除非根据本项已在成本分摊中得以反映，否

---

① 张新娟：《反倾销法律的理论与实践》，中国社会科学出版社 2003 年版，第 59 页。

② 有学者认为，代表性价格应具备三个条件：一是同类产品在第三国的销售价格不得低于其成本；二是同类产品的价格须是在第三国中的最高销售价格；三是同类产品的可比价格不得是倾销价格。胡晓红：《中国反倾销法理论与实践》，中国社会科学出版社 2007 年版，第 76 页。

③ 1989 年美国《反倾销条例》第四节第 9 条第 2 款。

则应对那些有利于将来和/或当前生产的非经常性项目支出或在调查期间支出受投产影响的情况做出适当调整。管理、销售和一般费用以及利润金额应依据被调查的出口商或生产者在正常贸易过程中生产和销售同类产品的实际数据。如此类金额不能在此基础上确定，则该金额可在下列基础上确定：①所涉出口商或生产者在原产国国内市场中生产和销售同一大类产品所产生和实现的实际金额；②被调查的其他出口商或生产者在原产国国内市场中生产和销售同类产品所产生的加权平均实际金额；③任何其他合理方法，但是如此确定的利润额不得超过其他出口商或生产者在原产国国内市场中销售同一大类产品所通常实现的利润额。

印度与欧盟棉纺床上用品反倾销税纠纷案①

欧委会 1997 年 11 月 28 日颁布对从印度进口的棉纺床上用品征收最终反倾销税裁决。欧盟计算正常价值时，采用结构价格，采用数据是唯一印度公司 – Bombay Dyeing 的所有类型产品的销售数据，而出口价格则参照欧盟国内市场实际支付或可支付价格。欧盟计算损害时，抽样了欧盟几个公司，他们代表了欧盟生产力的 20.7% 及欧盟此行业生产力的 61.6%。终裁决定对从印度进口的棉纺床上用品征收 2.6% ~24.7% 反倾销税。结构价格中利润额的计算涉及三方面。

1. 第 2 条第 2 款 2 中列出的几种计算结构价格的方法是否有选择顺序。印度认为第 2 条提供了 3 种计算结构价格的可选择方法，其中，第 2 条第 2 款 2 (1) 应优于第 2 条第 2 款 2 (2)。欧盟认为：从《反倾销协议》条文上看不出暗含有选择顺序，成员国在选择采用方法时有裁量权。而且出口商和生产商都清楚，在计算正常价值时，最重要的因素是相似产品的认定，从经济学的角度看，产品的共性比生产商的共性更为重要。采用第 2 条第 2 款 2 (2) 至少在经济上比第 2 条第 2 款 2 (1) 更现实。而且欧盟进一步指出印度认为有顺序是基于认为 (2) 的使用对生产商或出口商更为不利，但保护生产商或出口商的利益是否符合《反倾销协议》追求的目标尚有争议。但采用 (1) 比采用 (2) 需要更多的调查，并且会造成迟延，这一点是显而易见的。

专家小组认为：从条文看，虽然三种选择有数目顺序，但这是任何列表

<hr>

① 资料来源："印度与欧盟棉纺床上用品反倾销税纠纷案"，载中国贸易救济信息网，http://www.cacs.gov.cn/cacs/falv/falvshow.aspx? strl = &articleId =37923，2013 年 8 月 3 日访问。

的自然性质，不意味着有优先选择顺序。第 2 条规定了一个总原则：计算结构价格时，采用同类产品在正常贸易过程中在国内市场上销售的利润额。但具体到每种方法则都各有欠缺，这三种方法都不完美（imperfect），因此不存在谁优先谁的问题。

2. "其他出口或生产商"的数据是否包含单个出口商或生产商的情形。印度认为第 2 条第 2 款 2（2）规定 "其他出口商或生产商"（other exporters or producers）中用了复数，则意味着一个以上的出口商或生产商的生产量或销售量的平均，如果只有一个 "其他" 的出口商或生产商，则不适用此条规定。"加权平均"（weighted average）的概念意味着应有一个单位以上的数据被用来平均。另外，管理费、销售费和一般费用以及利润额用的 "amounts" 也是复数形式。印度认为欧盟错误地采用了第 2 条第 2 款 2（2），因为其只依靠一个生产商——Bombay Dyeing 来计算结构价格，而 Bombay Dyeing 在印度国内根本就没有销售，Bombay Dyeing 在印度属于一个特殊公司，用它的数据来计算管理费、销售费和一般费用及利润额，不符合 "合理性" 要求。

专家小组认为：此争议涉及两个方面的问题需要澄清，一是复数形式的使用是否包含单个数据的情形；二是 "加权平均" 的含义。首先是复数形式的使用，我们同意欧盟的观点，使用复数形式无论是从其通常定义还是从《反倾销协议》来看，都包含单件事或单个人。在通常意义上，"其他出口商或生产商们" 也包含只有一个出口商或生产商的情形。无论是从平常谈话还是法律文书看来，复数形式的通常之义包含着单数情形是可以接受的，而且，强调的重点是实际数据的采用，即使只存在一个出口商或生产商，只要其数据是真实的，而非武断决定的数据，则符合规定。

其次是 "加权平均"（weighted average）。如果存在从一个以上出口商或生产商获取信息时，用平均是为了做到公平，不歧视。但如果只有一个出口商、生产商，则不存在歧视的可能，因此只用这个出口商或生产商的数据是允许的。同时，《反倾销协议》中其他条文中使用复数形式的情形，如第 4 条 1 款，第 9 条第 4 款，第 2 条第 2 款 2 等，都包含了用于单数的情形。

3. 第 2 条 2 款 2（2）"发生和实现的生产、销售额" 是否受第 2 条第 2 款 "正常贸易条件" 的约束。印度指责欧盟的做法不符合第 2 条第 2 款 2（2），欧盟只采用了正常贸易条件下发生和实现的生产、销售额，而没有采用所有交易中 "发生和实现的生产、销售额"。而且第 2 条第 2 款的第二句表明，只有在"正常贸易条件"包含的基础不能适用时才考虑适用（2），它们之间的关系是"或者（either、or）"，因此将第2条第2款"正常贸易条件"的要求适用于（2）是荒谬的。

专家小组意见为："正常贸易条件"作为一个原则，适用于第2条第2款下所致的规定，包括（2）。但不仅是因为这些条文没有禁止将非正常条件下的销售排除，则成员国就有义务去排除这些销售。如果将第2条第2款理解为禁止排除这些销售，则导致的结果是在（1）（2）中列出的选择将和第2条第2款中包含的基本原则——成员国只能将其正常价值的计算基于正常贸易过程的销售——不一致。如果采纳印度的观点，禁止将非正常贸易条件下发生的销售排除在外，则由此导致的后果是，结构价格将基于一些在计算正常价值时不被考虑的销售数据。而从上下文来看，调查当局之所以要使用结构价格，是因为被调查出口商或生产商的实际销售被认为是低于成本的销售，对计算正常价格来说不合适，如果允许在计算结构价格时再考虑这些销售数据则显然是荒谬的。

上诉机构认为①第2条第2款2（2）的"其他出口商或生产商"的数据是否包含单个出口商或生产商的情形。印度认为第2条第2款2（2）中使用"数额"及"出口商和生产商"的复数形式，并要求计算"数额"的加权平均数，这一情况清楚地表明第2条第2款2（2）不能适用于仅有一个其他出口商和生产商的情形。所以专家小组认定是错误的。上诉机构同意印度观点，驳回专家小组结论。②欧盟根据第2条第2款2（2），在计算利润额时将非正常贸易过程排除的做法是否正确。专家小组对此的认定是欧盟此做法符合第2条第2款2（2），第2条第2款2（2）指的"其他出口商和生产商所实现或所产生的实际费用的加权平均数"强调的是"实际费用"，并没有作任何排除或规定任何资格，只要是"实际费用"，即使发生在非正常贸易过程中，也不能排除。上诉机构认定，第2条第2款规定的"正常贸易条件"只适用于第2条第2款规定的方法。而第2条第2款2（2）规定的方法是在前一种方法不适用时的替代方法，它有自身的特别要求，这些要求不排除非正常贸易过程中的销售。因此上诉机构撤销了专家小组结论。

评析：上诉机构解释和裁定是公平的。裁定《反倾销协议》第2条第2款2（2）不能适用于仅有一个其他出口商和生产商的情形正确。认定第2条第2款规定的"正常贸易条件"只适用于第2条第2款规定的方法。而第2

条第 2 款 2（2）规定的方法是在前一种方法不适用时的替代方法，它有自身的特别要求，这些要求不排除非正常贸易过程中的销售，也是公平的。

（六）替代国价

替代国价是指进口国选择一个经济发展水平与该国相类似、属于市场体制的第三国生产的相似产品的成本或出售价格作为基础，计算正常价值。[①] 这一看似合理制度值得商榷。[②] 用什么标准衡量某国家是否属于市场经济国家？价格扭曲是普遍现象（美国也不例外）扭曲到何种程度算非市场经济国家？如果没有客观测量的方法和标准，判断该国是否属于市场经济国家就很随意。如何选择替代国？替代国必须是所谓市场经济国家，那么以何种标准来衡量出口国是否与所谓市场经济国家接近呢？用市场经济国家价格计算所谓非市场经济国家成本，也不合逻辑。替代国制度存在固有缺陷使其不宜作为正常价值确定方法。它缺乏法律所要求的可预见性。替代国选择在实践中没有统一标准。以西方所谓的经济学理论单方面认定非市场经济国家，实际是为贸易保护主义找借口。选择不同国家作为替代国，结果往往有很大差别。到目前为止，中国所遭受的适用"替代国价格"待遇较多，严重阻碍了中国的国际正常贸易。

三、出口价格认定

一般而言，正常贸易过程中出口国向进口国出口产品的价格为出口价格，出口价格包括正常出口价格、独立转售价格、合理推定价格三种，后两种价格在不存在正常出口价格时适用。"由于出口商与进口商或第三者之间的联合或补偿性安排，而使出口价格不可靠，则出口价格可在进口产品首次转售给一独立购买者的价格基础上推定，或如果该产品未转售给一独立购买者或未按进口时的状态转售，则可在主管机关确定合理基础上推定。"[③]

《反倾销条例》第 5 条规定，进口产品有实际支付或应当支付的价格的，以该价格为出口价格；进口产品没有出口价格或者其价格不可靠的，以根据该进口产品首次转售给独立购买人的价格推定的价格为出口价格；但该进口

---

① 曹建明主编：《国际经济法学》，中国政法大学出版社 1999 年版，第 211 页。

② 茅于轼："WTO 的耻辱——评用替代国价格计算非市场经济国的成本"，载天则经济研究所网站，http：//www. unirule. org. cn/SecondWeb/Article. asp？ArticleID = 80，2012 年 9 月 20 日访问。

③ 《反倾销协议》第 2 条第 3 款。

产品未转售给独立购买人或者未按进口时的状态转售的，可以商务部根据合理基础推定的价格为出口价格。美国确定出口价格采用的是购买价格、出口方的销售价格和推定价格三种方法，欧盟是通过已支付或即将支付的价格、推定价格来确定出口价格。《反倾销条例》第5条还不够完善，价格不可靠、独立购买者和合理基础等方面需要进一步明确。[①]

1. 出口价格法。如果对进口国境内非关联销售商的首次直接销售是由出口国生产商或出口商在进口日之前进行的，进口国反倾销机关就将该直接销售价格认定为出口价格；如果对出口国本国或者第三国的非关联销售商的首次销售，是由出口国的生产商在进口日之前进行的，并且生产商知晓本国或第三国的非关联销售商要转售给进口国的非关联客户（与生产商也无关联关系），进口国反倾销机关将以该直接销售价格（含佣价）为基础，扣除转售佣金后的余额认定为出口价格；如果对出口国本国或者第三国的非关联销售商的首次销售，是由出口国的生产商在进口日之前进行的，并且：①生产商并不知晓本国或者第三国的非关联销售商要转售给进口国的非关联客户（与生产商也无关联关系），②出口国本国或第三国非关联销售商与进口国的非关联客户在进口日之前达成了转售交易，那么进口国反倾销机关将以该转售价格（含佣价）为基础，扣除转售佣金后的余额认定为出口价格。综上，出口价格系指在进口日之前受诉倾销商品经由进口国之外的生产商或出口商首次出售（或承诺出售）给与之无关联关系的进口国买家的价格，或者首次出售（或承诺出售）给与之无关联关系的拟将受诉商品出口至进口国的买家的价格。[②]

2. 转售价格法。如果不存在上述出口价格，或据主管机关看来，由于出口商与进口商或第三者之间的关联或补偿性安排，而使上述的出口价格不可靠，则可在进口产品首次转售给一独立购买者的价格基础上推定出口价格，这就是"转售价格法"。在确定转售价格时，"还应对进口和转售之间产生的费用（包括捐税）及所产生的利润进行减免"[③]。

3. 推定价格法。如果不存在"出口价格法"下的出口价格，或者据主管机

---

① 仔细比较会发现，WTO《反倾销协议》实际上在一定程度上界定了这些概念的含义，根据规定可将上述三个概念提炼为"无关联或补偿性安排"、"无关联关系"、"考虑进口和转售之间产生的费用等"。

② 肖伟主编：《国际反倾销法律与实务（WTO卷）》，知识产权出版社2006年版，第119页。

③ WTO《反倾销协议》第2条第4款。

关看来，由于出口商与进口商或第三者之间的关联或补偿性安排，而使"出口价格法"下的出口价格不可靠，而且该产品未转售给一独立购买者或未按进口时的状态转售，那么主管机关可在合理基础上推定出口价格，这就是"推定价格法"。

四、倾销幅度认定

（一）倾销幅度

倾销幅度是指进口产品的出口价格低于其正常价值幅度。计算公式是：倾销幅度 =（正常价值－出口价格）/出口价格。在调查机关确定了正常价值和出口价格之后，对之进行比较以确定倾销幅度，这是决定倾销是否成立关键环节。《反倾销条例》第 6 条规定，对进口产品的出口价格和正常价值，应当考虑影响价格的各种可比性因素，按照公平、合理方式进行比较。《反倾销调查立案暂行规则》第 17 条规定，关于价格调整和价格比较，申请人应当对正常价值、出口价格在销售条件、条款、税收、贸易环节、数量、物理特征等方面作适当调整，在对正常价值和出口价格进行比较时，应尽可能在同一贸易环节、相同时间销售、出厂前水平上进行。

（二）倾销幅度的认定

《反倾销协议》第 2 条第 4 款规定：对出口价格和正常价值应进行公平比较。首先，比较应在相同贸易水平上进行，通常在出厂前的水平上进行，且应尽可能针对在相同时间进行的销售。这就要求调查机关对进行比较的两者作适当调整，"以消除由于进出口市场的产品差别或销售条件带来的影响"[1]。应根据案件具体情况，考虑影响价格可比性差异，包括在销售条件和条款、税收、贸易水平、数量、物理特征方面的差异，以及其他能够证明影响价格可比性的差异。另外在采用结构价格情形下，还应对进口和转售之间产生的费用及所产生的利润进行减免。其次，如果比较需要进行货币换算，则该换算应使用销售之日的汇率进行。[2] 如果期货市场上外汇的销售与所涉产品的出口销售有直接联系，则应使用期货销售的汇率。《反倾销协议》还规定调查机

---

① 胡昭玲主编：《反倾销规则与实践》，南开大学出版社 2004 年版，第 36 页。

② 销售之日通常为订立合同、购买订单、确认订单或发票日期中任何一个可确定实质销售条件的日期。

关应当给予出口商至少 60 天的时间调整其出口价格，以反映调查期间汇率的持续变化。

《反倾销协议》规定，在满足前述公平比较前提下，根据以下方法确定倾销幅度：①调查阶段倾销幅度的存在通常应在对加权平均正常价值与全部可比出口交易的加权平均价格进行比较的基础上确定。②在逐笔交易的基础上对正常价值与出口价格进行比较而确定。③如主管机关认为一种出口价格在不同购买者、地区或时间之间差异很大，且如果就为何不能通过使用加权平均对加权平均，或交易对交易进行比较而适当考虑此类差异作出说明，则在加权平均基础上确定的正常价值可以与单笔出口交易价格进行比较。以上三种方法有顺序关系，第一种与第二种方法作为首选在法律上并列，只有当适用前两种将导致不公平的比较结果时方可适用第三种方法。④如果产品不直接从原产国进口，而自一中间国出口至进口成员的情况下，该产品自出口国向进口成员销售的价格通常应与出口国中的可比价格进行比较。但是如产品仅为通过出口国转运，或此类产品在出口国无生产，或在出口国中不存在此类产品的可比价格，则也可以与原产国价格进行比较。《反倾销协议》第 5 条第 8 款规定，如倾销幅度按出口价格的百分比表示小于 2%，则该幅度应被视为属微量，此时调查机关应当终止调查。

美国商务部也用比较方法。① ①在通常情况下，商务部通过比较加权平均正常价值与可比商品的加权平均出口价格，或推定出口价格来确定倾销幅度。②在某些情况下，商务部可以在单笔交易对单笔交易的基础上比较正常价值和美国价格来确定倾销幅度。这种情况通常运用于为订购而专门制造的大宗货物。③在特殊情况下，商务部也可以采用比较加权平均正常价值与单笔交易出口价格（或推定出口价格）来确定倾销幅度。条件是，在不同购买者、区域或期间内存在着显著不同的出口价格模式，且商务部可确信采用加权平均对加权平均或交易对交易方法进行比较是不恰当的。这种特殊情况一般被称为目标倾销。美国《行政措施说明》（SAA）第 B 部分第 8 节解释，在目标倾销情形下，采用加权平均对加权平均方法可能会隐瞒出口商对某一特定的顾客群体或区域以特别低的倾销价格进行销售，但对另一些顾客或区域则以较高的价格进行销售的不公平做法。美国并没有规定依据何种标准来裁定目

---

① 肖伟主编：《国际反倾销法律与实务（美国卷）》，知识产权出版社 2005 年版，第 91~92 页。

标倾销是否明显，商务部在决定恰当方法时有裁量权。

《欧盟反倾销条例》第 2 条第 10 款规定："比较应在相同贸易水平上并尽可能就同一时期销售进行，并适当考虑可影响价格可比性其他差别。当正常价值与确定的出口价格间不存在这种可比基础时，应当对所主张的并且证实将影响价格可行性的因素差别，按其是非曲直，在每种情况下以调整形式打适当的折扣。应当避免进行调整时的任何重复，特别是有关折扣、回扣、数量和贸易水平的重复。"该款将符合特定条件时可以进行调整因素进行列举，包括：物理特性；进口费用和间接税；折扣、回扣和数量；贸易水平；运输费、保险费、处理费、装卸费以及附加费用；包装；信贷；售后费用；佣金和货币兑换。

综上，公平地确定倾销及其幅度是 WTO 的原则，中国《反倾销条例》确定的方法也是如此。

第三节　认定损害

一、损害的定义

"损害"一词，是指对一国内产业的实质损害、对一国内产业的实质损害威胁或对此类产业建立的实质阻碍。[①] 损害程度必须达到"实质性"，损害须满足：①损害必须是客观的，而非推测甚至臆想的；②损害带有物质性，必须对进口国造成物质损失，即使这种损失不能被精确计算；③损害必须是严重的，即对国内某一产业冲击很大，使该产业出现严重困难。

在损害认定中，反倾销机关拥有裁量权，依据案件实际和政策，确定本国实质损害因素和指标。损害有三种，即实质损害、实质损害威胁和实质阻碍。欧盟、美国、澳大利亚和中国的国内立法均规定了这三种损害。加拿大只规定了实质损害，日本则规定了重大损害或严重阻碍国内产业建立。

二、损害认定原则

1. 客观公正。指要求调查机关以事实和证据为基础。《反倾销协议》第

---

① 《反倾销协议》第 3 条注解。

5.8 条规定:"主管机关经确信不存在有关倾销或损害的足够证据以证明继续进行该案是正当的,则根据第 1 款提出的申请即应予以拒绝,且调查应迅速终止。"

2. 全面审查。《反倾销协议》第 3 条规定,关于倾销进口产品对国内产业影响的审查应包括对影响产业状况的所有有关经济因素和指标评估,并指出该列举清单不是详尽无遗的,这些因素中的一个或多个均未必能够给予决定性指导。证明倾销进口产品与对国内产业损害之间存在因果关系应以审查主管机关得到的所有有关证据为依据。主管机关还应审查除倾销进口产品外的、同时正在损害国内产业的任何已知因素,且这些其他因素造成的损害不得归因于倾销进口产品。全面审查要求进口国主管当局进行损害认定时,应全面审查各种因素,对各因素所起作用综合考量。

3. 公开透明。① 确保利害关系方充分知晓损害认定信息,涉及国家秘密、商业秘密的除外。②

三、同类产品及国内产业的确定

一般来说,对损害的调查分为三个步骤:①确定同类产品;②确定国内产业;③确定损害是否存在及程度。

（一）同类产品

同类产品是指与倾销进口产品相同或特性最相似的产品。《反倾销条例》第 12 条规定:"同类产品,是指与倾销进口产品相同的产品;没有相同产品的,以与倾销进口产品特性最相似的产品为同类产品。"《反倾销产业损害调查规定》第 11 条规定在确定同类产品可以考虑的因素,包括:产品的物理特征、化学性能、生产设备和工艺、产品用途、产品的可替代性、消费者和生产者的评价、销售渠道、价格等。《反倾销协议》第 2 条第 6 款从物理特征上界定"同类产品",没有考虑商业上的可替代性或竞争性,受到不少学者非议。如在欧共体、美国和加拿大诉日本酒类案中,WTO 上诉机构确认了一种新方法,即在决定同类产品时,明确市场地位重要性,仅考查物理特征上相

---

① 张潇剑:"WTO 透明度原则研究",载《清华法学》2007 年第 3 期。
② 以我国为例,初裁、终裁等结果都应公告,调查期间的相关活动如实地核查、发放问卷、各方观点、意见陈述等也都在处在透明状态;对于产业损害调查所依据的基本事实,利害关系方可以到商务部贸易救济公开信息查阅室查阅有关披露材料。

似性是不够的，关键是要从消费者角度来看同类产品是否具备足够竞争性和可替代性。①

美国将同类产品界定为：与被调查产品相同产品，或在不存在这种产品情况下，在特征和用途上最为相似产品。美国对同类产品的界定比《反倾销协议》范围宽。在损害调查实践中，国际贸易委员会认为，为同类产品的认定制定一个详细的、固定的、客观的、适用于所有案件的标准是非常困难的，采取个案分析方法非常必要。②

欧盟对同类产品界定与《反倾销协议》基本一致。解释为与考虑中的产品在所有方面都相同的产品，如果没有这类产品，则指虽然不是在所有方面都相同，但与考虑中的产品具有极为相似特点的另一产品。不过从欧盟委员会实践来看，虽然在确定同类产品时主要考虑的是产品物理特性，但在特征方面相同性不够充分情况下，欧盟委员会也会将产品相互可替代性作为一个辅助性因素予以考虑。③

（二）国内产业

国内产业是指生产同类产品的国内生产商全体，或其合计产量构成同类产品国内产量的一个主要部分的国内生产商，不包括进口商、分销商和广告商。

1. 我国对国内产业的界定。《反倾销条例》第 11 条规定：国内产业是指中国国内同类产品的全部生产者，或者其总产量占国内同类产品全部总产量的主要部分的生产者。这里使用"主要部分"表述表明，在我国，只有合计产量达到国内同类产品全部总产量 50％这一比例才能构成国内产业。

另外，生产商必须是在进口国国内进行生产，那些总部在进口国内，但生产活动在国外进行的生产商不包括在国内产业之内，相反总部虽然不在进口国内，但在进口国有生产活动，则该部分生产活动也可以作为进口国国内产业来对待。如果国内生产商生产的是一系列产品，那么只有其中被用来生产倾销产品的同类产品的那部分工厂才能被列入国内产业的范围。

2. 《反倾销协议》对国内产业的界定。《反倾销协议》第 4 条第 1 款界

---

① 肖伟主编：《国际反倾销法律与实务（WTO 卷）》，知识产权出版社 2006 年版，第 145 页。
② 肖伟主编：《国际反倾销法律与实务（WTO 卷）》，知识产权出版社 2006 年版，第 148 页。
③ 肖伟主编：《国际反倾销法律与实务（WTO 卷）》，知识产权出版社 2006 年版，第 150 页。

定："国内产业"是指同类产品的国内生产者全体，或指总产量构成同类产品国内总产量主要部分的国内生产者，……"何为"一个主要部分"？如美国参议院财经委员会在1979年的一份报告中指出，应根据个案具体事实来确定，而无须为所有案件规定一个统一最低标准。①《欧盟反倾销条例》第5条第4款对何为"一个主要部分"作出了解释，它与能够代表欧盟生产商提请反倾销调查的比例要求相联系，即表示支持反倾销调查申请的欧盟生产商的同类产品产量超过表示支持和反对反倾销调查申请的欧盟生产商的同类产品产量之和的50%，且不低于欧盟产业同类产品总产量的25%。那些对反倾销调查申请既未表示支持也未表示反对的生产商的产量并未在上述50%的统计分析中予以考虑。

《反倾销协议》对国内产业的界定存在几种例外情况：

（1）关联当事方例外。只有"国内产业"本身或者代表"国内产业"国内生产者才有权申请反倾销调查。而事实上，某些国内生产者与相关利害关系方利益可能是相关的，如一方是另一方的关联公司，或其国内一方进口被控倾销产品，国内这部分生产者并不希望对涉嫌倾销的产品征收反倾销税，因此如果不将这部分国内生产者的范围界定清楚，可能影响或阻碍国内非关联的生产者成功地提起反倾销调查申请。

《反倾销协议》第4条第1款中规定："如生产者与出口商或进口商有关联，或他们本身为被指控倾销产品的进口商，则'国内产业'一词可解释为除他们之外的其他生产者。"《反倾销协议》注释11对"关联"作出解释："就本款而言，只有在下列情况下，生产商方可被视为与出口商或进口商有关联：①他们中的一方直接或间接控制另一方；②他们直接或间接被一第三方控制；③他们直接或间接共同控制一第三方，但应有理由相信或怀疑上述关系的后果是引起有关生产商的行为与无关联的生产商有所不同。就本款而言，如一方在法律上或经营上处于限制或指导另一方地位，则其应被视为控制后者。"

在判断国内相关生产者与涉诉产品的进口者或出口者是否存在关联关系问题上，美国和欧洲都规定了特定标准，可分为两大类：第一类，国内生产者与涉诉产品的进口商或国外出口商之间存在着某种"控制与被控制关系"：

---

① 肖伟主编：《国际反倾销法律与实务（WTO卷）》，知识产权出版社2006年版，第157页。

①涉诉产品的进口商或外国出口商直接或间接控制着国内该类产品的生产商；②国内涉诉产品的生产商直接或间接控制着该类产品进口商或外国生产商；③涉诉产品的国内生产商、国外出口商和进口商共同直接、间接控制着某一第三方；④某第三方直接或间接控制着涉诉产品的国内生产商、国外出口商和进口商。第二类，具有关联关系的国内生产者的存在状态与不具有关联关系的生产者的存在状态应当不同，即应当有理由相信或怀疑此种关系的后果是使有关生产者的行为不同于无关联的生产者。这两个判断标准具有实用性，该标准已被许多反倾销调查机关所认可和适用。

如果一国国内涉诉产品的生产者同时是该类产品的进口商，则其可以直接由于具有关联关系而被排除在国内产业范畴之内。但在欧盟，仅排除那些进口整个涉诉产品的生产者，对于那些从出口国进口涉诉产品零部件的生产者则不予排除。另外一些国家在实践中还形成了这样共识——该国内生产者从国外进口了涉诉产品，但是进口数量与其自行销售涉诉产品数量相比，没有构成实质性部分，其由进口而获得的利益远远不及其由于涉诉产品倾销给其销售带来的损失大，在这种情况下，该国内生产商也应当被算在国内产业范围之内。除此之外，欧盟结合个案中可能出现的法律和经济层面特点，形成一些惯例，用以判断个案国内生产者是否与进口商、出口商具有关联关系。这些如同法院判例一样具有参考作用和约束力。具体来讲，如果主管机关有合理理由认为相关国内生产者具有如下特点，则可排除在国内产业或代表国内产业范围以外：①国内生产者并未因倾销行为受到损害；②国内生产者参与到倾销行为中；③有证据表明国内生产者由于倾销行为而获得了不正当利益；④由于上述情况使得主管机关有理由相信或怀疑此种关系后果是使有关生产者的行为不同于无关联生产者。

如同上述欧盟判断国内产业方法，美国在实践中归纳出实用判断标准。如虽然生产者从国外进口了涉诉产品，但是如果进口量较小，并且进口仅局限在调查开始阶段，就可以不将其排除在国内产业之外。但如果进口数额较大，使得进口者在涉案产品倾销过程中，财务状况表现得相对稳定，则应当将进口商被排除在外。① 归纳起来，美国国际贸易委员会在判定某个生产者是否应当被排除在国内产业之外的问题上，通常采用以下几个标准：①美国国

---

① 如美国在针对阿根廷和中国的蜂蜜反倾销案件中作出的裁决。

内生产者基于何种目的进口被调查产品，是为了保持其竞争地位还是为了从倾销产品的低廉价格中获取不正当的利益；②这部分国内生产者产量占国内全部生产者涉诉产品的总产量比例；③关联生产商企业营运数据与非关联生产商的数据是否存在着不同，排除这部分关联生产商是否会造成非关联生产商的营运数据产生扭曲。除此以外，美国在判断排除问题上，一般还会考虑关联企业之间的股权控制情况、涉诉产品的进口总量、国内关联生产者与申请人是否具有共同利益和国内生产经营者产量。《反倾销条例》第11条规定："国内生产者与出口经营者或者进口经营者有关联的，或者其本身为倾销进口产品的进口经营者的，可以排除在国内产业之外。"《反倾销条例》仅明确规定了可以被排除在"国内产业"范围之外的国内生产者类型，对于将国内生产者排除在"国内产业"范围之外的标准和条件没有规定。我国应当结合国外做法和自身经验，尽早在反倾销条例或其细则中加以规定。

（2）地区产业例外。地区产业是国内产业一种特殊形式，是具有国内产业意义的一国某一地区生产商的集合体。《反倾销协议》第4条规定："在特殊情况下，对所涉生产，一成员的领土可分成两个或两个以上的竞争市场，在下述条件下，每一市场中的生产者均可被视为一独立产业：该市场中的生产者在该市场中出售他们生产的全部或几乎全部所涉产品，且该市场中的需求在很大程度上不是由位于该领土内其他地方的所涉产品生产者供应的。在此种情况下，则可认为存在损害，即使全部国内产业的主要部分未受损害，只要倾销进口产品集中进入该孤立市场，且只要倾销产品正在对该市场中全部或几乎全部产品的生产者造成损害。"

美国和欧盟规定与《反倾销协议》相似。《反倾销条例》第11条第2款规定："在特殊情形下，国内一个区域市场中的生产者，在该市场中销售其全部或几乎全部的同类产品，并且该市场中同类产品的需求主要不是由国内其他地方的生产者供给的，可以视为一个单独产业。"这一规定也与《反倾销协议》一致。只不过《反倾销协议》规定的是"该市场中的需求在很大程度上不是由位于该领土内其他地方的所涉产品生产者供应的"，而《反倾销条例》规定的是"该市场中同类产品的需求主要不是由国内其他地方的生产者供给的"。"在很大程度上不是"比"主要不是"的要求更严格一些。

在确定存在地区产业情况下，要适用地区产业例外还须满足以下条件：①倾销进口产品集中进入该地区独立市场。②倾销产品正对该市场中全部或几乎全部产品的生产商造成损害。③反倾销税只能对供该地区最终消费的所涉产品征收。如进口成员的宪法性法律不允许以此为基础征收反倾销税，则进口成员只能在下列条件下方可征收反倾销税而不受限制：应给予出口商停止以倾销价格向有关地区出口的机会或按照第 8 条作出保证，而出口商未能迅速在此方面作出保证，且此类反倾销税不能仅对供应所涉地区的特定生产者的产品征收。

（3）产品线例外和一体化例外。

第一，产品线例外。《反倾销协议》第 3 条第 6 款规定："如可获得的数据允许以工序、生产者的销售和利润等标准为基础单独确认同类产品的国内生产，则倾销进口产品的影响应与该生产相比较进行评估。如不能单独确认该生产，则倾销进口产品影响应通过审查包含同类产品的最小产品组或产品类别的生产而进行评估，而这些产品能够提供必要的信息。"实质意义在于在符合相关条件情况下，将包括同类产品最小产品组或产品类别的生产的审查代替了对同类产品的生产的审查，通过由同类产品扩大到包括同类产品在内的产品线，扩大了国内产业范围，这就是产品线例外规则。美国和欧盟与《反倾销协议》基本相同。《反倾销条例》第 10 条规定："评估倾销进口产品的影响，应当针对国内同类产品的生产进行单独确定；不能针对国内同类产品的生产进行单独确定的，应当审查包括国内同类产品在内的最窄产品组或者范围的生产。"与《反倾销协议》相比，该规定没有明确提出应当提供有关包括国内同类产品在内的最窄产品组成或范围内的生产资料的要求。

第二，一体化区域例外。《反倾销协议》第 4 条第 3 款规定："如两个或两个以上国家已根据 GATT 1994 第 24 条第 8 款（a）项达到具有单一统一市场特征一体化水平，则整个一体化地区的产业应被视为第 1 款所指的国内产业。"一体化地区是指关税同盟，以一个单一关税领土替代两个或两个以上的关税领土，对于同盟成员之间实质上所有贸易取消关税和其他限制性贸易法规，且同盟成员对同盟以外的贸易实施实质相同的关税或其他贸易法规。欧盟就是典型关税同盟。由于关税同盟已经形成了单一的统一市场，所以应在关税同盟整个范围内来调查对"国内产业"的损害问题，即整个关税同盟的产业应被视为"国内产业"。

四、实质性损害

1. 实质性损害是指重大或严重损害，是指在进口国主管当局有充分的证据证明的情况下，倾销进口产品对国内产业的销售、利润、产量、市场份额、生产和投资收益等造成重大损害。认定实质性损害应建立在系列因素定量分析之上。《反倾销协议》第3条第1款未对实质性作出明确界定，但规定，"对损害的确定应依据肯定性证据，并应客观审查：①倾销进口产品的数量和倾销进口产品对国内市场同类产品价格影响；②这些进口产品随之对此类产品国内生产者产生影响"。对损害认定，首先考虑，对国内市场相同产品价格所造成影响；其次对国内此类产品生产商造成的冲击。《反倾销产业损害调查规定》第4条规定，实质损害是指对国内产业已经造成的、不可忽略的损害，而实质损害威胁是指对国内产业尚未造成实质损害，但有证据表明如果不采取措施将导致国内产业实质损害发生的明显可预见和迫近的情形。实质阻碍是对国内产业未造成实质损害或者实质损害威胁，但严重阻碍了国内产业的建立。调查机关在确定损害是否达到"实质性"程度问题，拥有较大裁量权。如《反倾销协议》第4条采取了"国内全体生产者"和"构成国内总产量主要部分的国内生产者"两个标准来界定"国内产业"，在案件中适用何者标准、主要部分作何理解，进口国机关可裁量。"公务人员可作为或不作为，有裁量权。"[1] 在国际贸易竞争中，各国（地区）界定国内产业时，反倾销机构均根据本国利益赋予其不同含义，比如"主要部分"是否应以50%为界限，各国认识不同。[2]

2. 倾销进口产品数量。《反倾销协议》第3条第2款规定："关于倾销进口产品数量，调查机关应考虑倾销进口产品的绝对数量或相对于进口成员中生产或消费数量是否大幅增加。……"该款规定，调查机关应"考虑"倾销进口产品的数量是否大幅增加，并不要求其"发现"或"确定"倾销进口产品的数量大幅增加。并且倾销进口产品的数量大幅增加不是机械的判定损害标准，必须结合个案情况分析。《反倾销协议》第3条第2款还规定："……这些因

---

① Kenneth Culp Davis, *Discretionary Justice：A Preliminary Inquiry*, Baton Rouge：Louisiana State University Press, 1969, p. 4.

② 唐宇：《论反倾销规则的弊端与改革》，东北财经大学出版社2007年版，第204～207页。

素中的一个或多个均未必能够给予决定性的指导。"实践中各国反倾销机关比较关注倾销进口产品的市场占有率变化，如果市场占有率有很大幅度升高，则对认定损害构成具有重要价值。①

3. 倾销进口产品对进口国同类产品价格影响。《反倾销协议》第 3 条第 2 款规定："关于倾销产品进口对价格的影响，调查机关应考虑与进口成员同类产品的价格相比，倾销进口产品是否大幅削低价格，或此类进口产品的影响是否是大幅压低价格，或是否是在很大程度上抑制在其他情况下本应发生的价格增加。"

4. 倾销进口产品对进口国国内产业影响。《反倾销协议》第 3 条第 4 款规定："关于倾销进口产品对国内产业影响的审查应包括对影响产业状况的所有有关经济因素和指标的评估，包括销售、利润、产量、市场份额、生产力、投资收益或设备利用率实际和潜在的下降；影响国内价格因素；倾销幅度大小；对现金流动、库存、就业、工资、增长、筹措资金或投资能力的实际和潜在的消极影响。该清单不是详尽无遗的，这些因素中的一个或多个均未必能够给予决定性指导。"WTO 专家组和上诉机构在一系列判决中确定，对该条款所列全部因素的审查是强制性的，反倾销机构在每一起案件中都应评估上述全部因素，并应体现在最终裁决中。

《反倾销条例》第 8 条规定了审查内容，包括倾销进口产品的数量、倾销进口产品的价格、倾销进口产品对国内产业的相关经济因素和指标的影响、倾销进口产品的出口国（地区）、原产国（地区）的生产能力、出口能力、被调查产品的库存情况以及其他因素，与《反倾销协议》规定基本一致。实质损害如果不存在，则反倾销调查会终止，反倾销措施不得采取。

五、实质性损害威胁

实质性损害威胁是指对国内产业尚未造成，但有证据表明如果不采取措施将导致国内产业实质损害发生的明显可预见和迫近情形。虽然进口国相关国内产业尚未受到实质性损害，但调查机关所掌握的事实和证据表明，这种实质性损害即将发生。《反倾销协议》第 3 条第 7 款规定，对实质性损害威胁确定应依据事实，而不是仅依据指控、推测或极小可能性。倾销将造成损害

---

① 肖伟主编：《国际反倾销法律与实务（WTO 卷）》，知识产权出版社 2006 年版，第 172 页。

发生情形变化必须是能够明显预见且迫近的。① 在做出有关存在实质损害威胁的确定时，主管机关应特别考虑下列因素：①倾销进口产品进入国内市场大幅增长率，表明进口实质增加可能性；②出口商可充分自由使用的、或即将实质增加的能力，表明倾销出口产品进入进口成员市场实质增加可能性，同时考虑吸收任何额外出口的其他出口市场可获性；③进口产品是否以将对国内价格产生大幅度抑制或压低影响的价格进入，是否会增加对更多进口产品的需求；④被调查产品的库存情况。任何一个因素本身都未必能够给予决定性指导，但被考虑因素作为整体必须得出如下结论，即更多倾销出口产品是迫近的，且除非采取保护性行动，否则实质损害将会发生。因损害尚未确切发生，《反倾销协议》第 3 条第 8 款要求"实施反倾销措施的考虑和决定应特别慎重"。对于实质性损害威胁，由于尚未造成损害，在判断上带有一定预见性，在认定上应秉持审慎态度，建立在详实可靠证据之上，防止判断任意性。美国和欧盟关于实质性损害威胁规定与《反倾销协议》基本相同。我国《反倾销条例》及《反倾销产业损害调查规定》规定也与《反倾销协议》基本相同。

六、实质性阻碍

实质性阻碍指倾销对国内产业未造成实质损害或者实质损害威胁，但严重阻碍了国内产业建立。实质阻碍一般与国内工业计划、筹建进展密切相关。

其特征包括：受阻碍产业是尚未建立的新产业；受阻碍产业正在建设当中，并且进入实质实施阶段，已投入一定人力物力；阻碍是实质性的，如果不采取相应反倾销措施，新产业建立将无法进行。实质性阻碍是与实质性损害、实质性损害威胁相比，尽管保护方法相同，但三种损害标准在客体、认定因素以及功能上存在区别。②

对实质性阻碍，《反倾销协议》没有明确认定标准。实践中，也鲜有"实质阻碍"案件。此种情况下，国内相关产业尚未建立，"它保护的是那些国内投资人已经有明晰可行的投资意愿、设想或计划，并已经采取实际行动正在

---

① 包括但不限于此种情况：具备使人信服的理由相信在不久的将来，该产品以倾销价格进口将会实质增加。

② 付荣：《反倾销法实质性阻碍认定研究》，人民法院出版社 2010 年版，第 50 页。

建立之中或准备建立的产业"①。假定国内某产业已经开始建立厂房、引进并调试机器设备、开工在即，在这种情形下，一旦大量倾销进口商品突然进入国内，巨大的供给和低廉价格将会使国内产业难以开工运作，从而使整个产业计划落空。因此，实质性阻碍规定有适用空间。2003 年《反倾销产业损害调查规定》第 9 条规定：确定对建立国内产业实质阻碍，除第 8 条因素外，还应审查但不限于以下因素：①国内产业建立或筹建情况；②国内需求的增长情况及其影响；③倾销进口产品对国内市场状况影响；④倾销进口产品后续生产能力和在国内市场发展趋势。也就是说，由于国内产业尚未建立，许多因素考察都具有不确定性，调查、取证难度较前两种损害更高。

美国没有对实质性阻碍作出明确规定。在实践中，国际贸易委员会首先审查国内产业是否已经建立，只有尚未开始生产或已开始生产但尚未进入稳定经营阶段，才能被视为未建立并得到反倾销法保护。国内产业虽然尚未开始生产，但必须为生产做了实质性投入，以此与含糊不清的意图打算相区别。对于是否做了实质性投入，须根据个案来考虑。对于是否进入稳定经营阶段，通常会考虑该产业开始生产时间、生产性质、规模、是否达到盈亏平衡点等因素。

国际鲜有以此损害类型为由展开反倾销调查案件发生。② 欧盟注重审查国内产业在计划、筹备和新建过程中所处阶段，只有欧盟产业提出令人信服的证据证明其已处于计划筹建高级阶段，才有可能确定实质性阻碍。要证明这一点，应从取得或可能取得厂房设备、资金和技术等方面情况加以证明。③ 欧委会实践表明，仅根据可以建立特定产业而提起反倾销调查申请不会获得欧委会支持，申诉公司必须提供令人信服证据，证明其对投资、生产、成本、市场营销等已有详细计划并已取得实施该计划的资金。④ 国际以此种损害类型为由展开反倾销调查并最终作出肯定性裁决的案件并不多见。

① 胡昭玲主编：《反倾销规则与实践》，南开大学出版社 2004 年版，第 46 页。
② 迄今为止，就美国而言，仅仅在 1982 年和 1985 年的两个反倾销案件审理中，ITC 适用"阻碍产业建立"规则，并作出肯定性裁决。Inv. No. 75－TA－5，USITC Pub. 1234（March 1982）. Inv. No. 731－TA－199（Final），USITC Pub. 1711（July 1985），转引自张新娟：《反倾销法律的理论与实践》，中国社会科学出版社 2003 年版，第 126 页。
③ 肖伟主编：《国际反倾销法律与实务（WTO卷）》，知识产权出版社 2006 年版，第 179 页。
④ Clive Standbook & Philip Bentley, *Dumping and Subsides: The Law and Procedures in the European Community*, Kluwer Law International, 1998, p. 126.

如美国在审理加拿大鳕鱼反倾销案中，提出三个标准：①适用于"阻碍新建产业"情形包括还未开始生产的产业，以及已经开始生产但经营尚未稳定的产业；②由于每一种产业新建都有特殊性，应视具体案件决定某一产业建立是否被阻碍；③如果某一国内工业尚未开始生产，则必须有充分资料显示该产业已经作出了准备投产的实质承诺，而倾销产品的进口使得该新建产业实际运营比合理预期更为不利。[①] 贸委会作出了肯定性裁决。美国的实质性阻碍标准无疑有利于保护其国内产业。

七、损害累积评估

损害累积评估是指进口国调查机构在确定国内产业损害时，对来自不同国家或地区倾销产品给国内产业造成的损害进行累积考虑。《反倾销条例》第9条规定："倾销进口产品来自两个以上国家（地区），并且同时满足下列条件，可以就倾销进口产品对国内产业造成影响进行累积评估：①来自每一国家（地区）的倾销进口产品倾销幅度不小于2%，并且其进口量不属于可忽略不计的；②根据倾销进口产品之间以及倾销进口产品与国内同类产品之间竞争条件，进行累积评估是适当的。可忽略不计是指来自一个国家（地区）的倾销进口产品的数量占同类产品总进口量的比例低于3%；但是低于3%的若干国家（地区）的总进口量超过同类产品总进口量7%的除外。"《反倾销产业损害调查规定》第16条规定："在进行累积评估时，可以考虑以下因素：①来自不同国家（地区）的倾销进口产品对国内产业损害的持续性和可能性等情况；②来自不同国家（地区）的倾销进口产品与国内同类产品之间的可替代程度，包括特定客户的要求及产品质量等相关因素；③来自不同国家（地区）的倾销进口产品和国内同类产品在同一地区的市场上的销售价格、卖方报价和实际成交价格；④来自不同国家（地区）的倾销进口产品和国内同类产品是否存在相同或相似的销售渠道，是否在市场上同时出现；⑤倾销进口产品之间以及倾销进口产品与国内同类产品之间的其他竞争条件；⑥其他因素。"这些规定与《反倾销协议》以及美国和欧盟的规定基本相同。

商务部在《关于原产于欧盟、美国和日本的进口相纸产品反倾销调查最

---

① 张兴："实质性阻碍——中国手中的利刃"，载《合作经济与科技》2007年第6期。

终裁定公告》中，对适用累积评估的适当性进行了充分论证。① 根据《反倾销条例》第 9 条和《反倾销产业损害调查规定》第 15 条和第 16 条规定，认为调查期内（2007 年 1 月 1 日至 2010 年 6 月 30 日），来自欧盟、美国和日本的被调查产品进口数量占国内总进口数量比例均超过 3%，来自欧盟、美国和日本的被调查产品倾销幅度均在 2% 以上，不属于微量或可忽略不计范围。原产于欧盟、美国和日本倾销进口产品之间以及原产于欧盟、美国和日本的倾销进口产品与国内同类产品之间基本物理特征和化学特性无明显区别，外观、包装方式、生产工艺流程、原材料、生产设备、用途、销售渠道、销售市场区域、客户群体、消费者评价等方面基本相同，价格具有可比性，在国内市场上同时出现，存在相互竞争关系，竞争条件基本相同。

商务部认为，在决定是否累积评估损害影响时，应该调查来自某个"国家（地区）"的倾销进口产品数量。本案在立案公告中明确，本案调查范围为原产于欧盟、美国和日本的进口相纸产品。荷兰为欧盟成员国，在本案中不应单独考察来自荷兰的相纸产品进口数量。根据中国海关统计的相纸进口数量，2007 年 1 月 1 日至 2010 年 6 月 30 日，自欧盟进口的相纸产品占国内总进口数量的比例均超过 3%，不属于可忽略不计②。初裁中商务部认定，伊士曼柯达有限公司与柯达有限公司仅提出主张，未对竞争条件不同的具体方面进行说明，也未就其主张的从欧盟进口的产品与国内同类产品竞争条件不同以及从欧盟进口与从其他被调查国家进口产品的竞争条件也不相同的观点提供客观的、可供核实的证据。初裁后，无利害关系方就此提出异议。商务部认定，对来自欧盟、美国和日本的被调查产品对国内产业造成的影响进行累积评估是适当的。

评析：该案认定符合《反倾销条例》第 9 条规定，倾销进口产品来自两个以上国家（地区），并且同时满足下列条件的，可以就倾销进口产品对国内产业造成的影响进行累积评估：①来自每一国家（地区）的倾销进口产品的倾销幅度不小于 2%，并且其进口量不属于可忽略不计的；②根据倾销进口产

① 商务部公告 2012 年第 10 号《关于原产于欧盟、美国和日本的进口相纸产品反倾销调查最终裁定公告》，载商务部网站，http://gpj.mofcom.gov.cn/article/cs/201203/20120308029451.html，2012 年 10 月 12 日访问。

② 可忽略不计，是指来自一个国家（地区）的倾销进口产品的数量占同类产品总进口量的比例低于 3%；但是，低于 3% 的若干国家（地区）的总进口量超过同类产品总进口量 7% 的除外。

品之间以及倾销进口产品与国内同类产品之间的竞争条件，进行累积评估是适当的。

累积评估能够强化国内产业保护。

1. 根据《反倾销协议》第 3 条第 3 款规定，调查主管机关只有在确定以下内容后，方可累积评估此类进口产品影响：①对来自每一国家进口产品确定倾销幅度大于第 5 条第 8 款定义微量倾销幅度，且自每一国家的进口量并非可忽略不计；即来自一特定国家的倾销进口产品的数量被查明占进口成员中同类产品进口的高于 3%，或者占进口成员中同类产品进口不足 3% 的国家合计超过该进口成员中同类产品进口的 7%。②根据进口产品之间竞争条件和进口产品与国内同类产品之间竞争条件，对进口产品的影响所作的累积评估是适当的。从乌拉圭回合谈判进程看，该条款属于平衡各方意见的结果。《反倾销协议》总体接受了美国提出的允许累积评估主张，但与此同时也部分吸收了其他国家建议，对其适用作了一定程度限制。① 累积评估规定意味着对倾销这一不公平竞争手段更严格制止，同时对进口国国内损害评估更加宽松②，最终作出肯定性裁决的可能性也更高，从而滥用反倾销措施可能性也会更高。"尽管《反倾销协议》及各国反倾销立法在损害累积评估的运用方面规定了倾销幅度和数量以及产品竞争条件等方面的限制条件，但这并没有降低这一制度产业保护功能，也没有减弱产业损害裁定由此而具有的贸易保护主义倾向。"③

2. 美国《1930 年关税法》规定，如果进口商品在美国市场上相互竞争并同国内同类产品竞争，国际贸易委员会必须累计评估同时发起反倾销调查所涉及的所有国家进口的被调查产品的数量和进口影响。在裁决进口产品在美国市场上相互竞争并同国内同类产品竞争时，国际贸易委员会一般考虑：①不同国家进口产品之间，以及进口产品同国内同类产品之间的可替代性，包括对特定消费者需求和其他与质量有关问题考虑；②来自不同国家进口产品和国内同类产品在同一市场上现有的销售情况或卖方报价；③来自不同国家进口产品和同类产品是否存在共同的或相似的销售渠道；④进口产品是否

---

① Pierre Didier, *WTO Trade Instruments in EU Law*, Cameron May, 1999, p. 89.
② 尚明编著：《反倾销——WTO 规则与中外法律及实践》，法律出版社 2004 年版，第 32 页。
③ 唐宇：《论反倾销规则的弊端与改革》，东北财经大学出版社 2007 年版，第 226~227 页。

同时在市场上出现。任何单一因素都不是决定性的，也非不可缺少。① 可见美国细化了《反倾销协议》第3条第3款。

3. 欧盟委员会在分析累计评估是否适当时，将考虑倾销进口产品是否是欧盟产业遭受实质性损害的影响因素。在分析竞争条件时，主要审查：①产品质量或基本特征不存在重大差异；②从消费者角度来看，产品相互之间可以替代；③在相同区域市场中销售；④同样以低价格水平销售；⑤有相同分销渠道；⑥同时出现在欧盟市场；⑦总体上均瞄准欧盟市场中的某一部分。② 这与美国国际贸易委员会考虑因素相似。

综上，中国《反倾销条例》第9条和《反倾销产业损害调查规定》第16条规定与《反倾销协议》以及美国和欧盟基本相同。

第四节　认定因果关系

一、因果关系

因果关系是指倾销行为与损害结果之间存在客观因果联系。因果关系是实施反倾销措施的必要条件，只有倾销行为造成了损害，反倾销才具有正当性。

倾销与产业损害之间可能存在因果关联，也可能不存在因果关联。倾销可能是造成损害的主要原因，也可能是次要原因。前者是指只有证明倾销产品的进口销售是造成相关国内产业损害的主要原因时，方构成反倾销法上的因果关系；后者是指只要进口国当局证明倾销产品是造成相关国内产业损害的原因之一，就具备采取反倾销措施的前提条件。如在2001年丙烯酸酯案中，描述为"主要原因"，在2004年三氯甲烷反倾销案中，描述为"直接原因"，在最近几年反倾销终裁中，都只说"存在因果关系"。实际上调查机关几乎在每个案件中都受考察倾销之外其他因素影响，并对这些因素逐一进行考察与排除。在采用一般因果关系标准情况下，当倾销是损害的主要原因时，仍会指出其是"主要原因"，然后认定存在因果关系。我国调查机关因果关系

---

① 张汉林译著：《反倾销反补贴规则手册》，中国对外经济贸易出版社2003年版，第37~38页。
② 邓德雄：《欧盟反倾销的法律与实践》，社会科学文献出版社2004年版，第156页。

认定符合《反倾销协议》要求，一些具体概念和操作还可完善。

《反倾销协议》第 3 条第 5 款规定："证明倾销进口产品与对国内产业损害之间存在因果关系应以审查主管机关得到的所有有关证据为依据。"调查机关在确定是否构成因果关系时，需要考虑以下因素：一是进口产品的数量，看它是否有大量增长；二是进口产品的价格，看它是否对进口国国内产业的价格造成不利影响，比如导致国内产业价格下降或不当的压制国内产业价格上涨；三是进口产品对国内产业的总体影响，包括"对影响产业状况的所有有关经济因素和指标的评估"（第 3 条第 4 款），比如销售、利润、市场份额、就业、工资增长等。尽管产业损害认定和因果关系认定是作出反倾销裁决过程中的两个不同要件或相对独立的阶段，但在具体实践中无法将二者截然分开，一般在认定是否构成产业损害的同时一并分析考虑导致损害的原因。

商务部在初裁和终裁中，进行因果关系的判定，第一步是查明被调查产品低价倾销对我国产业是否造成了损害。通过对市场供求量化，对被调查产品市场份额的变化和价格进行调查，然后与我国产业情况进行对比，确定被调查产品是否造成了我国产业的损害，而不问是否是唯一原因。第二步是对相关因素导致产业损害的可能性进行排除。主要考察国内需求状况、消费模式、产业技术、国内外竞争状况、贸易政策以及不可抗力等因素是否对国内产业造成损害，如果排除了这些因素致害的可能性，则最终可以确定被调查产品的倾销与本国产业损害之间存在因果联系。

在美国，根据《1921 年反倾销法》，倾销必须是导致损害的"起作用原因"（Contributory Cause）之一，只要倾销是国内产业损害的原因之一，反倾销调查机构有权征收反倾销税。只要损害可以部分归因于倾销，即使倾销对损害只起最小作用，[①] 除非有确切证据证明倾销与损害之间不存在因果关系，否则国际贸易委员会不会终止对损害事实调查。美国反倾销法几经修改，但在因果关系认定标准问题上始终没有实质性变化。

如在 1983 年美国对日本三聚氰酸倾销案中，国际贸易委员会认为，"不应裁定低于公平价值的进口是否是实质损害主要、实质或重大原因，相反委员会应裁定的是由于低于公平价值进口而致的产业损害是否是实质的。其没有义务对可能导致损害的许多因素进行衡量和比较，而只需调查进口产品的

---

① 章尚锦、李英："论中国反倾销实体法的完善"，载《法学家》2001 年第 5 期。

倾销是否属于导致损害因素之一即可。"① 这种宽松标准要求，使美国反倾销调查机关对因果关系认定具有广泛裁量权。

《欧盟反倾销条例》第3条第6款规定，"倾销进口产品正在引起本规则意义上的损害……对第5款规定的欧盟产业的影响负有责任，而且该影响的程度可被认为是实质性的。"欧盟因果关系认定与《反倾销协议》大体一致，比《反倾销协议》详尽，规定倾销进口对欧盟产业造成损害的影响应达到实质性程度。

二、排除因果关系因素

1. 除倾销产品的进口外导致产业损害的原因，还可能受到多方面因素影响。为了避免将其他因素引起的产业损害归咎于倾销产品进口，《反倾销条例》第8条规定了"不得归因原则"，即"确定倾销对国内产业造成损害时，应当依据肯定性证据，不得将造成损害的非倾销因素归因于倾销"。《反倾销协议》第3条第5款规定："主管机关还应审查除倾销进口产品外的、同时正在损害国内产业的任何已知因素，且这些其他因素造成的损害不得归因于倾销进口产品。在这方面可能有关的因素特别包括：未以倾销价格销售的进口产品的数量和价格、需求减少或消费模式变化、外国与国内生产者的限制贸易的作法及它们之间的竞争、技术发展以及国内产业的出口实绩和生产率。"这一要求被称为"不归因原则"。"不归因原则"是为了防止调查机关仓促地得出简单化因果关系结论。如果对其他因素的审查可以推翻调查机关根据第3条第2款和第3条第4款因素所作出初步因果关系结论，那么调查机关不得认定倾销进口产品与损害之间具有因果关系。《欧盟反倾销条例》第3条第7款规定，欧盟也规定"不归因"条款，即保证其他因素不被归咎于倾销产品的进口。

因果关系的确定是明确被调查方法律责任的前提。按照法律责任归结的一般原理，责任归结包括概括性归责原则和责任阻却事项。如果造成损害的倾销行为之外的其他因素能够推翻和否定倾销与损害之间因果关系，倾销行为之外的其他因素就为责任阻却事项，可以阻止责任承担。根据"自己责任原则"，行为人只能对自己行为负责，对非由自己行为所导致的后果不负责任。非由倾销引起的损害不应由倾销产品的出口国承担责任，这是"不归因

① 张晓君："反倾销案因果关系的立法分析及我国的对策"，载《现代法学》2004年第1期。

原则"的立法基点。

通常来说，造成某种结果原因可有多种，即所谓"多因一果"。导致国内产业损害原因可能有多种，征收反倾销税的前提是：这种损害必须是因倾销行为所致，对于非倾销行为所引起的国内产业损害也必须加以考虑，将这些非倾销因素排除在因果关系之外。《反倾销协议》第3条第5款规定，包括：①未以倾销价格销售的进口产品的数量和价格；②需求减少或消费模式变化；③外国与国内生产者的限制贸易的做法及它们之间的竞争；④技术发展以及国内产业的出口实绩和生产率。

2. WTO 争端解决机构阐释。如在波兰诉泰国对原产于波兰的 H 型钢采取反倾销措施案以及日本诉美国对原产于日本热轧钢采取反倾销措施案中，上诉机构认为，"不归因原则"只适用于倾销进口产品和其他已知因素同时损害国内产业的情形。主管机构为了确保不会错误地将其他已知因素损害作用归因于倾销进口产品，就必须适当地评估这些其他因素的损害作用。从逻辑上讲，该评估必须分离和识别倾销进口产品与其他已知因素的损害作用。如果不这样做，主管机构就不能够断定所认定的损害确实是由倾销进口产品而不是由其他已知因素引起的。这是"不归因原则"要求。在巴西诉欧共体对原产于巴西的铸铁管件采取反倾销措施一案中，专家小组和上诉机构认为，由于《反倾销协议》没有明确规定主管机构应当如何分离和识别不同的损害作用，因此各成员方可以采用任何因果关系分析方法，只要该方法能适当地分离和识别倾销进口产品与其他已知因素的损害作用，并满足第3条要求即可。专家小组和上诉机构还一致认为，鉴于《反倾销协议》第3条第5款并没有对主管机构采用因果关系分析法提出具体要求，主管机构没有义务对其他因素的累积损害作用进行评估。上诉机构还指出，主管机构只须保证没有将其他因素造成的损害归因于倾销进口产品即可。①

---

① 肖伟主编：《国际反倾销法律与实务（WTO 卷）》，知识产权出版社 2006 年版，第 196～198 页。

第六章 反倾销裁决与措施

第一节 反倾销裁决与措施

一、反倾销裁决

反倾销裁决是指行政机关通过反倾销调查，依据反倾销实体法和在案证据对在本国市场上销售的外国商品是否构成倾销和损害所作出的行政实体裁定。

反倾销裁决的特征为：①反倾销裁决机关为行政机关；②反倾销裁决为行政实体行为，为行政确认；③反倾销裁决针对特定进口商品，直接利害人有该国外生产商、出口商、进口商和国内生产商等；④反倾销裁决条件和程序由法律规定，行政机关应依法作出裁决；⑤反倾销裁决是反倾销措施前提，只有作出肯定裁决，才能采取反倾销措施；⑥反倾销裁决包括初裁和终裁。

二、反倾销措施

1. 反倾销措施是指反倾销机关在确定倾销和损害基础上，为保护国内产业安全所采取的行政实体法措施。

2. 反倾销措施的特征为：①反倾销机关依照本国法授权负责反倾销，采取反倾销措施；②反倾销措施为行政实体行为；③反倾销措施条件、类型和程序都必须由法律加以规定，行政机关应当依法作出；④反倾销措施最终目的是保护本国经济安全，如价格承诺，就便于进口国政府与出口商之间达成妥协，通过灵活方式阻止倾销；⑤反倾销措施是国际法上允许的产业保护措施，是通行做法；⑥反倾销措施及其力度受进口国政策影响；⑦反倾销措施有国家强制力作保证。

3. 反倾销措施通常包括临时反倾销措施、价格承诺和征收反倾销税三种。反倾销措施可分为强制性措施和合意性措施。强制性措施有交纳保证金、征收临时反倾销税和征收最终反倾销税；合意性措施有价格承诺和出口数量自我限制。如《俄罗斯联邦关于进行对外商品贸易时保护俄罗斯联邦经济利益措施法》规定，承诺包括价格承诺和出口数量的自我限制。

反倾销措施还可分为临时措施和最终反倾销措施。临时反倾销措施包括征收临时反倾销税和要求提供保证金、保函或其他形式的担保。《反倾销协议》希望成员国能够优先采取担保方式。如在美国，反倾销措施有现金存款和银行债券担保；达成协议；以及最终反倾销措施。最终反倾销措施指征收反倾销税。

4. 反倾销措施的效力是指反倾销措施所具有的法律上的约束效力。包括公定力、确定力、拘束力和执行力。反倾销措施公定力是指一旦作出反倾销措施，就推定其合法有效。确定力是指反倾销措施既定力，反倾销机关不能随意变更，但其确定力相对性很强。首先，反倾销机关遵从法定程序和法定条件，或在新形势下根据政策，可改变或中止、终止其效力。其次，反倾销措施可最终被 WTO 设立的争端解决机构确定为不符合《反倾销协议》，从而失去效力。拘束力是指反倾销机关和利害关系方都必须接受和遵从反倾销措施约束。执行力是指反倾销措施得到各方切实履行。

5. 反倾销措施的有效要件包括：①主体要件。反倾销措施必须由法定反倾销机关作出。②职权要件。做出采取反倾销措施的决定机关必须享有法定权力。③内容要件。设定的实体权利义务必须合法。④程序要件。反倾销措施的作出应当符合法定程序，遵循法定步骤、方式和时限。上述要件同时具备，反倾销措施才具有最终法律约束效力。

6. 反倾销措施的中止是反倾销措施实施过程中暂停实施。中止情形有：①政策变化；②当事人承诺停止倾销；③达成价格承诺。

7. 反倾销措施的终止是指反倾销措施实施最终结束或由于其他原因失去效力，不再实施。终止情形有：①反倾销措施实施期限届满，没有进行期满复审，或期满复审认为没有必要继续实施的，则反倾销措施终止。《反倾销协议》第 11 条第 3 款规定："……任何最终反倾销税应在征收之日起（或在复审涉及倾销和损害两者的情况下，自根据第 2 款进行的最近一次复审之日起，或根据本款）5 年内的一日期终止，除非主管机关在该日期之前自行进行的复审或在该日期之前一段合理时间内由国内产业或代表国内产业提出的有充分证据请求下进行的复审确定,反倾销税终止有可能导致倾销和损害的继续或再度发生。在此种复审的结果产生之前,可继续征税。"②在期中复审程序中,主管机关认定产品已经不再构成倾销,且终止反倾销措施不会导致损害再度发生,则反倾销措施应当终止。

8. 反倾销措施的变更是指对已经生效反倾销措施内容进行部分改变。在行政复议程序中,复议机关在法定情形下,可以视情况作出变更决定;在期中复审程序中,如果认定继续实施原来的反倾销措施已不适当,并且修改反倾销措施不会导致损害再度发生,可变更反倾销措施。《反倾销协议》第11条第2款规定:"主管机关在有正当理由情况下,自行复审或在最终反倾销税征收已经过一段合理时间后,应提交证实复审必要性的肯定信息的任何利害关系方请求,复审继续征税的必要性。利害关系方有权请求主管机关复审是否需要继续征收反倾销税以抵消倾销,如取消或改变反倾销税,则损害是否有可能继续或再度发生,或同时复审两者。"法院可以主导各方达成和解协议,或可变更反倾销措施。根据《行政诉讼法》规定,对行政处罚显失公正的,法院可判决变更。反倾销措施不属于行政罚,不适用变更判决,但法院可调解,可主持各方和解达成和解协议。

9. 反倾销措施的撤销是指有权机关依照法定程序使已经发生效力的反倾销措施失去效力。撤销是由于反倾销措施本身违法。依据《行政诉讼法》及《最高人民法院关于审理反倾销行政案件应用法律若干问题的规定》,被诉反倾销行政行为有下列情形之一,法院判决撤销或部分撤销,并可以判决被告重新作出反倾销行政行为:①主要证据不足的;②适用法律、行政法规错误的;③违反法定程序的;④超越职权的;⑤滥用职权的。此外WTO争端解决机构可以提出建议和报告,使成员方履行《反倾销协议》项下义务,纠正不正确或不合法反倾销措施。

第二节 初裁和反倾销临时措施

一、初裁

初裁是指反倾销机关经过调查,对被诉产品是否构成倾销、是否造成损害以及二者之间是否存在因果关系所作的初断。初裁是实施价格承诺和临时反倾销措施的前提。

其特征包括：①初裁标准低。如美国"国际贸易委员会只需裁定，是否有合理迹象表明美国产业受到严重损害或受到严重损害之威胁，或者美国某一产业的建立受到严重阻碍。联邦巡回上诉法院认为所谓'损害合理迹象'（reasonable indication of injury）是指'仅仅是指损害可能性'"[1]。②初裁必须在法定期限内作出。如欧盟委员会应在立案时起180天内作出初裁。又如美国商务部在接到申请后160天内作出"倾销"初裁，特殊情况可延迟至210天内作出，国际贸易委员会初裁必须先于商务部初裁。③初裁是初步行政确认，是采取临时反倾销措施前提。

初裁内容为被调查产品是否存在倾销以及倾销幅度多少；是否对国内生产同类产品产业造成损害；倾销和损害之间是否存在因果关系。如果初裁认定倾销、损害以及两者之间因果关系中的任何一项结论是否定性的，则反倾销调查应终止。如果初步裁定为肯定，调查将继续进行，调查机关将对被调查进口产品采取临时反倾销措施。

二、临时反倾销措施

临时反倾销措施是指反倾销机关在反倾销调查期间，为防止国内产业继续受到损害，对经肯定性初裁确定构成倾销，并对进口国国内产业造成损害的进口产品所采取的一种临时性限制进口措施。如《反倾销协议》第7条第1款规定，在初步裁定认为构成倾销情况下，可采取临时反倾销措施。[2]《反倾销协议》第7条第2款规定："临时措施可采取征收临时税形式，或更可取的是，采取现金保证金或保函等担保形式，其金额等于临时估算的反倾销税金额，但不高于临时估算的倾销幅度。"

临时反倾销措施是中间性措施，不具有最终效力。"临时"是指该反倾销措施只是暂时的。如临时反倾销税出现在初裁作出之后、终裁作出之前，因而不具有最终法律效力，但它"对于已涉嫌倾销进口产品可能产生破坏，可

---

①　郭桂琼："试论反倾销行政程序法律制度"，中国政法大学硕士学位论文，2004年。

②　《反倾销协议》第7条第1款。

起有效抑制作用"①。

三、采取临时反倾销措施的机构

1. 中国。《反倾销条例》第 29 条规定，征收临时反倾销税，由商务部提出建议，国务院关税税则委员会根据商务部建议作出决定。要求提供保证金、保函或者其他形式担保，由商务部作出决定。"海关自公告规定实施之日起执行。"这些临时措施，在涉及农产品反倾销国内产业损害调查时，由商务部会同农业部进行。

2. 美国。初步裁决之后的反倾销临时措施由商务部（DOC）作出。只有在国际贸易委员会作出肯定性初裁情况下，商务部才能作出有关倾销幅度初裁。如果商务部初裁是肯定，则应确定估算的倾销幅度并据之采取临时措施。只在 DOC 和 ITC 都对倾销和损害作出肯定性裁决后，美国商务部才可决定采取临时反倾销措施。

3. 欧盟委员会和理事会。《欧盟反倾销条例》第 7 条第 4～6 款规定，欧盟委员会有权决定是否应该征收临时反倾销税，委员会应将依照该条所作的任何决定通知理事会和成员国。理事会根据特定多数可以作出不同决定。"只有在与咨询委员会意见一致情况下，欧盟委员会对反倾销案件的决定才有效，否则有关问题只能提交理事会决定。"② 根据该条例第 14 条第 5 款规定，"委员会可以指示海关当局采取适当步骤，对进口商品进行登记，以便日后可从登记之日起对这些进口商品实施反倾销措施"。

四、临时反倾销措施的形式

1. 临时反倾销税。它是指进口国反倾销机构在初步裁定存在倾销和损害事实之后，根据初步测定的倾销幅度，向国内进口商预估征收的反倾销税。③临时反倾销税是对反倾销税预估算，其金额不能高于临时估算倾销幅度。在肯定性初裁公布后，国内进口商若继续进口被确定为倾销的产品，需向进口

---

① 张新娟：《反倾销法律的理论与实践》，中国社会科学出版社 2003 年版，第 205 页。
② 胡昭玲主编：《反倾销规则与实践》，南开大学出版社 2004 年版，第 95 页。
③ 蔡镇顺、范利平、帅海燕：《反倾销与反补贴法研究》，中山大学出版社 2005 年版，第 125 页。

国海关缴纳与初裁确定的倾销幅度相应临时反倾销税。[1] 各国反倾销使用最多的措施是临时反倾销税。[2] 国外对华所采取临时措施，如欧盟等对中国出口产品则绝大多数采取征收临时反倾销税的方式。

2. 担保。包括现金保证、保函或其他形式。其数额应与初裁确定倾销幅度相同，不得高于倾销幅度。欧美允许保证金为存款、债券或其他有价证券。现金保证金是国内进口商向海关缴纳一笔与初裁所确定倾销幅度一致现金担保，不是税款，是以现金形式先行押在海关里的进口担保。[3] 保函是由有关金融机构出具的、保证日后该进口商全额交纳反倾销税法律文件。在初裁阶段不涉及金钱所有权转移。[4]

3. 临时反倾销措施。针对不同损害采取不同临时措施。对实质损害，可依据不同情况采取征收临时反倾销税或担保措施，对于实质损害威胁或实质阻碍，则只需采用担保方式即可达到阻止损害发生的目的。《反倾销条例》仅规定征收临时反倾销税和担保，但如何选择没有规定。征收临时反倾销税涉及税率、税额甚至后期返还问题。而担保就不同，除现金保证外，其他担保不过户金钱。收取保证金具有效率高、程序简便、易达目的的优点，不会对进口商造成经济压力，又可保证在肯定性最终裁定作出后，进口商能够缴纳反倾销税。鉴于《反倾销协议》规定对反倾销担保作出倾向性规定，商务部在决定采取临时反倾销措施时，应优先考虑担保方式。

五、适用临时反倾销措施的条件

1. 临时反倾销措施必须符合法定条件。①肯定性初裁。只有初裁肯定，认为被调查产品已经构成倾销，并导致本国相关产业遭受了实质损害，才具备采取临时反倾销措施条件。如《反倾销条例》第28条规定，初裁决定确定倾销成立，并由此对国内产业造成损害的，可以采取临时反倾销措施。《反倾销协议》第7条第1款也规定，临时措施只有在下列情况下方可实施，即已作出关于倾销和由此产生的对国内产业的损害的初步肯定裁定。②有防止调查期间造成损害的必要性。在反倾销调查期间，国内产业所遭受的损害可能

---

① 尚明编著：《反倾销——WTO规则与中外法律及实践》，法律出版社2004年版，第499页。
② 于永达、戴天宇：《反倾销理论与实务》，清华大学出版社2004年版，第97页。
③ 尚明编著：《反倾销——WTO规则与中外法律及实践》，法律出版社2004年版，第500页。
④ 尚明编著：《反倾销——WTO规则与中外法律及实践》，法律出版社2004年版，第500页。

进一步扩大，有时所遭受损害甚至是不可补救的。如《反倾销协议》第7条第1款规定，临时措施只有在有关主管机关判断此类措施对防止在调查期间造成损害为必要的情况下方可实施。③作出临时反倾销措施须符合法定程序，遵从正当程序。主管机关已经依照法定程序发起调查，已为此发出公告，按照法律规定进行信息披露，并给予利害人发表意见的机会。如《反倾销协议》第7条第1款规定，临时措施只有在下列情况下方可实施：已依照第5条规定发起调查，已为此发出公告，且已给予利害关系方提交信息和提出意见充分机会。

2. 在美国，采取临时反倾销措施须具备条件：有合理依据认为或怀疑产品以低于公平价值出售；存在损害合理迹象。美国商务部《反倾销规章》第2节第5条规定，部长应在起诉提出之日或发动调查的通知公布之日起160天内根据当时可以的得到的关于是否有合理依据认为或怀疑该产品以低于价值销售的资料作出初裁。如果上述初步裁决是肯定的，那么部长在裁决中还应：对初步裁决作出之日或该日后进入境内或从仓库运出以供给消费之用的所有商品的入境作出中止结算的命令；通知海关要求根据本条被宣布暂停入境的那些商品提供相当于加权平均倾销差价的现金存款和银行债券担保，以此采取临时反倾销措施。美国商务部于2010年出台新建议，反倾销初裁后，受到制裁产品的进口商只能以现金作为保证金，才能继续出口。①

3. 在欧盟，采取临时措施须具备条件：存在倾销；具有损害的充分证据；征反倾销临时税符合"共同体"利益。②《欧共体384/96号反倾销条例》第7条第1款规定：如果根据第5条规定已经开始起诉，如果诉讼已经作出公告，利害当事人根据第5条第10款被给予充分的机会提供信息和作出评论，如果倾销和随之对共同体产生损害已经得到初步确认；并且如果共同体利益要求干预以阻止损害，便可征收临时反倾销税。③

4. 采取临时措施应公告。如《反倾销协议》第12条规定，实施临时措施的公告应列出或通过单独报告提供关于倾销和损害的初步裁定的详细说明，

---

① 资料来源：网易新闻中心："美国商务部强化贸易救济提出14项一揽子建议"，http://news.163.com/10/0830/01/6FA3BSAG00014AED.html，2013年10月14日访问。

② 刘凯旋、孙凤英：《反倾销法理规则与会计证据》，中国经济出版社2009年版，第55页。

③ 蔡庆辉："共同体利益原则与欧共体最新反倾销法程序规则"，载《法学杂志》2004年第6期。

并应提及导致有关论据被接受或被拒绝的事实问题和法律问题。该公告或报告应在适当考虑保护机密信息要求的同时，特别包含下列内容：①供应商名称，如不可行，则为所涉及的供应国名称；②足以符合报关目的的产品描述；③根据第 2 条确定的倾销幅度及关于确定和比较出口价格和正常价值所使用方法的理由的完整说明；④按第 3 条所列与损害确定有关的考虑；⑤导致作出裁定主要理由，在裁决中也应当说明调查的结论和决定采取的临时措施类型，但无论采用何种类型，所涉金额上限不得高于临时估算的倾销幅度。

六、反倾销临时措施的适用期间

临时措施适用期限，一般为 4 个月，最长 9 个月。《反倾销条例》第 30 条规定，临时反倾销措施实施的期限，自临时反倾销措施决定公告规定实施之日起，不超过 4 个月；在特殊情形下，可以延长至 9 个月。自反倾销立案调查决定公告之日起 60 天内，不得采取临时反倾销措施。这符合《反倾销协议》第 7 条第 3 款、第 4 款规定。即临时措施不得早于发起调查之日起 60 天实施；临时措施实施应限制在尽可能短的时间内，不超过 4 个月，或经有关主管机关决定，并应在所涉及的贸易中占很大百分比的出口商请求，可不超过 6 个月。在调查过程中，如主管机关审查低于倾销幅度的反倾销税是否足以消除损害，则这些时间可分别为 6 个月和 9 个月。

在美国，在联邦公报公告初步裁定后，或发布展开反倾销调查通知日期之后的 60 天后，以两者中较靠后的日期起，发布暂停有关产品的完税通关，对该日期后的每一批进口产品，如果要通关，进口商就要缴付等同于初步裁定倾销幅度的现金保证金或其他担保，但暂停通关的期限一般为 4 个月，最长不超过 6 个月。[①]

在欧盟，《欧共体 384/96 号反倾销条例》第 7 条第 7 款规定：临时反倾销税可征收 6 个月，并可再延长 3 个月，或也可征收 9 个月临时反倾销税。如果在该贸易中占有重要比重的出口商这样要求，或对委员会的通知没有表示反对，临时反倾销税仅可延长到 9 个月，或者在 9 个月期限中征收。

---

① 孔祥俊、吉罗洪主编：《反倾销法律制度及申诉应诉指南》，中国民主法制出版社 2003 年版，第 223 页。

七、找平临时反倾销措施与最终反倾销措施

由于初裁和终裁所确定倾销幅度可能不一致，因此临时反倾销税和最终反倾销税可能不同。一般说来，终裁决定确定不征收反倾销税的，或终裁决定未确定追溯征收反倾销税的，已征收的临时反倾销税、已收取的保证金应当予以退还，保函或其他形式担保应当予以解除。终裁决定确定的反倾销税，高于已付或应付的临时反倾销税或为担保目的而估计的金额的，差额部分不予收取；低于已付或应付的临时反倾销税或为担保目的而估计的金额的，差额部分应当根据具体情况予以退还或重新计算税额。如《反倾销协议》第10条规定，如最终反倾销税高于已付或应付的临时税或为担保目的而估计的金额，则差额部分不得收取。如最终税额低于已付或应付临时税或为担保目的而估计的金额，则差额部分应根据具体情况予以退还，或重新计算税额。如最终裁定为否定的，则在实施临时措施期间所交纳的现金保证金应迅速予以退还，任何保函应迅速予以解除。美国《反倾销规章》第二节第13条也规定：如果部长在其肯定性初裁或肯定性终裁中要求该批货物提供担保的现金存款或付款保证书数额不同于部长根据本节第12条规定所计算出倾销差价，那么在作为担保的现金存款或付款保证书的数额小于倾销差价的数额情况下，部长就应通知海关不管这个差别，即不再征收反倾销税；反之若作为担保的现金存款或付款保证书数额大于倾销差价，那么部长就应通知海关对该批商品征收其数额相当于根据本节第12条计算出的倾销差价的反倾销税。

《欧共体384/96号反倾销条例》第10条第3款也规定：如果最终反倾销税高于临时反倾销税，不应征收二者之间的差额。如果最终反倾销税低于临时反顿销税，应当重新计算最终反倾销税。如果最终裁定是否定的，临时反倾销税不应被确认。在欧盟，临时反倾销税并不是在决定作出后就马上征收的。在提供担保情况下，相关产品可以被放行并在欧盟境内自由流通。直到最终裁决表明倾销和损害确实存在时，理事会才应考虑最终征收临时反倾销税比例。另外，最终裁决中的"损害"只有被解释为实质性损害时才满足最终征收临时反倾销税条件；如果被解释为损害威胁或产业建立阻碍，则只从最终确定损害威胁或阻碍时起征收最终反倾销税，临时税则可以免征，除非

不征收临时反倾销税会导致实质性损害的发生。①

总之，处理临时措施和最终措施关系，应作有利于进口国进口商一方利益之解释，即临时措施阶段确定税额，包括保证金，低于最终税额时，不再另征税；反之，进口国主管当局需退还差额。这要求进口国主管当局应严肃对待反倾销调查和裁决，严格依照法律规范操作，避免造成利益失衡。

第三节　价格承诺

一、价格承诺

价格承诺是指进口成员方机关经调查并作出倾销及其损害肯定初裁，经出口商和进口成员方机关协商，出口商承诺提高其出口价格或停止以倾销价格向所涉国家或地区出口，从而使进口国机关确信倾销损害性影响可以消除，进而中止或终止调查程序，不采取临时反倾销措施或征收反倾销税，双方达成的协议。如《反倾销价格承诺暂行规则》第 3 条规定，价格承诺是指应诉出口商、生产商向商务部自愿作出的，改变价格或停止以倾销价格出口被调查产品并经商务部接受而中止或终止调查的承诺。

其特征包括：①价格承诺主体是反倾销机关和出口商。需出口商与进口国政府双方意思表示一致。价格承诺也可由反倾销机关与有关出口国（地区）政府达成。②价格承诺是反倾销机关实现行政职责方式，以消除倾销对本国产业的损害为目的。③必须在倾销和损害的肯定性初裁作出之后才能达成。④反倾销机关有权对出口商履约进行监督，对于违约行为，可采取迅速行动。⑤它是《反倾销协议》允许的对临时措施或征收反倾销税的变通。②

二、价格承诺的作用

1. 提高行政效能。《反倾销价格承诺暂行规则》第 1 条规定其目的在于保证反倾销措施合理、有效的实施。在行政合同中，行政机关享有公益优先

---

① 肖伟主编：《国际反倾销法律与实务（欧共体卷）》，知识产权出版社 2005 年版，第 318～319 页。

② 肖伟主编：《国际反倾销法律与实务（WTO 卷）》，知识产权出版社 2006 年版，第 295 页。

权，如对合同履行监督权、为公共利益而单方面依法或依合同变更合同权、解除权，或对当事人违约行为的制裁权。如在商务部与俄罗斯萨彦斯克化学塑料股份公司签署的关于中止聚氯乙烯反倾销调查价格承诺协议中，明确设定商务部享有优益权："第一，商务部认为本协议符合中国公共利益；对本协议执行监督也切实可行；本协议将防止由于进口本协议项下的产品而遏制或降低中国国内相似产品的价格水平。第二，如商务部认为继续执行价格承诺协议不再符合公共利益，则可以撤销价格承诺协议，并通知萨彦斯克公司。萨彦斯克公司可在 20 天内提出评论。该撤销通知在发出之日起第 30 天起生效，同时商务部可依据有关法律程序重新实施必要反倾销措施。"①

2. 价格承诺优势为双赢。"采用价格承诺方式结案，出口产品可不必被征收确定性反倾销税，有利于出口商发展出口贸易；进口产品价格提高又可避免对进口国工业造成进一步损害；反倾销机关可不必继续进行繁复调查，从而节省人力、物力。越来越多反倾销以价格承诺方式结案。"② 如经过中欧双方艰苦、细致谈判，中国光伏产业代表与欧委会就中国输欧光伏产品贸易争端达成价格承诺。③ 该价格承诺体现了中方绝大多数企业的意愿，使中国光伏产品在双方协商达成的贸易安排下，继续对欧盟出口，并保持合理市场份额。

三、价格承诺达成程序

（一）价格承诺达成的条件

1. 只有在进口国调查当局作出肯定初裁后一定时限内。如《反倾销条例》第 33 条规定，商务部对倾销以及由倾销造成的损害作出肯定的初裁决定前，不得寻求或接受价格承诺。《反倾销价格承诺暂行规则》第 6 条规定，价格承诺的提出不得晚于初步裁决公告后 45 天。《反倾销协议》第 8.2 条规定，除非进口成员的主管机关已就倾销和倾销所造成的损害作出初步肯定裁定，否则不得寻求或接受出口商的价格承诺。

2. 价格承诺可先由出口商提出，调查当局根据情况来决定是否接受。调

---

① 来源：商务部网站，2013 年 7 月 27 日访问。
② 温树彬："论中国企业在欧盟反倾销诉讼中的应诉策略"，载《河北法学》2002 年第 3 期。
③ 来源：商务部网站，2013 年 7 月 27 日访问。

查当局也可先提议，但不能强迫出口商接受。如《反倾销价格承诺暂行规则》第 4 条规定，应诉出口商、生产商可向商务部提出价格承诺，商务部也可向应诉出口商、生产商提出价格承诺的建议。商务部不得强迫有关出口商、生产商作出价格承诺。出口商、生产商不作出承诺或不接受价格承诺建议，不得对其倾销及倾销幅度的确定产生不利影响。商务部只接受在调查期间充分合作的出口商、生产商提出的价格承诺。如《反倾销协议》第 8 条第 5 款规定："价格承诺可由进口成员的主管机关提出建议，但不得强迫出口商作出此类承诺。出口商不提出此类承诺或不接受这样做的邀请的事实，决不能有损于对该案的审查。但如倾销进口产品继续发生，则主管机关有权确定损害威胁更有可能出现。"这是为了确保价格承诺建立在出口方自愿基础上。

3. 应符合反倾销实体法目的。《反倾销条例》第 33 条规定，商务部认为出口经营者作出的价格承诺能够接受并符合公共利益的，可以决定中止或终止反倾销调查，不采取临时反倾销措施或征收反倾销税。接受价格承诺条件：①可以消除倾销所造成的损害；②具备行之有效的措施予以监控；③符合中国公共利益；④不存在规避的可能性。在美国，对于因签订中止协议而中止或终止反倾销调查，也须符合公共利益。《加拿大特别进口措施法》第 49 条规定，加拿大边境服务署专员可以接受出口商或出口国政府递交书面价格承诺，前提条件是该承诺必须能够降低被控产品的倾销幅度或消除对加拿大国内同类产业损害。边境服务署要求提出价格承诺的出口商至少应能代表所有涉案出口商 85%；如果出口商协会出面提出价格承诺，特殊进口措施法要求其承诺不能与加拿大竞争法产生冲突。

（二）达成价格承诺的程序

达成价格承诺的程序是指进口国主管机关与国外出口方达成价格承诺协议方式、步骤、顺序和时限。

1. 出口商提出价格承诺。如进口国调查当局提出建议，其为"要约邀请"，虽涉及实体内容，但不发生"要约"效力。

2. 时间为肯定初裁之后。如在商务部与法国阿科玛公司关于 100% 浓度水合肼产品的价格承诺协议中，[①] 商务部于 2003 年 12 月发布公告，决定对原

---

① 商务部公告（2006 年第 94 号），来源于 http://www.mofcom.gov.cn/aarticle/b/c/200612/2006
1204029329.html，2012 年 9 月 12 日访问。

产于日本、韩国、美国和法国的进口水合肼进行反倾销调查。2005 年 6 月 17 日，商务部对本案作出最终裁定，认定原产于日本、韩国、美国和法国的进口水合肼存在倾销，中国水合肼产业遭受了实质损害，同时倾销和实质损害之间存在因果关系。终裁后，国内水合肼部分下游企业和国外主要出口商法国阿科玛公司向商务部提出申请，请求不对 100% 浓度水合肼产品征收反倾销税。商务部对有关问题进行了调查，召开了水合肼反倾销案上下游意见陈述会，分别听取了国内水合肼生产企业和下游用户意见，并进行了实地调查。商务部最终从实际情况出发，综合考虑各方面因素，决定与国外出口商法国阿科玛公司签订价格承诺协议。经协商一致，双方于 2006 年 11 月 30 日签订该协议。即使已经作出了最终裁决，由于特殊情况，商务部仍会接受出口商的价格承诺要求。

在美国，价格承诺被称为中止协议，中止协议草案由出口方在美国商务部公告初裁结果后 15 天内向商务部提出，商务部应于 30 天内与国内申请人就协议内容进行商议，同时应通知所有利害关系人、产品用户、消费者组织代表、美国相关政府机构，并请其在 50 日内提出书面意见。商务部在公告初裁 60 天内决定是否接受中止协议。

在欧盟，价格承诺申请应当在反倾销调查过程中最迟不得晚于《欧盟反倾销条例》第 20 条第 5 款所规定的陈述期间。即出口商在调查过程中，可以要求欧委会就征收最终反倾销税或不征税终结调查的最终裁定所依据的事实进行最终披露，该最终披露通常应当在欧委会作出最终裁定前一个月作出。最终披露后当事人可以做出陈述发表意见，这一陈述应在欧委会规定的期限内收到才算有效，通常不少于 10 天。价格承诺申请最迟可以在欧委会最终披露做出后不少于 10 天的一段时间内提出，具体期限由欧委会来决定。①

3. 价格承诺磋商。主管机关在接到出口商提出的价格承诺之后，应当会同利益相关方进行磋商。《价格承诺暂行规则》第 9 条规定："商务部收到有关出口商、生产商提出的价格承诺后应当通知其他利害关系方，并提供非保密文本供其评论。评论应当在通知中规定的期限内以书面方式提出。"受潜在影响的消费产业和国内生产商参与磋商。可建立听证制度作为磋商的法定形式，以便利于各利害关系方充分发表意见。

---

① 肖伟主编：《国际反倾销法律与实务（欧共体卷）》，知识产权出版社 2005 年版，第 303 页。

4. 价格承诺接受与拒绝。是否接受出口商作出的价格承诺，进口国政府有决定权。《反倾销价格承诺暂行规则》规定，商务部在考虑是否接受价格承诺时，应当审查下列因素：是否可以消除倾销所造成的损害、是否具备行之有效的措施予以监控、是否符合公共利益、是否存在规避的可能性以及认为需要审查的其他因素。《反倾销协议》第8.1条规定，如收到任何出口商关于修改其价格或停止以倾销价格向所涉地区出口的令人满意的自愿承诺，从而使主管机关确信倾销的损害性影响已经消除，则调查程序可以中止或终止，而不采取临时措施或征收反倾销税。根据此类承诺的提价不得超过抵消倾销幅度所必需的限度。如提价幅度小于倾销幅度即足以消除对国内产业的损害，则该提价幅度是可取的。如主管机关认为接受价格承诺不可行，则不必接受所提承诺，例如由于实际或潜在出口商数量过大，或由于其他原因，包括一般政策原因。

5. 说明理由。《反倾销条例》第33条第2款规定，商务部不接受价格承诺的，应当向有关出口经营者说明理由。商务部认为不宜接受价格承诺的，应当将拒绝承诺的理由通知该出口商、生产商，并给予其对此充分发表意见的机会。拒绝价格承诺的决定和理由应当在终裁决定中写明。《反倾销协议》第8.3条规定，主管机关应向出口商提供其认为不宜接受承诺理由，并应在可能限度内给予出口商就此发表意见机会。

商务部拒绝价格承诺的，应有实体正当理由。按照现行法律，调查机关如果拒绝出口方提出的价格承诺请求，只需履行说明理由程序的义务，而对于理由本身的正当性在所不问。① 正当理由是指作出价格承诺不足以消除进口国的损害或威胁；不能有效对价格承诺的履行进行监督；出口商有不良信用记录；依据当时的政策，不适合采用价格承诺方式；不符合公共利益。美国商务部认为接受中止协议不符合公共利益或总体政策，同时无法有效对出口商履行协议进行有效监控，可以拒绝价格承诺要求。印度在反倾销调查中，如果调查机关认为接受价格承诺是不切合实际的或不能接受价格承诺则可以拒绝。例如，印度对我技术用和食品用磷酸反倾销调查终裁中，以无法监控

---

① 出口商按照价格承诺协议中的约定进行的价格调整，其提高价格的那部分收入归属于出口商的销售额中，成为出口商利润的一部分，与征收反倾销税归入进口国政府的特别关税收入相比，在征收反倾销税可能性较大的情况下，达成价格承诺协议对出口商更为有利。

磷酸原材料和出口价格变动情况为由，拒绝了应诉企业云南省化工进出口公司提出的自愿价格承诺请求，终裁建议对中国产品征收反倾销税。在欧盟，如果认为接受承诺是不切实际的，就不需要接受作出的承诺。

6. 价格承诺应当在生效后 7 天内通知世贸组织反倾销措施委员会。

四、价格承诺的履行

1. 价格承诺协议的内容。应包括但不限于：①产品范围；②参考价格，包括价格的确定，提价方式，提价幅度，分阶段调整；③报告义务；④接受实地核查的明确表示；⑤不规避价格承诺的保证；⑥商务部认为应包含的其他内容。承诺的提价幅度应当与初步裁决确定的倾销幅度相当；如果提价幅度低于倾销幅度，但足以消除国内产业损害，则提价幅度可低于倾销幅度。有关出口商、生产商提出的价格承诺包含保密信息的，可以向商务部提出保密申请，并提供该保密信息的非保密概要。

2. 价格承诺协议的效力。出口商应进行自我约束，忠实履行合同义务，提高价格，限制出口数量。商务部决定中止或终止对提出价格承诺的出口商、生产商的反倾销调查。价格承诺自中止或终止反倾销调查决定公告之日起开始生效，有效期为 5 年。如商务部仅接受了部分出口商、生产商提出的价格承诺，有效期应当自对其他出口商、生产商的反倾销调查结束之日起计算。在加拿大，价格承诺有效期为 3 年，期满后自动失效，同时所有反倾销程序终止。期满前边境服务署经复审认为有必要，可以延长 3 年。在价格承诺有效期内，出口商可以根据具体情况对其内容作出修改，但如果出口商违反了价格承诺或接受价格承诺情势发生变更，边境服务署将立即终止承诺执行。

3. 特殊情况下可以继续调查。如承诺被接受，应出口经营者请求，或调查机关认为有必要，可以对倾销和损害继续进行调查。如作出倾销和损害的肯定裁决，价格承诺继续有效。如作出倾销或损害的否定裁决，相关出口商、生产商的价格承诺自动失效，反倾销调查终止。如果因为存在价格承诺，调查机关才没有作出存在倾销或损害的肯定裁定，商务部可以决定在一个合理的期限内维持该价格承诺。

4. 监督价格承诺协议履行。《反倾销价格承诺暂行规则》第 17 条规定：①要求作出价格承诺的出口商、生产商定期提供履行承诺的有关情况，包括出口的实际数量和价格、进口商名称；②定期向海关核实作出承诺的出口商、生产商向中国出口被调查产品的数据；③对作出承诺的出口商、生产商进行定期或不定期实地核查；④向作出承诺的出口商、生产商的国内进口商了解、核实有关情况；⑤商务部认为适宜的其他方式。

5. 价格承诺的撤销、撤回。商务部如认为继续执行价格承诺不再符合中国公共利益，可以撤销接受该价格承诺的决定。商务部应当在撤销生效前的合理时间内将此意向通知作出价格承诺的出口商、生产商，并给予该出口商、生产商充分的机会就此进行评论。作出价格承诺的出口商、生产商可以在价格承诺有效期内的任何时候撤回承诺，但应当提前30天向商务部提出。商务部决定撤销接受价格承诺决定的，或作出承诺的国外出口商、生产商撤回价格承诺的，商务部应当通知海关自撤销或撤回生效之日起按原初步裁决实施临时反倾销措施，并立即恢复反倾销调查；如果原反倾销调查已经完成并最终为该出口商、生产商确定了倾销幅度，应当自撤销或撤回生效之日起开始征收反倾销税。

6. 承诺方违反价格承诺。《反倾销价格承诺暂行规则》第26条规定："有下列情况之一的，为违反价格承诺：①以低于承诺的价格出口的；②未按承诺定期提供履行承诺有关情况的；③拒绝商务部对其所提供的数据和其他信息进行核查的；④提供的数据和其他信息存在严重不实的；⑤存在明显的规避行为的；⑥有其他违反价格承诺行为的。"出口商、生产商违反价格承诺的，商务部应当立即恢复反倾销调查，并根据可获得的最佳信息，立即采取临时反倾销措施。如果最终裁定确定存在倾销，应当征收反倾销税，并可以对临时反倾销措施实施前90天内进口的被调查产品追溯征收反倾销税，但违反价格承诺前进口的产品除外。终裁确定的反倾销税高于临时反倾销税或高于所交纳的保证金金额的，差额部分应当补征；终裁确定的反倾销税低于临时反倾销税或低于所交纳的保证金金额的，差额部分应当予以退还。

《反倾销协议》第8.6条规定，进口成员方当局可以要求其承诺已被接受的出口商定期提供与该承诺之履行有关的资料，并允许对有关数据加以核实。如果出口商有违反其价格承诺行为，则进口成员的主管机关可根据本协定采取迅速行动，包括使用可获得最佳信息立即实施临时措施，并可以对实施临时反倾销措施前90天内进口的产品追溯征收反倾销税，但违反价格承诺前进口的产品除外。

在美国，将是否能够进行有效监督作为是否接受中止协议的前提。违反中止协议是指因签约一方的行为或疏忽而不遵守中止协议，不包括非故意或微不足道的行为或疏忽。

（1）立即裁决。商务部认为签约一方违反了中止协议，将不必向利害关系方提供发表意见机会即可对在以下日期之后进口或从仓库提取用于消费的所有商品命令中止清关：①取消中止协议通知公告日期前90天；②为消费该商品首次进口或从仓库提取之日，如果该商品的销售或出口违反了中止协议。如果商务部认为违反中止协议是出于故意，将对有关当事人作出民事处罚。

（2）通知及提出意见后的裁决。如果商务部有理由相信一个中止协议的签约方已经违反了中止协议，或中止协议已不再符合法定条件，但还不具有足够证据作出此种裁决，商务部将在联邦公告上公告"邀请对反倾销中止协议提出通知"的通知。在对收到的意见进行考虑后，商务部将裁决是否有签约方违反了中止协议。如果是，将按前述立即裁决的其他有关规定采取措施；商务部也将裁决中止协议是否不再符合法定条件要求。如果是，将按前述立即裁决的其他有关规定采取措施。如果商务部决定中止协议不能消除被控倾销产品对美国的损害性影响，或在协议上签署的出口商的出口额已达不到占实质上全部的程度，商务部可以修改协议，以加入另外的在协议上签署的出口商。①

在欧盟，当出口商违反或撤回价格承诺，或欧委会撤回对价格承诺的接受，临时措施或最终反倾销税将自动适用，条件是给予出口商一个发表评论的机会，除非他自行撤回价格承诺。任何利害关系方或成员国均可提交表明违反价格承诺的表面证据。欧委会可要求监督价格承诺的成员国有关主管机构提供协助。对是否违反价格承诺的评估应在6个月内完成，并不得超过附有适当证据的要求提交后的9个月。②

总之，出口方违反价格承诺协议时，反倾销机关为了公共利益可以采取措施，这符合正当程序，也符合行政合同法原则。

---

① 肖伟主编：《国际反倾销法律与实务（WTO卷）》，知识产权出版社2006年版，第304～305页。
② 肖伟主编：《国际反倾销法律与实务（WTO卷）》，知识产权出版社2006年版，第308～309页。

第四节　终裁和反倾销税

一、反倾销终裁

1. 反倾销终裁的含义。它是指调查机关在作出肯定性初裁后，对反倾销案事实继续进行调查后作出的最终认定。

2. 反倾销终裁的特征。①终裁是调查机关作出最后实体判断。②在终裁作出前，信息披露是必经程序。③终裁证据必须可靠。④终裁结果不同引起不同后果。如终裁肯定，进口国采取最终反倾销措施；如终裁否定，反倾销案件即告终结，已征收临时反倾销税、已收取保证金应予以退还，保函或其他形式的担保应予以解除，价格承诺协议失去效力。

3. 终裁的构成。①商务部作出终裁。②终裁须在法定期限内作出。《反倾销协议》第 5 条第 10 款规定，"除特殊情况外，调查应在发起后 1 年内结束，且决不能超过 18 个月"。《欧盟第 384/96 号条例》第 6.9 款规定："在所有案件中的这种调查，作出承诺裁决或作出最终裁决，在申请后 15 个月内结束。"③终裁内容包括是否构成倾销、倾销幅度、本国产业是否受到实质损害或实质损害威胁，或者即将建立的产业是否受到实质阻碍、损害和倾销之间是否存在因果关系。④最终裁决应公告，否则不发生效力。如《反倾销协议》第 12.3 条规定："任何肯定或否定的初步或最终裁决……均应予以公告。"

二、反倾销税

（一）含义及特征

反倾销税是进口国在作出肯定性最终裁定后，依据法定程序，对倾销产品向进口商征收的除正常关税和费用以外的一种特别附加税。目的在于迫使倾销产品在进口国提高销售价格，使本国同类产品的生产商获得生存空间。

其特征包括：①进口国政府征收；②纳税人为进口经营者；③税额不得超过倾销幅度；④遵循抵税、不歧视和单独税率原则；⑤5 年征收期限。

（二）反倾销税征收原则

1. 税额不超过倾销幅度。《反倾销条例》规定，"反倾销税应当根据不同出口经营者的倾销幅度，分别确定。对未包括在审查范围内的出口经营者的倾销进口产品，需要征收反倾销税的，应当按照合理方式确定对其适用反倾销税，反倾销税税额不超过终裁决定确定的倾销幅度"。如在对原产于欧盟的进口马铃薯淀粉反倾销案中，对各公司所采用的税率与在该案终裁中确定的倾销幅度相等。《反倾销协议》第 9 条规定，即"在所有征收反倾销税的要求均已满足情况下是否征税的决定，及征收的反倾销税金额是否应等于或小于倾销幅度的决定，均由进口成员主管机关作出"。在美国，对进口产品征收的反倾销税额也等于倾销幅度。① 如果按照低于倾销幅度的额度征税即可消除倾销产品对进口国国内产业造成的损害，应以低于倾销幅度的额度征税。如《反倾销协议》第 9 条规定，"宜允许在所有成员领土内征税，如反倾销税小于倾销幅度即足以消除对国内产业损害，则该反倾销税是可取的"。《欧盟384/96 号条例》第 9 条规定，"反倾销税数额不应超过已确定的倾销幅度，但如果一个较低的反倾销税足以消除对共同体产业的损害，所征的反倾销税应低于倾销幅度"。

2. 不歧视原则。对已经认定倾销和造成损害的所有来源的进口产品根据每一案件情况，在非歧视基础上收取适当金额的反倾销税，但对已经作出价格承诺并被接受的产品除外。《反倾销协议》第9.2 条规定，"如对任何产品征收反倾销税，则应对已被认定倾销和造成损害的所有来源的进口产品根据每一案件的情况在非歧视基础上收取适当金额的反倾销税，来自根据本协定条款提出的价格承诺已被接受的来源的进口产品除外"。

3. 单独税率原则。《反倾销条例》第 41 条规定，"反倾销税应当根据不同出口经营者的倾销幅度，分别确定。对未包括在审查范围内的出口经营者的倾销进口产品，需要征收反倾销税的，应当按照合理的方式确定对其适用的反倾销税"。《反倾销协议》第9.2 条规定，对符合征税条件的所有来源的进口产品根据每一案件的情况征收适当金额反倾销税，即单独税率原则。

（1）主管机关通常应对被调查产品的每一已知出口商或生产者确定各自倾销幅度。在出口商、生产者、进口商数量或所涉及的产品种类特别多而使作出此种确定不实际情况下，主管机关可通过在作出选择时可获得的信息的基础上使用统计上有效的抽样方法，将其审查限制在合理数量的利害关系方或产品上，或限制在可进行合理调查的来自所涉国家出口量的最大百分比上。

---

① 金晓晨："欧美反倾销措施比较"，载《河北法学》2002 年第 2 期。

在主管机关限制其审查范围情况下，它们仍应对及时提交在调查过程中将进行考虑的必要信息的、但最初未被选择的任何出口商或生产者单独确定倾销幅度，除非出口商或生产者的数目特别大，使单独审查给主管机关带来过分的负担并妨碍调查的及时完成。

（2）进口国主管机关应对上述出口商或生产商适用单独反倾销税或正常价值。《反倾销协议》第9.4条规定，对来自审查未包括的出口商或生产者的进口产品征收的反倾销税：①不得超过对选定出口商或生产者确定的加权平均倾销幅度；②如反倾销税的支付责任以预期正常价值为基础计算，则不得超过选定出口商或生产者的加权平均正常价值与未经单独审查的出口商或生产者的出口价格之间的差额。

（3）新出口商。如一产品在一进口成员中被征收反倾销税，主管机关应迅速审查，以便确定所涉出口国中在调查期间未向进口成员出口该产品的任何出口商或生产者的单独倾销幅度，只要这些出口商或生产者能够证明他们与出口国中该产品被征收反倾销税的任何出口商或生产者无关联。

在税额确定上，美国选择追溯方法，出口商先按照终裁确定的倾销幅度交纳保证金，但最终实际交纳的反倾销税，则应在后来的行政复审中根据出口商的实际出口价格计算出实际的倾销幅度来确定。这种方法下反倾销税最终是在出口事实发生后确定的，能够反映实际的倾销幅度。欧盟选择前瞻方法，确定的反倾销税要对将来所有进口产品适用，对于可能导致征税金额与实际倾销幅度不符情况，可通过反吸收程序和退税程序来保证反倾销措施正确实施。

（三）反倾销税追溯征收

反倾销税征收一般始于初裁决定或终裁决定生效之日，例外情况下可以提前，但不能超过反倾销调查发起之日。

1. 对实施临时措施期间的追溯征收。

（1）《反倾销条例》规定，终裁决定确定存在实质损害，并在此前已经采取临时反倾销措施的，反倾销税可以对已经实施临时反倾销措施的期间追溯征收。终裁决定确定存在实质损害威胁，在先前不采取临时反倾销措施将会导致后来作出实质损害裁定的情况下已经采取临时反倾销措施的，反倾销税可以对已经实施临时反倾销措施的期间追溯征收。

（2）《反倾销协议》第10.2条规定，如作出损害的最终裁定（而不是损害威胁或实质阻碍一产业建立的最终裁定），或在虽已作出损害威胁的最终裁定，但如无临时措施，将会导致对倾销进口产品的影响作出损害裁定的情况下，则反倾销税可对已经实施临时措施（若有的话）的期间追溯征收。

（3）不能追溯征收。《反倾销协议》第 10.4 条规定，除第 2 款的规定外，如作出损害威胁或实质阻碍的裁定（但未发生损害），则最终反倾销税只能自作出损害威胁或实质阻碍的裁定之日起征收，在实施临时措施期间所交纳的任何现金保证金应迅速予以退还，任何保函应迅速予以解除。

2. 对实施临时措施之日前 90 天期间的追溯征收。下列两种情形并存的，可以对实施临时反倾销措施之日前 90 天内进口的产品追溯征收反倾销税，但立案调查前进口的产品除外：①倾销进口产品有对国内产业造成损害的倾销历史，或该产品的进口经营者知道或应当知道出口经营者实施倾销并且倾销对国内产业将造成损害的；②倾销进口产品在短期内大量进口，并且可能会严重破坏即将实施的反倾销税的补救效果的。商务部发起调查后，有充分证据证明前款所列两种情形并存的，可以对有关进口产品采取进口登记必要措施，以便追溯征收反倾销税。《反倾销协议》第 10.6 条规定，要给予有关进口商发表意见的机会。

3. 在美国，肯定初裁作出之后，商务部将发布中止清关命令。如果贸委会终裁确定倾销造成实质损害，或若非中止清关肯定将导致实质损害的实质损害威胁，那么已中止清关的被调查商品将被征收反倾销税。如果贸委会终裁确定造成前述以外的实质损害威胁或实质阻碍一个美国产业的建立，反倾销税命令适用于在委员会肯定终裁发布日期或之后进口、或从仓库提取用于消费的被调查商品。对于在此日期前的被调查商品，商务部应释放任何保函或其他担保，并退还任何保证金。如果申请人在终裁决定作出前 20 日之前提出要求，主管机关应立即根据当时其掌握的信息作出是否存在紧急情况认定：进入美国或其他国家的该倾销进口商品是否存在倾销和实质损害的历史，或进口商知道或应当知道出口商以低于正常价值的价格销售该商品并可能带来实质性损害；该商品在一段相对较短的期间内大量进口。如果上述紧急情况成立，在初裁时确定的临时措施将追溯至初裁决定作出之日前 90 天的期间，或追溯至反倾销调查立案决定公布于联邦公告之日，二者以时间在后者为准。在终裁时分为两类情况：①终裁确定紧急情况不成立，主管机关应取消中止清关溯及适用效力，并退还现金抵押、保证金或其他担保。②终裁确定紧急情况成立，分三种情况处理：一是初裁决定和对紧急情况认定均为肯定，则维持初裁追溯征收的决定；二是初裁决定为肯定，对紧急情况认定为否定，则应修改初裁时的中止清关和担保要求，以便适用于在第一次中止清关令发布前 90 天以后进口或出仓供消费的未清关商品；三是初裁决定为否定，则初裁时的中止清关和担保要求适用于在第一次中止清关令发布前 90 天以后进口或出仓供消费的未清关商品。①

4. 在欧盟，反倾销税仅适用于作出征收决定的终裁生效后进入欧共体自由流通的产品。但在下列情况下，反倾销税也适用于在采取临时措施之前 90 天内、但不早于发动反倾销调查之日进入欧盟用于消费的产品：①该进口产品已在欧盟海关接受了为便于日后可能采取的反倾销措施而实施的进口登记，欧委会已给予有关进口商发表意见机会；②该进口产品存在倾销的历史，或进口商已经知道或应当知道被指称或确定的倾销程度以及损害；③除在调查期间造成损害的进口水平外，还存在进口的进一步实质性增长，且此种增长依据其时间、数量和其他情况，可能会严重损害即将采取的最终反倾销税的救济效果。当采取了临时措施且最终确定倾销和损害均成立，不管终裁是否决定征收反倾销税，欧委会均应就临时反倾销税的最终征收比例作出决定。这时的损害不应包括实质性阻碍欧盟产业的建立或实质性损害的威胁，除非证明若无临时措施则该实质性损害的威胁将发展成为实质性损害。如果欧委会确定的最终反倾销税高于临时反倾销税，则高出部分不再征收；如果最终反倾销税低于临时反倾销税，则临时反倾销税应重新计算。若终裁是否定的，临时反倾销税不得征收。②

5. 在加拿大，从损害终裁作出之日起，涉诉产品进口将按照边境服务署终裁所确定倾销幅度征收反倾销税。在特定情况下，反倾销税可溯及既往。裁判所在作实质性损害调查时，可以对立案之日前后较短一段时间内被控产品的进口进行调查，看其是否构成大宗进口，并对加拿大国内产业造成了损害，如果裁决是肯定的，则该批大宗进口将被追加征收反倾销税。

---

① 肖伟主编：《国际反倾销法律与实务（WTO 卷）》，知识产权出版社 2006 年版，第 321～322 页。

② 肖伟主编：《国际反倾销法律与实务（WTO 卷）》，知识产权出版社 2006 年版，第 324～325 页。

（四）反倾销税实施期限

反倾销税应仅在抵消造成损害的倾销所必需的时间和限度内实施。《反倾销条例》第 48 条规定，反倾销税征收期限不超过 5 年；但是经复审确定终止征收反倾销税有可能导致倾销和损害的继续或再度发生的，反倾销税征收期限可以适当延长。《反倾销协议》第 11.3 条规定，任何最终反倾销税应在征收之日起，或最近一次复审之日起 5 年内的一日期终止，除非主管机关在该日期之前自行进行的复审或在该日期之前一段合理时间内由国内产业或代表国内产业提出的有充分证据请求下进行复审确定，反倾销税终止有可能导致倾销和损害的继续或再度发生。在此种复审的结果产生之前，可继续征税。

三、反倾销退税

（一）反倾销退税的含义

反倾销退税是指进口商有证据证明已经缴纳的反倾销税税额超过倾销幅度的，进口商向商务部提出退税申请，经商务部核实并建议，国务院关税税则委员会作出退税决定，海关执行的制度。

（二）退税程序

1. 进口商有证据证明已经缴纳的反倾销税金额超过实际倾销幅度的。

2. 退税申请的提出不得晚于实际缴纳反倾销税后的 3 个月。就反倾销调查立案后最终裁决前所进口的被调查产品提出的退税申请，须在反倾销调查作出最终裁决后的 3 个月内提出。

3. 退税申请应以书面形式提出，并由申请人的法定代表人或其授权人正式签署。退税申请应附下列证据和材料：①申请人及其供应商名称、地址及有关情况；②申请前 6 个月内被调查产品的国内平均销售价格、交易笔数、总金额，对中国的平均出口价格、交易笔数、总金额，对第三国（地区）的平均出口价格、交易笔数、总金额；③申请前 6 个月内被调查产品的正常价值、出口价格的数据；④为计算倾销幅度而必须作出的各种调整及倾销幅度的初步计算结果；⑤就其申请退税的被调查产品的进口合同、发票、提单、付款凭证复印件以及申请人缴税凭证；⑥申请人认为需要说明的其他内容。①~④项应按原反倾销调查问卷所要求的内容及形式提交。申请所附证据、材料应包括反倾销措施所适用产品全部型号的数据。出口价格数据，应包括申请人的供应商对中国的全部出口。

4. 退税申请涉及多个供应商，应分别提出申请。如果进口商与出口商、生产商无关联关系，而上述证据、材料无法由进口商直接提供，则退税申请应包含出口商、生产商的声明。声明应包括下列内容：被调查产品的倾销幅度已经降低或消除，且有关证据和材料将按照规定内容和形式，在自退税申请提出之日起 30 日内，由出口商、生产商直接提交给商务部。出口商、生产商在规定期间内，未能按申请人声明提交证据、材料的，商务部可以驳回退税申请。

5. 如申请人提出保密申请，申请书应分为保密文本和公开文本。保密文本和公开文本均应提交 1 份正本、6 份副本。商务部可以根据《反倾销调查实地核查暂行规则》，对出口商、生产商所提交证据、材料准确性和完整性进行实地核查。如果利害关系方拒绝核查，商务部可根据已经获得的事实和可获得的最佳信息作出裁决，或驳回申请。

6. 商务部按照《反倾销条例》第 4 条、第 5 条、第 6 条规定，确定申请退税产品在申请前 6 个月内的正常价值、出口价格以及倾销幅度。出口价格根据进口产品首次转售给独立购买人价格推定的，如果申请人有充分的证据证明，反倾销税已适当地反映在此价格及以后的国内销售价格中，则商务部在计算推定的出口价格时，不应扣除已缴纳的反倾销税税额。

7. 商务部经过审查，倾销幅度与原裁决结果相比并未降低，商务部应驳回退税申请，应通知申请人并说明理由。商务部应自接到退税申请之日起于 12 个月内完成退税审查。商务部应于退税审查期限届满 15 日前向国务院关税税则委员会提出退税建议，并在审查期限届满前将国务院关税税则委员会的决定通知申请人和海关。退税金额为原反倾销调查所确定的倾销幅度与新确定的倾销幅度之间的差额。退税申请的审查结果不影响原反倾销措施效力。如经审查，商务部发现倾销幅度有所提高，可自主决定发起期中复审。

第七章　反倾销行政复审

第一节　行政复审理论

一、行政复审

行政复审主要是指反倾销机关对已经生效的反倾销措施实施及其实际效果依法进行的重新审查。[①] 价格承诺或反倾销税生效一段时间后，复审机关可依申请或依职权对是否有继续实施反倾销措施必要性和适当性进行审查，从而作出维持、修改或取消反倾销措施的决定。

其特征包括：①行政复审是反倾销机关对自身反倾销措施效能的自我检验，也是当事人主张行政权利的路径；②复审对象主要是最终反倾销税和价格承诺；③行政复审程序与反倾销调查程序基本相同；④复审遵循行政决定确定力原理。在反倾销措施效力期间内，行政机关除非法定原因不得变更自己所作行政决定。法律规定了行政复审发起的时间、证据和实体条件。

二、行政复审的性质

1. 行政复审与原反倾销调查。二者适用实体法一致，目的基本一样。区别主要在于复审可针对个别国外申请企业发起，而不是针对整个产业。《反倾销条例》规定，复审程序参照反倾销调查的有关规定执行。《反倾销协议》第11条规定，行政复审证据和程序与反倾销调查的证据和程序相同。复审一般在12个月内结束，原反倾销程序可达18个月。

2. 行政复审与行政复议。

（1）二者性质不同、彼此独立。行政复审是由于反倾销措施赖以存在的

[①]　李炼主编：《反倾销：法律与实务》，中国发展出版社1999年版，第160页。

事实基础变化，使继续采取原来反倾销措施变得不必要，必须作出新裁决，对原来的反倾销措施加以变更、修改或取消。行政复议是行政复议机关应申请人申请，审查被申请方所作具体行政行为合法性与适当性，并作出相应裁决的行政司法。[1]

（2）二者区别：首先，行政复议只能由公民、法人或者其他组织提起，行政复审也可由主管机关自行发起。其次，复议机关所受理的为具体行政行为合法与否的争议。行政复审不是针对反倾销措施的合法性，而是审查反倾销措施赖以存在的事实基础是否发生变化。最后，复议基本实行一次复议，而复审发起频率高，种类多。

3. 行政复审与司法审查。司法审查机关是法院，完全独立于行政机关，行政复审为反倾销机关自身。司法审查只能应利害关系方请求而启动。

4. 行政复审与反倾销税额年度复审。反倾销税额的年度复审是美国为计算进口商应缴纳反倾销税额度的必经程序。美国商务部在发布反倾销命令时，会确定一个基于倾销幅度的现金担保金额，此种担保金额仅仅是根据反倾销调查结果而初步估算出来的数值，至于确切应征收的反倾销税额，则在年度审查时才确定。这种年度审查，在美国 1994 年通过的《乌拉圭回合协定法》（URAA）中修订为"反倾销税额之定期审查"，按照该法规定，商务部必须在反倾销命令公告满 1 年后开始，最少每 12 个月进行一次这种审查，以确定反倾销税额。这种确定反倾销税额的程序，与基于情况有所变更的反倾销复审并不相同，在美国反倾销法中被称为年度复审。如《反倾销协议》所附的注释第 21 表明，"依第 9 条第 3 项为认定反倾销税应纳税额之最终责任所作之决定本身，并不构成本条意义下的复审"。据此可认为，一国如何确定最终应纳税额，受《反倾销协议》第 9 条关于"反倾销税课征"的约束，而不是第 11 条规定的复审。[2]

三、行政复审的种类

1. 根据启动方式分为主管机关依职权复审和依申请复审。[1]利害关系人

---

[1]　罗豪才主编：《行政法学》，中国政法大学出版社 1996 年版，第 247 页。

[2]　戴仲川："国际反倾销法中的行政复审机制探析"，载《华侨大学学报（哲学社会科学版）》1999 年第 4 期。

只要符合法定条件都可申请复审。②依职权复审应当基于公共利益需要而发起。《反倾销协议》第 11 条第 2 项规定，反倾销机关在有正当理由的情况下应主动对继续征收最终反倾销税的必要性进行复审。《欧盟反倾销条例》第 11 条规定，欧委会在是否发起行政复审上具有绝对裁量权。美国反倾销机关很少主动发起复审，除非在反倾销措施实施满两年后，美国商务部或国际贸易委员会有证据证明，情况已经发生变化，有足够理由进行情势变迁复审，才可依职权发起。③行政机关主动进行复审没有明确的时间限制。④利害关系人申请则有时间限制。如允许当事人随时申请复审，导致当事人滥用权利，规避反倾销调查。如《欧盟反倾销条例》规定，当事人有证据证明客观情势发生变化而足以支持复审需要，只有在欧委会调查完毕后至少 1 年后才可申请。

2. 新出口商复审、期中复审、期终复审和情势变更复审。情势变更复审是指在采取反倾销措施后，由于导致采取反倾销措施的有关因素发生了变化，主管机关对是否继续维持反倾销措施而进行的审查。如由于技术进步或其他因素，国内产业已停止生产该产品，或国内已无该产业等。

3. 与反倾销有关的复审，包括对退税的复审、对反吸收和反规避的复审。如欧盟规定了对反吸收的复审，如果征税后倾销产品在欧盟的售价并未提高，即反倾销措施未起到保护作用，其国内产业可要求再征收一个反吸收税率。欧盟和美国都规定了对反规避的复审，规避即征收反倾销税后，生产商将生产地移至第三国以规避反倾销税。①

四、行政复审的目的

保护国内外利害关系方权益。反倾销措施的目的在于消除倾销及其损害，而倾销或损害状况并非一成不变，在采取反倾销措施以后，应当有机会通过复审程序来审查倾销或损害是否依然存在，并检视可预见未来的损害情况。对继续按照原来形式和水平实施反倾销措施的必要性进行审查，以便针对变化了的情况及时调整反倾销措施。② 只有这样，才能准确地制止倾销现象，维

---

① 王贺军、阎海："再次审查——完善我国反倾销行政复审法律制度的思考"，载《国际贸易》2002 年第 5 期。

② 王振清、马军："反倾销案件行政复审、行政复议与司法审查"，载《法学杂志》2003 年第 3 期。

护贸易公平竞争。由于反倾销措施赖以存在的基础已经发生变化，使得继续实施原反倾销措施变得不合理，须新裁决和新措施。

五、行政复审对象①

（一）进口国倾销情况变化

1. 倾销幅度增加。如果出口商的出口价格降低或其国内销售价格提高，就必然使倾销幅度增大。不允许国内产业要求重新计算倾销幅度，原来反倾销税就不足以抵消新倾销造成的损害。

2. 倾销幅度减小。在美国，反倾销命令签发以后，出口商提高出口价格以减小倾销幅度，可按照"反倾销税额的定期复审"处理，无须对此复审。在欧盟，由于反倾销税额的课征是以调查所得的倾销差额为基础的，倾销幅度减少属于客观情势变更。

3. 倾销幅度消失。出口商在进口国采取反倾销措施后，停止以低于正常价值的价格出口，倾销事实不复存在。若无倾销存在就必须对反倾销税课征进行复审，易使出口商随意以价格变动来左右反倾销。为防止这种情况发生，复审提起有期限限制，通常为最终反倾销税征收之日起届满1年。

4. 汇率大幅度变动使产品出口价格与其同类产品的正常价值的比较基础发生变化，影响倾销幅度的认定与计算。

5. 复审所要检视的是价格承诺之后出口商是否按照其所承诺的价格销售，如果出口商并未按其承诺的价格销售，就应视为客观情势已经发生变化。

（二）损害情况变化

1. 损害减轻或消失。如进口减少或出口商提高出口价格，国内产业损害减轻或消失。

2. 损害是否持续或重现预测。《反倾销协议》第11条第2项规定，利害关系人可要求主管机关就取消或变更其课征是否会导致损害的继续或重现予以复审。复审确定损害不会继续或重现时，才可停止或变更原课征反倾销税。

六、复审结果

根据复审结果，由商务部提出保留、修改或取消反倾销税的建议，国

---

① 本部分参考戴仲川："国际反倾销法中的行政复审机制探析"，载《华侨大学学报（哲学社会科学版）》1999年第4期。

务院关税税则委员会根据商务部建议作出决定，由商务部公告；或由商务部作出保留、修改或取消价格承诺的决定并予以公告。对期中复审，采用维持、修改、中止或终止反倾销措施；对于新出口商行政复审，采用维持、修改或免于反倾销措施的裁定；对于期满复审，则采用维持、修改和终止方式。

<h2 style="text-align:center">第二节　新出口商复审</h2>

一、新出口商复审

新出口商复审是指原反倾销调查期内未向进口国出口过涉案产品的涉案国或地区生产商，在反倾销措施生效后，向进口国机关申请为其确定单独反倾销税率的复审。如《反倾销新出口商复审暂行规则》第 3 条规定，原反倾销调查期内未向中国出口过被调查产品的涉案国（地区）出口商、生产商，在原反倾销措施生效后要求为其确定单独反倾销税率。

其特点包括：①新出口商申请。②可加速复审。③只需审查申请人倾销幅度，而不涉及国内产业的损害情况，因为原审调查已确立了损害存在。④在调查期间，不对申请方相关进口产品征收反倾销税。《反倾销协议》第 9.5 条规定，主管机关可预扣估算和/或要求作出担保，以保证在该审查确定此类出口商或生产者存在倾销时，能够自该审查开始之日起追溯征收反倾销税。

二、新出口商复审的目的

新出口商在反倾销调查期间内并未出口倾销产品。当外国采取反倾销措施后他们欲出口该产品的话，进口国将按反倾销终裁决定中确定的适用于该国的最高反倾销税税率向其征收关税。这对新出口商不公平，应当给予他们复审机会，以此获得单独税率或"零税率"。[1]

---

[1] Kevin J. Fandl, "Promoting International Business Development While Protecting Domestic Markets: An Analysis Of The New Shipper Review Policy Of The United States", *Georgetown Journal of International Law*, winter, 2005, 36 Geo. J. Infl L. 605, p. 611.

三、新出口商复审的构成

（一）新出口商资格

根据《反倾销新出口商复审暂行规则》规定，新出口商必须具备条件：①原反倾销调查期内未向中国出口过被调查产品的涉案国（地区）出口商、生产商。②新出口商复审申请人不得与在原反倾销调查期内向中国出口过被调查产品的出口商、生产商有关联关系。如果申请人为贸易商，除应符合前述规定外，其供应商也不得是在原反倾销调查期内向中国出口过被调查产品的出口商、生产商或与上述出口商、生产商具有关联关系。如《反倾销协议》第9.5条规定，如一产品在一进口成员中被征收反倾销税，主管机关应迅速审查，以便确定所涉出口国中在调查期间未向进口成员出口该产品的任何出口商或生产者的单独倾销幅度，只要这些出口商或生产者能够证明他们与出口国中该产品被征收反倾销税的任何出口商或生产者无关联。③申请人必须在原反倾销调查期后曾向中国实际出口过被调查产品。前述出口应达到一定数量，足以构成确定正常出口价格的基础。该数量按被调查产品的正常商业交易量予以确定。④如原反倾销措施为征收反倾销税，未征收反倾销税的出口不得作为提出新出口商复审的依据。如我国海关对于加工贸易方式下的进口，不征收反倾销税。

美国《关税法》规定，新出口商必须具备以下条件：①在初始调查期间未向美国出口涉案产品；②与原反倾销调查期间已向美国出口受诉产品的出口商或生产商没有关联关系；③在初始调查期后确实向美国出口了受诉产品，且是真实地销售。

《欧盟反倾销条例》第11条第4款规定，新出口商必须符合以下条件：①生产商兼出口商在反倾销初始调查期间没有向欧盟出口过被征收反倾销税产品；②生产商兼出口商与已被征收反倾销税产品的其他生产商或出口商无任何关系；③新生产商兼出口商在调查期后向欧盟出口一定数量规模的涉案产品。如果在申请新出口商兼生产商资格时，还没有出口但将要向欧盟出口，并且能够证明是基于合同而不可撤销的情况下，也可以获得新出口商资格。欧委会若认为满足条件，应启动复审，但这并不代表委员会已经确认申请方享有新出口商身份。在复审调查中，委员会将通过问卷调查和实地核查方式对申请方资格进行实质审查，从而最终认定。

《反倾销新出口商复审暂行规则》规定，新出口商复审申请人必须在原反倾销调查后曾向中国实际出口过被调查产品。其中的"实际出口"比欧盟规定的"调查期过后开始向欧盟出口或受到不可撤销的向欧盟出口合同的约束"范围要窄，欧盟做法可借鉴。

（二）申请

申请人在原反倾销调查最终裁决生效后方可提出申请，且申请时间不得晚于实际出口后3个月。就原反倾销调查期后最终裁决前的实际出口提出的申请不受前述规定的限制，但仍须在原反倾销调查作出最终裁决后3个月内提出。实际出口日期按发票日期确定。申请附证据材料：①申请人名称、地址及有关情况；②公司结构以及关联企业名称；③申请前6个月内被调查产品国内销售的平均价格、交易笔数、总金额，对中国出口的平均价格、交易笔数、总金额，对第三国（地区）出口的平均价格、交易笔数、总金额；④对中国出口被调查产品的合同、发票、提单、付款凭证的复印件以及进口商缴纳反倾销税的凭证。申请人如提出保密申请，申请书应分为保密文本和公开文本。保密文本和公开文本均应提交1份正本、6份副本。

根据美国《1930年关税法》第751条第1款，若在倾销肯定性初裁公布之日或之后，或终裁公布之后（若初裁是否定的话），向美国出口这种受约束的产品，仍可能被征反倾销税。对此新发货人在针对其产品的反倾销令生效7日之内，向商务部申请快速复审。美国商务部每年会给予外国出口商或生产商两次启动新出口商复审程序机会，这两次机会分别是在反倾销税令下达月份之后第6个月和第12个月。在欧盟，与期中复审不同，新出口商无须等到反倾销措施实施至少一年后再提出复审请求，出口商在反倾销措施公布之日的第二天就可提出复审请求。我国规定申请时间不得晚于实际出口后3个月，而美国则规定不得晚于实际出口后1年。

《欧盟第384/96号条例》第11条规定，在新出口商复审中，新出口商应当能够证明，他与该出口国中产品遭到反倾销调查的任何出口商或生产商都没有关系，或他有证据证明调查期间之后，事实上已经向欧盟出口，或受不可撤销的合同义务约束。

（三）立案

商务部自收到申请之日起7个工作日内通知原反倾销调查申请人。原反倾销调查申请人可在收到通知之日起14日内对应否立案发表意见。商务部应自收到复审申请人提交的申请书及所附证据、材料之日起 30 个工作日内，决定立案与否。商务部决定不立案，应以书面形式通知申请人并说明理由。商务部决定立案，应发布公告。公告应包括：①被调查产品的描述；②被调查的出口商、生产商及其所属国（地区）名称；③立案日期；④复审调查期；⑤利害关系方发表评论、提交相关材料的时限；⑥调查机关进行实地核查意向；⑦利害关系方不合作的后果；⑧调查机关的联系方式。商务部应在立案公告发布前通知海关，海关自公告发布之日起，停止对申请人出口的被调查产品征收反倾销税，但应要求被调查产品的进口商按照原反倾销裁决中适用于"其他公司"的反倾销税率提交保证金。

（四）调查内容

调查期为复审申请提交前的 6 个月。复审只审查倾销幅度问题。商务部可向申请人进行问卷调查，可决定就申请人所提交证据、材料的准确性和完整性进行实地核查。进口产品正常价值、出口价格以及倾销幅度按《反倾销条例》第 4 ~ 6 条规定确定。出口价格根据进口产品首次转售给独立购买人的价格推定的，如果申请人有充分的证据证明反倾销税已适当地反映在此价格及以后的国内销售价格中，商务部在计算推定的出口价格时，不应扣除已缴纳的反倾销税。复审无须初裁，但商务部在得出初步调查结论后，应向有关利害关系方披露初步结论及所依据的事实和理由，并给予其不少于 10 天提出评论和提交补充材料。初步结论披露后，申请人可以在 15 日内向商务部提出价格承诺。商务部认为申请人提出的价格承诺能接受的，可决定中止或终止复审调查；同时通知海关自承诺生效之日起停止对该新出口商出口的被调查产品征收反倾销税。复审立案后价格承诺生效前该新出口商出口的被调查产品，按所交保证金金额征收反倾销税。

（五）复审期限

中国新出口商复审调查自立案之日起，不超过 9 个月。在美国，如果商务部收到新出口商复审申请，则须在满 6 个月后当月开始复审，以确定对新出口商或生产商单个加权平均倾销幅度。同时一般应在发起审查后 180 天内初裁，并在初裁后 90 天内终裁。但商务部认为特别复杂，调查期限可延长到 450 天。《欧盟第 461 / 2004 号条例》也规定，新出口商复审的期限一律为 9 个月，如果新出口商复审调查超过规定期限，则受复审的反倾销措施保持不变。

（六）裁决

商务部应于复审期限届满 15 日前向国务院关税税则委员会提出适用于申请人的反倾销税建议，并在复审期限届满前根据国务院关税税则委员会的决定发布公告。复审裁决确定存在倾销的，应对复审立案之后作出裁决之前申请人出口的被调查产品追溯征收反倾销税。复审裁决的反倾销税，高于已付保证金的，差额部分不予收取；低于已付保证金的，差额部分应予退还。

1. 美国。①来自非市场经济国家的新出口商申请人除了要符合美国对新出口商资格认定条件外，还必须证明出口行为不受中央政府控制。如果商务部认定公司出口由中央政府控制，那么应诉人同其他公司将是有关联关系的，也就不再是新出口商。根据《美国反倾销法》的规定，非市场经济国家出口商出口到美国的产品，只有当该产品所使用的原料在市场经济国家的采购量超过其原料总量的 33% 时，才能避免美国对该产品使用替代国价格来确定成本。②新出口商保函政策修改。根据美国 2004 年《新出口商复审修正案》和 2006 年生效的《退休金保护法》第 1632 节"中止新出口商复审条款"的规定，暂时中止新出口商享受的保函政策，要求所有来自新出口商的进口产品均需缴纳现金保证金。③"归零法"问题。"归零法"指进口国在计算倾销幅度时，在将涉案产品的加权平均正常价值与每笔出口交易的出口价格进行比较之后，将非倾销销售（即出口价格高于正常价值的销售）负倾销幅度归为零，而后将所有销售的倾销幅度相加，得出涉案产品的总倾销幅度，之后将此总倾销幅度除以所有销售的总金额，得出加权平均倾销幅度。将非倾销销售的负倾销幅度归为零，对新出口商不利，更易认定出口商存在倾销或较高倾销幅度。WTO 争端解决机构一再强调"归零法"违反《反倾销协议》，但美国商务部频频使用，并辩称其未违反 WTO 项下义务。

2. 欧盟。一旦欧委会决定发起复审程序，不论结果如何，对新出口商现行反倾销措施会立即停止执行。①欧委会在发起复审后，通过问卷调查或实地核查，对出口商是否符合申请的资格要件进行复核。如经复核，该出口商不符合条件，则对其适用涉案出口商中的最高税率。如经复核，出口商符合资格要件，则对其确定单独倾销幅度，据低税原则确定单独税率；如果无法计算倾销幅度，则适用原审裁决中涉案出口商的加权平均税率。如果经复审确认不存在倾销或倾销幅度低于最小限度，不对其征税。②申请个案待遇或市场经济待遇问题。在新出口商复审中，转型经济国家出口商或生产商除须证明自己满足新出口商上述三个条件之外，还必须证明其满足个案待遇或市场经济待遇标准。对转型经济国家，欧盟规定了特殊调查方法，以是否满足市场经济地位或分别待遇地位的要求，作为这些企业能否获得新出口商资格的又一条件。根据《欧盟第461/2004号条例》的规定，通过新出口商复审，未被认定为市场经济国家的公司有可能获得市场经济待遇和个案待遇，并借此争取到较低的税率。2000年10月9日，欧盟颁布了第2238/2000号条例，认为越南、乌克兰、哈萨克与中国和俄罗斯都是转型经济国家，可以获得有条件的市场经济待遇。[①] 这种额外负担不合理，提高了转型国家新出口商进入欧盟市场的门槛。

3. 进口商担保方式。《反倾销新出口商复审暂行规则》第15条规定："商务部应在立案公告发布前通知海关，海关自公告发布之日起，停止对申请人出口的被调查产品征收反倾销税，但应要求申请人被调查产品的进口商按照原反倾销裁决中适用于'其他公司'的反倾销税率提交保证金。"我们认为可允许进口商选择以保函或其他担保方式代替现金保押金，可降低进口商进口成本，符合公平与自由贸易要求。

第三节　期中复审

一、期中复审

期中复审是指在反倾销措施执行一段时间后（一般1年），出口商、进口商及原反倾销申请方，或反倾销机关，根据反倾销措施生效后变化了的正常价值、出口价格，对是否继续按照原来形式和水平实施反倾销措施，向反倾销机关提出复审申请，由其确定是否有必要继续实施原反倾销措施。

期中复审在欧美实践中常见，多由国外出口商提出。只要出口商在被采

---

　　① 该市场经济待遇5条标准包括如下内容：①企业在价格、成本和投入，包括原材料、技术成本、劳动力成本、产量、销售和投资等方面的决定都是按市场供求信息作出的，不存在政府的重大干涉，主要投入的成本是实质性反映市场价值的；②企业有一套清楚的基本会计记录，是按国际会计标准独立审计的，并且可用于各种需要；③企业的生产成本和金融状况不受前非市场经济体制的重大扭曲，特别是在资产折旧、其他折旧、易货贸易和通过还债协议的付款方面；④企业受破产法的财产法管理，以稳定的法律确保公司运行的稳定性；⑤汇兑汇率是市场汇率。

取反倾销措施后仍能出口,一般都提出。如《倾销及倾销幅度期中复审暂行规则》第 3 条规定,在反倾销措施有效期间内,根据反倾销措施生效后变化了的正常价值、出口价格对继续按照原来的形式和水平实施反倾销措施的必要性进行复审。又如《反倾销协议》规定在征收反倾销税一段时间后,要给有关各方一个机会,提交证据证明过去这段时间的实际出口情况,确定一个符合这段时间出口情况的税率,以适用于下一年。这种复审包括:①国外出口商认为原税率过高,要求降低;②国内申请方认为原税率过低,要求提高。《反倾销协议》第 11 条第 2 款规定,在反倾销调查结束、反倾销措施已经执行一段合理时间之后,如果客观情势发生变化并影响到原有反倾销措施的正当性时,利害关系方可向进口国机关提出复审。复审对象包括反倾销税的征收和价格承诺的履行。

国内生产商寿光富康制药有限公司向
商务部提出期中复审申请案①

2011 年 6 月 24 日,申请人要求对原产于印度的进口磺胺甲噁唑适用的反倾销措施进行倾销及其幅度期中复审,主张终裁后印度生产商、出口商向中国出口的磺胺甲噁唑倾销幅度加大,超过了终裁确定的反倾销税税率,请求计算过去一年印度生产商、出口商的倾销幅度,并修改反倾销税税率。(2007 年商务部发布年度第 48 号公告,决定对原产于印度的进口磺胺甲噁唑征收反倾销税。其中印度 Andhra Organics Limited 公司和 Virchow Laboratories Limited 公司所适用的反倾销税率为 10.1%,其他印度公司的反倾销税率为 37.7%。)

商务部审查申请书,认为符合立案条件。根据《反倾销条例》和《倾销及倾销幅度期中复审暂行规则》的规定,2011 年 8 月 17 日,商务部发布立案公告,决定对适用于原产于印度的进口磺胺甲噁唑的反倾销措施进行倾销及倾销幅度的期中复审。范围是适用于原产于印度的进口磺胺甲噁唑产品的正常价值、出口价格和倾销幅度。复审调查的被调查产品与原反倾销调查的相同,即磺胺甲噁唑。同日就复审立案事宜,通知印度驻华使馆及本案各利害关系方。

---

① 商务部公告 2012 年第 50 号《关于磺胺甲噁唑反倾销措施倾销及倾销幅度期中复审裁定的公告》,载商务部网站,http://gpj.mofcom.gov.cn/aarticle/cs/201208/20120808288066.html,2012 年 10 月 17 日访问。

在规定应诉期限内，印度 Andhra Organics Limited 公司和 Virchow Laboratories Limited 公司向调查机关登记应诉。此外苏州先瑞药业有限公司作为本案利害关系方也登记应诉。2011 年 9 月 6 日、2011 年 10 月 27 日，商务部向印度 Andhra Organics Limited 公司和 Virchow Laboratories Limited 公司发放了调查问卷和补充问卷。在规定期限内调查机关收到了 Andhra Organics Limited 和 Virchow Laboratories Limited 公司的答卷，以及 Andhra Organics Limited 公司对补充问卷的答卷，但未收到 Virchow Laboratories Limited 公司对补充问卷的答卷。为核实公司提交材料的完整性、真实性和准确性，商务部组成反倾销复审实地核查小组，于 2012 年 3 月对 Andhra Organics Limited 公司进行了实地核查。公司财务、销售和管理人员接受了核查小组的询问，并根据要求提供了证明材料。商务部全面核查了公司整体情况、被调查产品同类产品的国内销售情况、被调查产品的出口销售情况、生产被调查产品同类产品的成本及相关费用情况。对于实地核查中收集的证据材料，商务部进行了核对和确认。核查结束后，商务部就实地核查的基本事实向 Andhra Organics Limited 公司进行了披露。

根据《反倾销条例》第 25 条和《反倾销调查信息披露暂行规则》的规定，商务部向有关利害关系方披露了倾销及倾销幅度期中复审裁定所依据的基本事实，并给予利害关系方提出书面评论的机会。立案后，山东新华制药股份有限公司作为下游用户，苏州先瑞药业有限公司作为国内进口商分别向商务部提交了评论意见。调查机关在调查过程中对各利害关系方的评论意见依法予以了考虑。本次复审调查期为 2010 年 6 月 1 日～2011 年 5 月 31 日。商务部裁定原产于印度的磺胺甲噁唑在复审调查期内存在倾销，其中印度 Andhra Organics Limited 和 Virchow Laboratories Limited 公司的倾销幅度为 17.2%，其他印度公司的倾销幅度为 36.4%。国务院关税税则委员会决定，自 2012 年 8 月 17 日起，将印度 Andhra Organics Limited 和 Virchow Laboratories Limited 公司所适用的磺胺甲噁唑反倾销税税率调整为 17.2%，将其他印度公司所适用的磺胺甲噁唑反倾销税税率调整为 36.4%。

评析：该案处理符合《倾销及倾销幅度期中复审暂行规则》第 5 条的规定：国内产业或代表国内产业的自然人、法人或有关组织（以下简称国内产业）、涉案国（地区）的出口商、生产商、国内进口商均可向外经贸部提出期中复审申请。符合第 12 条的规定：国内产业提出期中复审申请的，所提交的有关倾销和申请人产业代表性的证据和材料应符合《中华人民共和国反倾销条例》第14条、第15条和第17条的规定。符合第13条的规定：国内产业提出的期中复审申请可针对原反倾销调查涉及的所有或部分国家（地区）的全部出口商、生产商，也可明确将复审范围限于指明的部分出口商、生产商。符合第26条的规定：国内产业提出期中复审申请的，期中复审应对所申请的涉案国（地区）的所有出口商、生产商被调查产品的正常价值、出口价格和倾销幅度进行调查。对于原反倾销调查确定其倾销幅度为零或可以忽略不计的出口商、生产商，仍应进行复审调查。如国内产业只申请对原反倾销调查涉案国（地区）的个别出口商、生产商进行期中复审的，外经贸部可只对指明的出口商、生产商被调查产品的正常价值、出口价格和倾销幅度进行调查。符合第30条的规定：期中复审调查中正常价值和出口价格的确定、调整和比较及倾销幅度的计算按照《中华人民共和国反倾销条例》第4条、第5条和第6条的有关规定进行。

二、期中复审的构成

（一）发起和时限

《倾销及倾销幅度期中复审暂行规则》第4条规定，商务部可以应申请立案，进行期中复审。商务部没有收到期中复审申请，但有正当理由的，可以自行立案，进行期中复审。如《反倾销协议》规定，一是由主管机关在最终反倾销措施实施之后任何时候，主动发起期中复审；另一种是由利害关系方向主管机关提出请求。利害关系人提起期中复审，应满足：①自最终反倾销措施实施之日起，已经过了一个合理的时间；②申请方应当提供充分的相关证据，以证明继续实施反倾销措施已明显失当，有必要进行期中复审。又如《欧盟反倾销条例》第11条第3款规定，当一起反倾销案从实施最终反倾销措施以来为期至少一年的合理时期已经过去后，涉案出口商、进口商、欧盟生产商或成员国均有权向欧盟委员会请求对继续实施反倾销措施的必要性进行复审。在有正当理由时，欧盟委员会也可自行决定发起期中复审。

《倾销及倾销幅度期中复审暂行规则》第6条规定，申请应在反倾销措施生效后每届满一年之日起30天内提出。对复审裁决申请期中复审的，应在复审裁决生效后届满一年之日起30天内提出。在美国，当某种商品被中止调查的通知公布满1年，或被征收反倾销税满1周年时，当事人可向商务部提出复审要求。

（二）申请人资格

国内产业或代表国内产业的自然人、法人或有关组织、涉案国（地区）的出口商、生产商、国内进口商均可提出期中复审。出口商、生产商申请期中复审的，应在申请前12个月内对中国出口过反倾销措施所适用的产品，且出口应达到一定数量，足以构成确定正常出口价格的基础。该数量按被调查产品的正常商业交易量予以确定。反倾销措施为征收反倾销税的，未征收反倾销税的出口不得作为申请期中复审的依据。国内产业提出的期中复审申请可针对原反倾销调查涉及的所有或部分国家（地区）的全部出口商、生产商，也可明确将复审范围限于指明的部分出口商、生产商。

在美国，有资格提出复审的必须是在复审规定期间内对美国出口该产品并缴纳反倾销税的当事人。商务部每月都会公布一次到期可以进行年度复审的案件名单，提醒当事人及时提出复审。如果当事人没有在限期内递交复审申请和有关资料，商务部将不进行复审，维持原定税率不变。

在欧盟，提起主体是欧盟委员会、一个成员国或任何出口商、进口商或共同体生产商。对欧盟委员会或成员国提起的复审动议并没有严格的条件限制，只要有正当理由就可以，并且也没有明确的时间限制。对于出口商、进口商或共同体生产商提起的期中复审动议，有条件限制。

（三）申请需提交证据

出口商、生产商的期中复审申请应以书面形式提出。申请应附：①申请人的名称、地址和其他有关情况；②申请前12个月内申请人国内销售情况的数据；③申请前12个月内申请人对中国出口情况的数据；④为计算倾销幅度而必须作出的各种调整及倾销幅度的初步计算结果；⑤申请人认为需要说明的其他内容。第①～④项材料应按原反倾销调查问卷所要求的内容及形式提交。出口商、生产商的期中复审申请可分为保密文本和公开文本，均应提交正本1份，副本6份。

国内产业提出申请的，所提交的有关倾销和申请人产业代表性的证据和材料应符合《反倾销条例》第14条、第15条和第17条的规定。

进口商提出申请，应符合关于出口商、生产商提出申请的有关规定。如果进口商与出口商、生产商无关联关系，无法立即得到出口商、生产商有关正常价值和出口价格的证据和材料，或出口商、生产商不愿向进口商提供，进口商应提供出口商、生产商的声明。该声明应明确表示倾销幅度已经降低或消除，且有关证据和材料将按照规定的内容和形式在进口商提出复审申请之日起 30 日内直接提交给商务部。

《欧盟 384/96 号条例》第 11 条规定，在期中复审中，任何出口商或欧盟生产商提出的复审请求应有充分证据证明继续实施反倾销措施已不再必要，并且/或即便取消或修改这些措施，损害也不可能继续存在或重新发生，或现行措施不足以或不再足以抵制正在产生损害的倾销。

在日本，在最终反倾销税征收 1 年后，政府可自行或应请求复审最终反倾销。利害关系方必须表明有关对国内产业的实质性损害的事实发生了情势变更。

（四）商务部立案前通知其他利害关系人和听取意见

商务部自收到出口商、生产商复审申请之日起 7 个工作日内通知原申请人，原申请人可在收到通知之日起 21 日内对应否立案发表意见。

商务部应在收到国内产业的复审申请后 7 个工作日内将复审申请公开文本及保密资料的非保密性概要递交有关国家（地区）驻中国的代表机构。出口商、生产商可在商务部将国内产业的复审申请的公开文本及保密资料的非保密性概要递交有关国家（地区）驻中国的代表机构起 21 日内对应否立案发表意见。

商务部应在收到进口商的复审申请之日起 7 个工作日内通知原申请人；原申请人可在收到通知之日起 21 日内对应否立案发表意见。

（五）立案

商务部通常应在收到申请后 60 日内作出立案与否的决定。如商务部经审查发现申请及所附证据和材料不符合要求，可要求申请人在规定期限内补充和修改。申请人未在规定期限内补充和修改，或补充和修改后仍不符合要求的，商务部可驳回申请，以书面形式通知申请人并说明理由。商务部决定立案进行期中复审，应发布公告。公告包括：①被调查产品的描述；②被调查的出口商、生产商的名称及其所属国（地区）名称；③立案日期；④复审调查期；⑤申请书中主张倾销幅度有所提高或降低或倾销已被消除的依据概述；⑥利害关系方表明意见和提交相关材料的时限；⑦调查机关进行实地核查的意向；⑧利害关系方不合作将承担的后果；⑨调查机关的联系方式。

（六）复审内容

出口商、生产商提出申请的，复审仅限于对申请人被调查产品的正常价值、出口价格和倾销幅度进行调查。国内产业提出申请的，复审应对所申请涉案国（地区）的所有出口商、生产商被调查产品的正常价值、出口价格和倾销幅度进行调查。对于原反倾销调查确定其倾销幅度为零或可以忽略不计的出口商、生产商，仍应进行复审调查。

国内产业只申请对原反倾销调查涉案国（地区）的个别出口商、生产商进行期中复审的，商务部可只对指明的出口商、生产商被调查产品的正常价值、出口价格和倾销幅度进行调查。

进口商提出申请的，期中复审仅限于对声明将向商务部提交有关证据和材料的出口商、生产商被调查产品的正常价值、出口价格和倾销幅度进行调查。

期中复审调查期为复审申请提交前 12 个月。如出口商、生产商、产品型号或交易过多，为每一出口商或生产商单独确定倾销幅度或调查全部型号或交易会带来过分负担并妨碍倾销调查的及时完成的，商务部可抽样调查。

在期中复审调查中，正常价值和出口价格的确定、调整和比较及倾销幅度的计算，按《反倾销条例》第 4~6 条的规定进行。出口价格根据该进口产品首次转售给独立购买人的价格推定的，如果出口商、生产商提供充分的证据证明，反倾销税已适当地反映在进口产品首次转售给独立购买人的价格中和此后在中国的售价中，商务部在计算推定的出口价格时，不应扣除已缴纳的反倾销税税额。商务部可对出口商、生产商的有关信息和材料的准确性和完整性进行实地核查。

《反倾销协议》规定，期中复审调查程序应当迅速完成。主管机关是否应当同时对倾销和损害两方面进行调查取决于个案，原因在于复审目的因申请方不同而有所区别。如果是进口国国内产业或其代表提出的期中复审请求，要对倾销和损害同时调查。如果是涉案生产商或出口商及进口商提起的，目的为了撤销反倾销措施或降低反倾销措施水平，只需查明倾销不再继续或其幅度下降即可。

《欧盟反倾销条例》第 11 条规定，复审内容因请求方不同而有所不同。如进口商和出口商要求复审倾销和损害已经减少或消除，欧盟内生产商则会要求重新确定倾销或倾销和损害的增加。所有复审申请都应该说明缘由，如果请求中有充分证据说明继续实施反倾销措施对于抵制倾销已不再必要，即便取消或修改这些措施，损害也不可能继续存在或重新再生，或现行措施不足以或不再足以抵制正产生损害的倾销，就应开始复审。应重新选择调查期间并开始全面调查，并将复审意向和复审通知公布在欧盟官方公报。

《倾销及倾销幅度期中复审暂行规则》第 25 条和 26 条只规定了对被调查产品的正常价值、出口价格和倾销幅度的调查，却没有提及对损害继续或再度产生可能性的审查。期中复审的目的是保持反倾销措施的适当性和有效性。在确定反倾销措施对遏制倾销和保护国内产业的效果时，倾销和损害应同时考虑。即使倾销幅度已经降低甚至倾销已经不存在，也并不必然意味着修改或终止反倾销措施，反倾销措施变动可能使损害继续或再度出现。①

（七）复审裁决

期中复审应在复审立案之日起 12 个月内结束。《倾销及倾销幅度期中复审暂行规则》第 37 条规定，商务部应于复审期限届满前 15 日之前向国务院关税税则委员会提出保留、修改或者取消反倾销税的建议，商务部在复审期限届满前根据国务院关税税则委员会的决定发布公告。经复审，调查机关认为倾销和损害依在，裁定继续实施原反倾销措施；如果复审机关认为倾销和损害已经减轻或加重，可裁定相应减轻或加重反倾销税率或降低价格承诺的提价幅度。复审机关在进行复审后，当局认定征收反倾销税不再正当的，应立即终止征收。

虽然《反倾销协议》规定期中复审无须初步裁决，但商务部应在得出初步调查结果后，按《反倾销条例》第 25 条第 2 款的规定将初步调查结果及所依据的事实和理由进行披露，并应给予利害关系方不少于 10 日的提出评论和提交补充资料的期限。期中复审初步调查结果及所依据的事实和理由一经披露后，申请人不得撤回申请。出口商可在期中复审的初步调查结果及所依据的事实和理由披露后的 15 日内提出价格承诺。商务部如决定接受价格承诺，应向国务院关税税则委员会建议，后者根据商务部建议作出决定。

在美国，商务部将美国或第三国现行价格水平和出口国价格水平相比，重新确定该商品倾销幅度。在 245 天内初裁，初裁公布后 120 天内终裁。如果复审确认被征收反倾销税产品已不再以低于公平价值销售，将来也不太可

---

① 尤嘉："欧盟与中国反倾销行政复审制度之比较研究"，载《商场现代化》2007 年第 3 期。

能再以低于公平价值出售的，商务部将在联邦公报上刊登复审初裁，并征求有关方面意见，如果没有任何异议，商务部可撤销现行反倾销税。如果复审认定该产品的售价仍低于公平价值，则维持原反倾销税不变。

在欧盟，欧盟主管当局将在复审调查基础上维持、修改或撤销现有反倾销措施。修改后的反倾销措施只适用于出口商未来的出口，原有反倾销措施有效期停止计算，从修改生效之日起重新计算5年有效期。

期中复审期间，原反倾销措施继续有效。复审裁决自公告之日起执行，不追溯。在反倾销措施届满前一年内，应出口商、生产商、国内进口商申请而进行的期中复审，在反倾销措施届满时仍未完成，且国内产业并未提出期终复审申请，商务部也未自行立案进行期终复审的，商务部应发布公告终止期中复审，并终止反倾销措施实施。在反倾销措施届满前一年内，应国内产业申请而进行的期中复审，在反倾销措施届满时仍未完成的，商务部可视为国内产业已经提出期终复审申请，并发布公告，开始进行期终复审。将期中复审与期终复审合并进行，并同时裁决。

第四节　日落复审

一、日落复审

1. 日落复审的概念。日落复审是指反倾销措施执行满5年之前的合理时间内，国内产业或代表国内产业的自然人、法人或有关组织提出有充分证据请求，或主管机关依职权发起的期满复审。反倾销税的征收期限和价格承诺履行期不超过5年。但如果复审后主管机关认为终止反倾销税或价格承诺可能导致倾销和损害继续或再度发生的，可继续征收反倾销税或实施价格承诺。其最早规定在欧盟反倾销法中。在复审期间，原反倾销税继续有效。

2. 原反倾销程序与日落复审的差异。

（1）调查内容不同。前者主要调查倾销、损害是否存在及二者之间的因果关系；后者调查范围更广，不仅要调查倾销和损害是否继续，还要调查已采取反倾销措施的影响和涉案产品在国外的销售。

（2）判断标准不同。前者，主管机关需要根据已取得的证据材料证明存在倾销、造成损害以及两者之间有因果关系；后者，只要证明撤销反倾销措施后存在倾销和损害继续或再度发生的可能性，就可以决定继续采取反倾销措施，不需要证明倾销与损害之间有因果关系。

（3）程序不同。前者一般包括初裁、终裁两个程序；对后者，很多国家一次裁决。

（4）调查时限不同。前者一般在 12 个月内结束，特殊情况可延长，但不得超过 18 个月；后者期限不超过 12 个月，一般不允许延长。

二、日落复审的构成

（一）启动

日落复审既可由利害关系方申请，也可由主管机关发起。《反倾销协议》第 11 条第 2 项规定，最终反倾销税征收已经过一段合理时间后，应任何利害关系方请求，主管机关应复审继续征税的必要性。在有正当理由的情况下主管机关可自行复审继续征税的必要性。利害关系方包括：①同类产品的中国生产商或批发商；②代表国内同类产品生产或批发产业的工会；③大多数成员在中国生产或批发销售国内同类产品的贸易或商业协会；④大多数成员为①、②、③所描述的利害关系人协会。如在欧盟，欧盟生产商不得晚于反倾销措施 5 年期满前的 3 个月提出复审要求，否则欧委会不启动复审。欧委会很少依职权发动日落复审。[①]

（二）申请方负担举证责任

申请方必须能够举证证明反倾销措施一旦终止可能会导致倾销和损害继续或重新产生，否则主管机关可拒绝复审请求。在美国，由商务部发出复审通知，要求利害关系方给予答复，商务部和国际贸易委员会分别根据答复充分性与否来决定采取的复审程序。两个部门判断充分性的标准：对于国内产业答复来说，商务部只要收到来自至少一个以上国内利益方的完整实质答复，即可认定为答复充分；对于国外利害方的答复来说，如果商务部收到来自立案公告发布年份之前的 5 个日历年输往美国的对象商品的出口平均占总出口量的 50% 以上的利害方的答复就认为充分答复。对于申请方的提供证据要求，遵循充分性标准。在欧盟，《欧盟 384/96 号条例》第 11 条规定，欧盟生产商要有充分证据证明，终止反倾销措施可能会导致倾销和损害继续存在或重新

---

① 尤嘉："欧盟与中国反倾销行政复审制度之比较研究"，载《商场现代化》2007 年第 3 期。

产生，否则欧盟委员会不启动复审程序。①

（三）反倾销措施期满之后延续的必要性

根据《反倾销条例》第 48 条的规定，反倾销税征收期限和价格承诺的履行期限不超过 5 年；但经复审确定终止征收反倾销税可能导致倾销和损害的继续或再度发生的，反倾销税的征收期限可以适当延长。《反倾销协议》第 11 条第 2 项规定，利害关系方有权请求主管机关复审是否需要继续征收反倾销税以抵消倾销，如取消或改变反倾销税，则损害是否有可能继续或再度发生，或同时复审两者。在欧盟②，如果废止该反倾销措施，倾销是否可能继续或重新产生；如果证明倾销可能继续或重新产生，就进一步考察废止该反倾销措施后，是否会导致对欧盟产业继续或重新产生损害；如果对上述二者审查都得出肯定性结论，则进一步考虑维持或废止该反倾销措施是否符合欧盟利益，然后决定是否延续即将期满的反倾销措施。

（四）继续实施反倾销措施的标准

"可能性"标准，即反倾销税终止有可能导致倾销和损害的继续或再度发生。《反倾销条例》第 48 条规定，经复审确定终止征收反倾销税有可能导致倾销和损害继续或再度发生的，反倾销税征收期限可适当延长。《反倾销协议》第 11 条第 3 款规定了该标准。对此 WTO 争端解决机制中的专家小组曾经在美国一动态随机存储器案（WT/DS99）中认为，裁定"不可能"标准，不能作为证据满足"可能"标准要求。③

在美国，商务部认定倾销继续或倾销重新开始的标准很低，或商务部倾向于对继续倾销作出肯定性裁决。只有美国国内相关产业对日落复审不作回应时，商务部才会撤销反倾销税令。商务部认定倾销继续的可能性标准为：①如果征税令实行后进口量明显下降或为零，无论倾销幅度如何变化，都将认定有可能继续倾销或倾销再度发生；②如果征税令实行期间倾销幅度仍超过 0.5%，而非乌拉圭回合规定的 2% 的最低幅度，无论进口量如何变化，都

①　尤嘉："欧盟与中国反倾销行政复审制度之比较研究"，载《商场现代化》2007 年第 3 期。

②　尤嘉："欧盟与中国反倾销行政复审制度之比较研究"，载《商场现代化》2007 年第 3 期。

③　专家小组报告，美国动态随机存储器案（WT/DS99 United States：Anti - dumping duty on dynamic randomaccess memory semiconductors（DRAMS）of one megabyte or above originating from Korea（Brought by Korea），该案中，韩国主张，美国在第三次反倾销行政复审中依据的"不可能"标准不符合 WTO《反倾销协议》第 11 条第 2 款的规定。转引自《世界贸易组织（WTO）专刊》第 20 卷。

将被认定为有可能继续或重新倾销。由于产品倾销幅度的数据仍参考原反倾销调查的数据，绝大多数案件均有被认定有继续倾销的可能。国际贸易委员会对倾销是否对美国国内产业产生实质性损害的认定标准：①反倾销税令的原始损害裁定结果，特别是征税令实施前进口产品的数量、价格及由于涉案产品进口导致美国同类产品销售和收入下降的情况；②评估国内产业是否比实施征税令之前有所好转。如果是，还需评价好转是否是因为实施了征税结果；③如果撤销反倾销税，涉案产品的进口是否会对国内相关产业构成近期损害威胁。[①] 不能仅因为在实施反倾销令或中止协议后国内产业的状况改善就认定损害不会再继续或重新发生。

在欧盟，欧盟委员会也奉行"可能性标准"。①反倾销措施取消后倾销是否可能继续存在或再度发生。分析数据包括出口国的生产能力、产量、消费量和出口量、库存量或转移销售的可能情况。特别注意与出口国相联系的第三国市场状况、同一产品是否被别国采取了反倾销措施、是否存在吸收和规避反倾销措施的行为，根据欧盟取消反倾销措施对市场已经形成的影响来预测取消反倾销措施后可能出现的市场变化。②分析反倾销措施取消后进口产品对欧盟产业损害是否继续或再度发生。分析国内市场状况，主要分析复审前欧盟产业经济状况和被调查产品的进口数量和价格走势、欧盟产业出口情况、其他相关第三国出口情况和价格信息。针对将来损害的可能性，欧盟委员会着重考虑出口国企业状况及其第三国或地区状况；取消反倾销措施对欧盟可能产生的影响。[②]

（五）听取当事人意见

如美国商务部负责裁定撤销反倾销或终止正在进行的调查，有关利益方是否会继续或再度倾销，如答案是，商务部必须向国际贸易委员会提供可能的倾销幅度。国际贸易委员会根据商务部提供的数据及其他证据，裁定撤销反倾销是否会对美国国内相关产业继续或重新产生损害。只要其中一个部门作出了否定性裁定，美国商务部必须撤销该反倾销税令。由商务部和国际贸易委员会分别在联邦公报上发布公报和信息征集表，如没有美国国内相关产业的生产商和批发商作出回复，或回复信息被认定不充分，商务部会在90天

---

① 栾信杰："我们要积极应对美国反倾销行政复审"，载《国际经贸探索》1998年第5期。

② 尤嘉："欧盟与中国反倾销行政复审制度之比较研究"，载《商场现代化》2007年第3期。

内作出终裁，撤销该反倾销税令。否则将根据应诉利益方，即出口商、进口商和美国进口商，对通告和信息征集表是否作出充分回复，决定启动快速复审或全面复审程序。如果利害关系方提出的资料充分适当，则可进入全面复审程序；如果提交的资料不充分或不适当，将进入快速审查程序。在快速复审的情况下，程序简易，不召开听证会，美国商务部将在 120 天内作出是否倾销可能性裁决，并报国际贸易委员会，后者在商务部同步调查的基础上在 30 天内作出损害裁决。在全面复审中，程序较细，包括召开公开听证会，发放调查问卷。两部门调查时间分别为 360 天和 24 天。与快速复审相比，全面复审不仅可以表明应诉方积极参与复审的态度和对复审的关注程度，而且可以充分发表意见，并使主管机关有更多时间调查获取争议双方的相关信息，从而增加调整或撤销反倾销税令的可能性。[①]

（六）期满复审期限

《反倾销条例》规定为"不超过 12 个月"。在美国，《乌拉圭回合协定法》规定，在反倾销税令实施 5 年期满 30 天前，商务部应公告发起日落复审信息，并应于复审开始后 240 天内作出终裁决定，国际贸易委员会一般应在复审开始后 360 天内作出终裁决定。但是根据《1930 年关税法》，如果商务部或贸易委员会认为案件特别复杂，可以延长作出裁决的期限最多 90 天；如果商务部延长了作出终裁的期限，而委员会没有延长，则委员会应在商务部的终裁发布日后 120 天内作出最终裁决。"特别复杂情况"是指：案件有大量需处理问题、需处理问题异常复杂、涉及公司数量庞大。如果委员会对进行复审的税令进行了分组，则委员会应该在商务部对同组税令中最后的税令作出的终裁发布后 120 天内作出终裁。[②] 而《欧盟第 461/2004 号条例》规定，其无论如何应当在发动复审之后 15 个月内结束。该条例第 11 条规定，期满复审一般要在发动复审之后 12 个月内结束。我们也可将期满复审期限延至 15 个月。

（七）期满复审结果

1. 裁定终止反倾销措施。如果复审机关认为终止实施反倾销措施不会导

---

① 张斌、张炜："中国企业应对美国反倾销日落复审的现状和策略"，载《上海企业》2001 年第 9 期。

② 肖伟主编：《国际反倾销法律与实务（美国卷）》，知识产权出版社 2005 年版，第 375 页。

致损害再度发生，应裁定终止。如《反倾销协议》第 11 条第 2 项规定，作为复审结果，主管机关确定反倾销税已无正当理由，则反倾销税应立即终止。

2. 继续实施反倾销措施。如《反倾销协议》第 11.3 条规定，当局复审认定，终止该税很可能导致倾销和损害继续或再度发生的，反倾销措施实施期限可延长，不受五年限制。

（八）反倾销税延长期限

《反倾销条例》第 48 条规定，反倾销税的征收期限可适当延长。依据《反倾销协议》的规定，复审裁定应作为新反倾销措施，国际通行做法是：自维持征收反倾销税裁决作出之日起 5 年。① 如加拿大国际贸易裁判所如果认为仍然存在倾销和损害，可延长 5 年或根据情况适当调整。

---

① 尤嘉："欧盟与中国反倾销行政复审制度之比较研究"，载《商场现代化》2007 年第 3 期。

第八章　反倾销司法审查

第一节　反倾销司法审查理论

一、反倾销司法审查

（一）反倾销司法审查的概念

反倾销司法审查是指利害关系人对进口国当局所作反倾销行政行为不服而向该国法院起诉，由法院对其进行审理并作出判决的司法活动。[①] 作为WTO成员，中国行政诉讼制度及其实践应符合WTO项下要求。中国加入WTO议定书对司法审查作出如下承诺：设立或指定并维护裁决机构、联系点和程序。此种审查程序应当包括由受到被审查的任何行政行为影响的个人或企业提起上诉的权利，且其不因上诉而惩罚。如果最初上诉是向行政机构提出的，应当提供选择向司法机关继续上诉的机会，任何上诉机关的任何决定及其理由，应当以书面形式送达上诉人，并告知其有继续上诉权利。如《反倾销条例》第53条规定，对反倾销终裁决定，可以依法申请行政复议，也可依法向法院提起诉讼。不过只要不与WTO协议的原则冲突，WTO允许成员方根据本国情况建立司法审查制度。

（二）反倾销司法审查的特征

1. 当事人必然有国外生产商或出口商，甚至出口国机关或地区当局。
2. 客体涉外。因为反倾销措施针对外国出口商的倾销行为。
3. 司法审查适用参加或缔结的国际条约。
4. 应遵循涉外行政和民事诉讼规定。
5. 司法审查判决不是最后的。反倾销司法判决可在进出口国政府之间形

[①] 向玲："论WTO环境下我国反倾销司法审查制度的完善"，载《行政与法》2003年第2期。

成特定的贸易争议。当事人所在国政府可通过 WTO 设定的争端解决机构裁决，当事方及当事国法院应履行裁决。不过出口方一般并不申请司法审查，而是直接请求本国政府对进口国反倾销措施提起 WTO 争端解决诉讼。

（三）反倾销司法审查的意义

1. 防止反倾销机关滥用权力，纠正不公正裁决；支持其依法行政和合法正当的裁决。因为反倾销机关职责是找到解决倾销问题的办法，法院职责则在于控制反倾销行政裁决于合法之内。①

2. 履行 WTO 设定的成员方司法审查义务。②

欧洲法院对奥康诉欧盟委员会皮鞋反倾销案③

欧洲法院支持奥康。其主要依据有两点，一是根据欧盟《反倾销法》第2 条（7）（b）条规定，在反倾销调查中，如果商品是从中国进口，"正常价值"的确定要根据被调查企业的实质性主张，按照市场经济条件下同类产品的生产和销售来设置调查的标准和程序。欧委会有义务评估出口商提交的证据是否足以使其享有 MET，并且有义务去复查上述评估。欧盟法院认为，《反倾销法》第 2（7）条只是一条关于"正常价值"如何确定的法律，而《反倾销法》第 17 条则是一条关于使用抽样方法确定倾销幅度的法律，两条法律在内容和目的上均不同。此案中，显然欧委会没有回复来自个别企业的单独 MET 申请，而是直接根据相关法条采用了抽样方法。另一根据，来自欧盟初审法院对一个同类案件作出的不同判决。2012 年 2 月 2 日，在香港 Brosmann 鞋业等与欧盟的一桩诉讼案中，初审法院在其判决书中写道：根据相关法条，欧委会有义务对一位贸易商的 MET 申请进行审核。"该义务与倾销幅度以何种方法进行计算无关"，且必须在调查启动的 3 个月内执行。欧盟法院判决：①欧盟初审法院（General Court）于 2010 年 3 月 4 日就温州泰马鞋业有限公司和中国奥康鞋业有限公司的 T - 407/06 和 T - 408/06 案件裁决无效；②欧盟委员会于 2006 年 10 月 5 日在对原产于中国和越南的皮面鞋靴反倾销案中就中国奥康鞋业有限公司所作出的反倾销措施无效；③判决欧盟理事会支付中

---

① 韩立余：《美国外贸法》，法律出版社 1999 年版，第 29 页。

② 李圣敬：《反倾销法律与诉讼代理》，法律出版社 2000 年版，第 143～144 页。

③ 案件来源：中国贸易救济信息网，http：//www. cacs. gov. cn/cacs/newcommon/details. aspx? navid = A06&articleId = 106573，2012 年 11 月 19 日访问。冯禹丁："奥康皮鞋反倾销案：鸡蛋如何碰赢石头"，载《南方周末》2012 年 11 月 29 日。

国奥康鞋业有限公司在一审法院和此次诉讼中的诉讼费用；④判决欧盟委员会自己负担其在一审法院和此次诉讼中的诉讼费用。

评析：欧盟法院判决撤销违法的反倾销措施，保护了奥康合法市场公平竞争权。欧委会违反了欧盟反倾销程序法条款，导致反倾销实体法适用错误，侵犯了当事人程序和实体权利，欧盟法院对反倾销措施予以撤销是正确的。这就实现了反倾销司法审查的目的。

（四）司法审查结构

1. 美国当事人主义。是指当事人主导诉讼进程，法官位于"中立"角色的行政诉讼模式。在这个模式之下，法官专注于听审；当事人及其律师操纵庭审进程；谁主张谁举证；法院很少主动调查取证；法院一般尊重或顺从行政机关对事实的合理裁定和对法律的合理解释。

2. 欧洲职权主义。是指法官主导诉讼进程，当事人处于辅助地位的行政诉讼模式。在这个模式之下，法官深入查究案情，主动调查取证，倒置举证责任给被告，法院替代行政机关所作的事实和法律结论所受约束不多。

3. 中国行政诉讼偏职权主义。表现为法官在发挥当事人积极性的基础上，主导诉讼进程。当今普通法系和大陆法系日渐融合，在全球经济一体交融进程中，必然要求各国在司法审查制度上寻求共识。

二、反倾销司法审查原则

（一）案卷排他性原则

案卷排他性原则是指法院对行政决定进行司法审查评判，一般限定于法院诉讼之前，依照行政机关作出行政决定过程中为此所制作的行政案卷来进行。这项原则的要求有三：

1. 反倾销机关调查必须制作记录。反倾销机关可以采用问卷、抽样、听证会和现场核查方式向利害关系方了解情况，进行调查。调查机关应当为有关利害关系方提供陈述意见和论据机会。这些都必须记录在案。

2. 反倾销机关在作出初裁和终裁结论时，必须制作案卷。

3. 反倾销利害关系方依法应当配合调查，至少不能妨碍，否则调查机关可根据已经获得的事实和可获得的最佳信息作出裁定，这要求制作完整的案卷。

4. 案卷排他性原则限缩被告举证范围，并受其约束。《最高人民法院关于审理反倾销行政案件应用法律若干问题的规定》第 7 条规定，人民法院依据被告的案卷记录审查被诉反倾销行政行为的合法性。被告应当提供作出反倾销行政行为的证据和所依据的规范性文件。被告在作出被诉反倾销行政行为时没有记入案卷的事实材料，不能作为认定该行为合法的根据。

5. 案卷排他性原则限缩原告举证范围，并受其约束。根据《最高人民法院关于审理反倾销行政案件应用法律若干问题的规定》第 8 条第 2 款的规定，被告在反倾销调查程序中依照法定程序要求原告提供证据，原告无正当理由拒不提供、不如实提供或以其他方式严重妨碍调查，而在诉讼程序中提供的证据，人民法院不予采纳。如《最高人民法院关于审理反倾销行政案件应用法律若干问题的规定》第 9 条规定，在反倾销行政调查程序中，利害关系人无正当理由拒不提供证据、不如实提供证据或以其他方式严重妨碍调查的，国务院主管部门根据能够获得的证据得出的事实结论，可以认定为证据充分。

（二）当事人平等原则

当事人平等原则是指在反倾销司法审查中，国内外当事人法律地位平等、对等。这源于 WTO 国民待遇原则，一成员在对待来自其他成员的产品、服务或服务提供者、知识产权所有者或持有者的待遇不低于本国同类产品、服务或服务提供者、知识产权所有者或持有者的待遇。这项原则的要求有三：

1. 进口国反倾销法律、法规、规章和行政决定不得违反国民待遇原则。

2. 进口国反倾销机关不得给予利害关系方低于本国国内产品的待遇，以使其处于不利竞争地位。

3. 不得有其他违反国民待遇原则的行为。

在司法审查中，中外当事人平等地享有诉讼权利、承担诉讼义务，即诉讼平等原则，也包括对等。对等原则是指一国司法对另一国私人诉讼权利采取什么样的限制手段，另一国也对该国私人诉讼权利采取同样的限制。《最高人民法院关于审理国际贸易行政案件若干问题的规定》第 10 条规定："外国人、无国籍人、外国组织在中华人民共和国进行国际贸易行政诉讼，同中华人民共和国公民、组织有同等的诉讼权利和义务，但有行政诉讼法第 71 条第 2 款规定的情形的，适用对等原则。"即外国法院在司法审查中对中国公民、组织的诉讼权利加以限制，中国法院对该国公民、组织的诉讼权利可对等限制。

（三）审查程度适当原则

审查程度适当原则是指法院针对不同审查对象，如法律或事实问题，实体或程序问题，适用不同的审查强度，从而作出不同的判决。包括但宽于合法性审查，是分权原则和实用主义的产物。首先在合法性审查之下，许多情形不确定。其次，有些司法审查对象不是合法性问题，合法标准解决不了，应用司法权和行政权分权理论来解决。如加拿大法院对边境服务署和国际贸易裁判所的裁决享有固有的司法审查权，不需要法律依据，法院主要审查法律问题，不审查事实问题。《最高人民法院关于审理反倾销行政案件应用法律若干问题的规定》第 6 条规定，人民法院依照行政诉讼法及其他有关反倾销的法律、行政法规，参照国务院部门规章，对被诉反倾销行政行为的事实问题和法律问题，进行合法性审查。我们认为"合法性审查"标准实际不明确。因为中国法院并不实行判例法，没有合法性审查标准的重大判例恪守和支持，基层法官对案子可自由裁量，基层法官权力在判案中，甚至比肩最高法院法官。合法性审查标准，在许多情形下，捉摸不定，实际无章可循，只能说明法治程度不够。只有通过最高法院的判例（法），区别不同审理对象，确定不同审查强度，适用不同判决类型，才为中国合法性审查原则之未来。

（四）和解、调解原则

和解、调解原则是指在法院主持下，各方当事人可以就反倾销实体或程序争议互相让步，实现诉讼和解。这项原则的要求有以下几个方面：

1. 反倾销裁决的对象是民事权利、义务关系。反倾销措施就建立在这种私权利基础之上，反倾销裁决和反倾销措施之争议，不可逾越的法律羁束较少。

2. 反倾销调查的狭义目的是保护国内产业安全，而国家利益为多面。和解、调解更有利于解决矛盾，实现国家最大化利益目标。

3. 外贸争议多通过协商解决，这与和解、调解原则有同一价值导向。

4. 反倾销机关拥有法律授予的实体裁量处分权，在反倾销行政程序中，对实体权利义务关系，可磋商、协商、和解或让步，如达成价格承诺协议。这为法院适用和解、调解原则提供了条件。不过法院在适用和解、调解原则时，必须自愿。

5. 和解、调解协议不能违反国际法基本原则。

三、反倾销司法审查制度走向

（一）司法公正与效率

北京中级法院或高级法院一审反倾销诉讼案，公平和效率有保障。如《最高人民法院关于审理反倾销行政案件应用法律若干问题的规定》第5条规定，第一审反倾销案件由被告所在地高级人民法院指定的中级人民法院或被告所在地高级人民法院受理。商务部、国务院关税税则委员会和海关，办公所在地在北京市，北京市高级人民法院已经指定北京市第2中级人民法院主要受理反倾销行政案件。这些法院独立，法官素质高。国外如《加拿大特殊进口措施法》规定，联邦法院上诉庭负责对国际贸易裁判所和边境服务署在反倾销调查中所作最终决定行使管辖权，联邦上诉法院（Federal Court of Appeal）负责上诉案。加拿大联邦法院负责对加国际贸易法庭和加边境服务署在贸易救济措施调查中所作的最终决定进行司法审议。《反倾销协议》第13条规定，国内立法包含反倾销措施规定的各成员，应当维持司法、仲裁或行政的裁决机构或程序，以特别用于迅速审查属于第11条范围的与最终决定和决定的复审相关的行政行为。我们应通过司法解释或判例具体规定哪些案件由中级人民法院受理，哪些可径行向高级人民法院起诉。

（二）建立专门的国际贸易法院

根据 WTO 的要求，救济机构必须保证其独立性。或可设立独立专门国际贸易法院处理国际贸易纠纷。[①] 无论选择哪一种裁决机构，该裁决机构必须独立于作出被审查行为的机关。现行由普通法院受理反倾销行政案件，专业性不够，可能影响司法审查质量，专设国际贸易法院处理反倾销司法审查案件，符合专业原则。中国已设有海事法院，国际贸易法院可相当于中级人民法院。如在美国，根据1980年《海关法院法》的规定，对反倾销案件司法管辖由国际贸易法院独占。根据判例，一般在诉讼直接针对商务部或国际贸易委员会所作裁定中的事实或法律结果，又必须是美国贸易法中直接明确可以进行司法审查的裁决，法院才受理。对国际贸易法院判决不服的，可向哥伦比亚特区联邦巡回上诉法院上诉，还可申请最高法院终审案件。

在欧盟，大部分反倾销案均由欧盟初审法院一审，对初审法院判决法律

---

① 曹建明主编：《WTO 与中国的司法审判》，法律出版社 2001 年版，第 28 页。

问题有异议的可上诉至欧盟法院。但对反倾销行政措施合法性争议，直接由欧盟法院受理。欧盟法院主要受理来自欧盟初审法院的上诉案件以及成员国法院根据欧盟条约第177条就有关《欧盟反倾销条例》解释问题递交的案件。利害关系人就成员国反倾销执行程序中的争议而诉讼的，需向各成员国内法院提起司法审查。为避免不同成员方依据欧盟法律的同一规定作出不一致裁决，消除各成员方法院对欧盟法律理解分歧，欧盟法律规定了一项特别重要的程序——先决裁决（PreliminaryRuling）。[1] 先决裁决是根据成员国某一法院请求，对成员国法院审理案件中所遇到的共同体法问题所作，实际是成员国法院的诉讼步骤。[2] 对主案中涉及的共同体法效力和解释由欧盟法院最后并且权威地作出裁定。提出先决裁决申请的法院必须将其适用于主案。这确立了欧盟法直接效力和优先于成员国法的原则，保证了欧盟法统一解释和适用，也为无权在欧盟法院直接起诉的当事人向欧盟法院寻求救济提供了间接途径。[3] 总之，美国国际贸易法院和欧盟法院都是专业性法院。

第二节　反倾销案受案范围

一、反倾销案受案范围

受案范围是指法院对哪些反倾销行政行为拥有受理和实质审查权力。受案范围过宽可干扰反倾销行政调查，过窄不利于解决行政争议。[4] 它取决于反倾销行政行为是否成熟。

成熟原则是指对结果而言，行政程序进程必须发展到如此程度，适宜由法院审理阶段，才允许起诉。[5] 其意义在于，保证行政机关在作出最后决定且行政决定对当事人产生具体影响之前不受法院干涉，以充分运用行政机关专业知识和经验，并且避免法院过早地审裁，陷入抽象行政政策争论之中。案

---

[1]　先决裁定程序规定于《欧盟条约》第234条。

[2]　L. Neville Brown, *The Court of Justice of The European Communities*, third edition, p. 243, 295.

[3]　吕国平："论欧洲联盟的先决裁决制度"，载《中外法学》1996年第1期。

[4]　孔祥俊、吉罗洪主编：《反倾销法律制度及申诉应诉指南》，中国民主法制出版社2003年版，第142页。

[5]　王名扬：《美国行政法》（下），中国法制出版社1995年版，第642页。

件是否达到成熟的判断标准为"是否适于由法院裁判"和"推迟审查是否对当事人造成困难"。[①] 问题是否适于法院裁判包括三个因素：一是当事人争议为具体争端，不是抽象争端；二是案件双方当事人争论的问题属于法律问题，不是纯粹事实问题；三是作为法律问题的行政行为是行政机关最后决定。如果同时符合这三项条件，则该问题适于法院裁决。推迟审查对当事人造成很大困难必须是直接即时困难，而不遥远。它从实际情况出发，要求即时司法审查必须是在当时很必要。[②] 如根据美国法典第 19 卷第 1516a 节的规定，商务部或国际贸易委员会在反倾销调查中作出的导致调查程序终结的裁决，可申请司法审查。

二、反倾销司法审查受案范围

（一）受案限定在成熟的反倾销行政行为

如《最高人民法院关于审理反倾销行政案件应用法律若干问题的规定》第 1 条规定，利害关系人对下列决定可以请求司法审查：①国务院主管部门作出的有关反倾销的终裁决定。②国务院主管部门作出的是否征收反倾销税的决定以及追溯征收、退税、对新出口经营者征税的决定。

（二）WTO 的司法审查受案范围

《反倾销协议》第 13 条规定，成员应设有司法、仲裁或行政庭，目的包括迅速审查与最终判定的行政行为有关且属第 11 条范围内的对裁定的审查。从该条款看，协议没有把临时反倾销措施或不发起反倾销调查的决定以及终止调查的决定等排斥在受案范围之外。相反它只是规定了最低标准：即"特别包括"行政机关的终裁决定。对"特别包括"之外的反倾销行政行为是否受案没有明确规定，这是由于各成员行政、司法体制不同，对不立案、临时反倾销措施、中止调查等是否列入受案范围，由各国自行规定。WTO 只规定，无论在任何情况下受案范围至少应包括终裁决定、对反倾销税和价格承诺的复审决定的审查。

（三）欧盟的司法审查受案范围

根据欧洲法院判例，《欧共体条约》第 230 条所规定的诉讼，只能针对有

---

① 王名扬：《美国行政法》（下），中国法制出版社 1995 年版，第 643～645 页。
② 王名扬：《美国行政法》（下），中国法制出版社 1995 年版，第 646～648 页。

约束力的、通过明显改变当事人法律地位的方式能够影响当事人利益的行政措施而提起。法院不受理就欧盟委员会发动反倾销调查决定的起诉。法院受理欧盟委员会作出的最终裁决：当事人就欧盟委员会拒绝发动调查程序的决定提起的诉讼；当事人就欧盟委员会不采取产业保护措施而终止反倾销调查程序的决定提起的诉讼；当事人就征收为期不超过 5 年的最终反倾销税的决定提起的诉讼；当事人就价格承诺和行政复审提起的诉讼。对欧盟委员会的初裁不进行司法审查。征收临时反倾销税条例或临时反倾销税的最终征收命令也在可司法审查之列，但如果法院在审查过程中，欧盟理事会采取了征收最终反倾销税的措施，则临时措施不再具有可诉性。在澳大利亚，对于缴纳保证金形式的临时反倾销措施和最终反倾销决定，利害关系人也都可提起诉讼。①

（四）美国的司法审查受案范围

根据《关税法》的规定，国际贸易法院（CIT）对两类裁决具有管辖权：①不发起反倾销裁决，即（a）由商务部作出的不发起反倾销调查的裁决；（b）由国际贸易委员会作出的不存在国内产业受到实质损害、实质损害威胁或实质妨碍的合理征象的裁决；（c）由国际贸易委员会作出的不审查基于情势变迁的裁决。②已公布的最终裁决，即（a）由国际贸易委员会和商务部作出的所有肯定性或否定性的最终裁决；（b）商务部作出的中止调查的裁决；（c）由国际贸易委员会依美国法典第 19 卷作出的损害影响裁决；（d）由商务部作出的有关货品在反倾销令所规定的一类或一种货品之内的决定。② 商务部接受出口商价格承诺的决定也受法院管辖；对其不接受出口商价格承诺的决定，外国当事人不能通过诉讼将其撤销；商务部就一国是否是非市场经济国家所作出的决定不受司法审查。③

三、成熟反倾销行政行为

1.《反倾销条例》第 16 条规定的立案调查决定。它只是启动反倾销调

---

① 陈良刚："试析反倾销司法审查的几个基本问题"，载《法律适用》2003 年第 8 期。

② Bruce. E·Clubb（1991），*United States ForeignTrade Law*，Boston：Little Brown and Company，p. 604.

③ 刘敬东、姚臻主编：《反倾销案件行政复议、司法审查制度的理论与实践》，中国人民公安大学出版社 2004 年版，第 67 页。

查，不最后影响利害关系人的实体权益，不具有可诉性。而该条规定的不立案调查决定已经成熟，应可诉。若在 60 日内商务部不予答复，即构成不作为，申请人也可起诉。

2.《反倾销条例》第 24 条规定的肯定性初裁决定。肯定初裁，行政机关将继续反倾销调查，在此阶段利害关系方的权利义务不确定，起诉时机尚不成熟。而第 25 条规定的否定性初裁，如没有足够证据证明存在倾销、损害或二者之间有因果关系，会导致反倾销调查程序终止，直接影响有关利害关系方的权益，为成熟行政行为。

3.《反倾销条例》第 27 条规定的终止调查决定，可直诉。即有下列情形之一的，反倾销调查应当终止：①申请人撤销申请的；②没有足够证据证明存在倾销、损害或者二者之间有因果关系的；③倾销幅度低于 2% 的；④倾销进口产品实际或者潜在的进口量或者损害属于可忽略不计的；⑤商务部认为不适宜继续进行反倾销调查的。来自一个或者部分国家（地区）的被调查产品有前款第②、③、④项所列情形之一的，针对所涉产品的反倾销调查应当终止。

4.《反倾销条例》第 29 条规定的临时反倾销措施。临时反倾销措施如提供保证金，终裁后还调整。临时反倾销措施一般为不成熟之行为，如推迟司法审查不会对利害关系方的权益造成难以弥补的损害，尚不可诉。

5. 接受价格承诺的决定。行政机关一旦接受价格承诺，中止或终止反倾销调查，应赋予有关利害关系方起诉权。虽然达成价格协议，但仍继续反倾销调查，价格协议约束效力相对，对此暂不允许起诉。

6.《反倾销条例》第 25 条规定的终裁。《反倾销条例》第 53 条规定的反倾销征税决定：①是否征收反倾销税的决定；②是否追溯征收的决定；③是否退税的决定；④对新出口经营者征税的决定。对继续征收反倾销税或履行价格承诺必要性作出的复审决定，即国务院关税税责委员会根据商务部建议作出的保留、修改或取消反倾销税的决定，或商务部作出的保留、修改或取消价格承诺的决定，都可直诉。该条例第 55 条和第 56 条规定的反规避措施与对等措施，应可诉。

7. 国务院终裁。《行政诉讼法》第 12 条第 4 项和《行政复议法》第 14 条规定，利害关系方不服国务院主管部门作出的反倾销决定，可向作出该决定的部门申请复议；对复议决定不服，即要么向法院提起诉讼，要么向国务院申请裁决，国务院裁决最终，不可诉。根据中国在入世议定书中的承诺，似也应允许对国务院终裁申请司法审查。[①]

8. 行政规定。加入 WTO 议定书承诺将司法审查范围确定为"1994 年 GATT 第 10 条第 1 项、GATS 第 6 条和 TRPIS 协定有关条款所规定的与普遍适用的法律、法规、司法判决和行政决定相关的所有行政行为"，这几乎将货物、服务贸易和知识的有关行政行为，具体和抽象行为都可直诉。应将成熟抽象的行政规定纳入直诉范围。

第三节　反倾销案起诉与受理

一、当事人

（一）反倾销利害关系方都有原告资格

《最高人民法院关于审理反倾销行政案件应用法律若干问题的规定》第 2 条第 1 款规定，与反倾销行政行为具有法律上利害关系的个人或组织为利害关系人，可以依照行政诉讼法及其他有关法律、行政法规的规定，向人民法院提起行政诉讼。利害关系人是指反倾销调查程序中的申请人、出口商、出口国或地区政府和进口商等。[②] 最高法院没有明确将出口国或地区政府包括在"利害关系人"之内。我们认为它可成为在进口国提起司法审查的原告。"利害关系人"还包括：①被调查产品的外国生产商；②大部分成员为被调查产品的生产商、出口商或进口商的贸易或商业团体。

欧盟则一般认为进口商与反倾销无太大利害关系，进口商可以把反倾销税转移到进口商品价格上，不属于有权起诉的利害关系人。只有那些与国外出口商有关联交易，其转售价格被作为计算出口价格基础的进口商可向法院起诉，其他进口商起诉资格则依个案而定。[③] 被调查产品工业用户及普通消费者，也受到实际影响，但这种影响比起出口商或进口国内生产商受到的影响，

① 孔祥俊：《WTO 法律的国内法适用》，人民法院出版社 2002 年版，第 236 页。

② 刘敬东、姚臻主编：《反倾销案件行政复议、司法审查制度的理论与实践》，中国人民公安大学出版社 2004 年版，第 65 页。

③ 房东："建立我国反倾销司法审查制度的探讨"，载《南京师范学报（社会科学版）》2001 年第 1 期。

无疑要间接得多，并且其范围难以确定，若赋予其原告资格，可造成滥诉，行政机关将受到过多干扰。① 在限定情况下，判例或可赋予其公益诉讼原告资格。

（二）被告

《最高法院关于审理反倾销行政案件应用法律若干问题的规定》第3条规定："反倾销行政案件的被告，应当是作出相应被诉反倾销行政行为的国务院主管部门。"依据《反倾销条例》的规定，反倾销措施分别由商务部、国务院关税税则委员会及海关总署实施。对倾销和损害的调查和确定，由商务部负责，如涉及农产品的国内产业损害调查，商务部会同农业部进行。对于征收反倾销税，由商务部建议，国务院关税税则委员会根据建议作出决定。商务部可以在有正当理由的情况下，决定对继续征收反倾销税的必要性进行复审，根据复审结果，由商务部提出保留、修改或取消反倾销税的建议，国务院关税税则委员会根据其建议作出决定，由商务部公告；或由商务部作出保留、修改或取消价格承诺的决定并公告。我们认为确定被告，一看当事人诉什么诉谁；二看最终作出决定的主管部门，而不论这种决定权是实质意义上的还是名义上的。至于其他相关部门，可为第三人。如果当事人对反倾销终裁不服，商务部或农业部为被告；对保留、修改或取消反倾销税决定不服，国务院关税税则委员会应为被告；对商务部保留、修改或取消价格承诺的决定不服，商务部为被告；对海关执行决定不服，海关为被告。

（三）第三人

第三人是指同提起诉讼具体行政行为有利害关系，申请或由法院通知参加诉讼的其他公民、法人或其他组织。《最高人民法院关于执行〈中华人民共和国行政诉讼法〉若干问题的解释》第24条规定，行政机关的同一具体行政行为涉及两个以上利害关系人，其中一部分利害关系人对具体行政行为不服提起诉讼，人民法院应当通知没有起诉的其他利害关系人作为第三人参加诉讼。第三人有权提出与本案有关的诉讼主张，对法院的一审判决不服，有权提起上诉。《最高法院关于审理反倾销行政案件应用法律若干问题的规定》第

① 刘敬东、姚臻主编：《反倾销案件行政复议、司法审查制度的理论与实践》，中国人民公安大学出版社2004年版，第337页。

4 条规定："与被诉反倾销行政行为具有法律上利害关系的其他国务院主管部门，可以作为第三人参加诉讼。"国务院主管部门作出反倾销行政行为时往往涉及其他有利害关系的部门，如由于国务院关税税则委员会作出征收反倾销税的决定必须以商务部的建议为根据，起诉征收反倾销税的决定，商务部可作为第三人。"有关部门可以"而不是必须作为第三人参加诉讼，是否参加取决于个案。

二、穷尽行政救济原则

穷尽行政救济原则指当事人在没有利用一切可能的行政救济以前，不能申请法院审查行政决定。其最早源于 1938 年美国最高法院就迈尔斯诉贝思勒亨一案所作判决。"在规定的行政程序用尽以前，任何人对于可能的和已经或即将受到的损害，不能请求司法审查。"[①] 1969 年最高法院在麦卡特诉美国案判决中详解穷尽行政救济原则目的。[②] 为了保障行政机关能够完成其行政职责和目的，鼓励当事人在行政程序内解决问题，避免增加行政机关的诉讼负担，降低司法审查成本。

一般认为《反倾销协议》规定的救济途径分层次。反倾销当事人可先寻求行政救济，即"穷尽行政救济"（Exhaust Administrative Remedies）；当事人不服，可向法院申请司法审查。[③] 其结果是法院不得审理行政程序中没有提出的问题。因为法院直接审理没在行政程序中提出的问题，等于没有给行政机关首先考虑和解决这些问题的机会。这样做等于法院侵夺行政权力。如国际贸易委员会总律师办公室的人员 Charles H. Nalls、George W. Thompson、Joel Shapiro、Kristina Zissis4 人就 Cemex, S. A. v. United 一案指出："在 Cemex, S. A. v. United 一案中，法院拒绝了原告试图在上诉中提出新论据理由。指出这样做将是要求法院通过剥夺行政机关考虑和处理争议的机会来侵占行政机关职能。"在 Calabrian Corp. v. U. S. Int'I Trade Comm'n 一案中指出："在 Calabrian Corp. v. U. S. Int'I Trade Comm'n 一案中，法院拒绝同意原告在司法审查中采用与在行政程序行政机关面前的主张相矛盾的主张。国际贸易法院注

---

① 王名扬：《美国行政法》（上册），中国法制出版社 1995 年版，第 651～652 页。
② 王名扬：《美国行政法》（上册），中国法制出版社 1995 年版，第 653 页。
③ 王名扬：《美国行政法》（上册），中国法制出版社 1995 年版，第 653～658 页。

意到，同意这一论据将会妨碍国际贸易委员会对问题评估，并且会否认其他当事人的向行政机关辩解的权利。原告本应该已经向国际贸易委员会提出辩论；原告没有这样做就排除了原告在上诉中提出新辩论。"① 之所以这样判决，是要拒绝原告绕过行政机关调查程序。要求当事人请求司法救济时，首先应利用行政系统内部救济，然后请求法院救济。"穷尽行政救济"是指导原则，有时不适用。如"国际贸易法院认识到原告在行政当局面前提出问题毫无用处，也允许原告在上诉中提出该问题。"②

根据《反倾销条例》第 53 条的规定，对终裁决定不服，对是否征收反倾销税的决定不服，或对复审决定不服，可依法申请行政复议，也可依法向法院起诉。当事人可选择。一旦选择复议，复议裁决就是最终裁决，不能再提起行政诉讼。这也符合"穷尽行政救济"原则。

第四节 反倾销案审理与判决

一、案件审理的特殊性

1. 合议庭人员组成。《行政诉讼法》第 46 条规定："人民法院审理行政案件，由审判员组成合议庭，或者由审判员、陪审员组成合议庭。合议庭的成员，应当是三人以上的单数。"反倾销案件审理，涉及很多专业术语，要考虑选择那些能掌握国际贸易知识的复合型法官和有专业知识的陪审员。③

2. 反倾销案件很复杂，应当开庭言辞听证。《行政诉讼法》第 45 条规定："人民法院公开审理行政案件，但涉及国家秘密、个人隐私和法律另有规

---

① Charles H. Nalls、George W. Thompson、Joel Shapiro、Kristina Zissis, Judicial Reviews of International Trade Commission Determinations from October 1990 to September 1992. 转引自刘敬东、姚臻主编：《反倾销案件行政复议、司法审查制度的理论与实践》，中国人民公安大学出版社 2004 年版，第 36 ~ 37 页。

② Charles H. Nalls、George W. Thompson、Joel Shapiro、Kristina Zissis, Judicial Reviews of International Trade Commission Determinations from October 1990 to September 1992. 转引自刘敬东、姚臻主编：《反倾销案件行政复议、司法审查制度的理论与实践》，中国人民公安大学出版社 2004 年版，第 36 ~ 37 页。

③ 刘敬东、姚臻主编：《反倾销案件行政复议、司法审查制度的理论与实践》，中国人民公安大学出版社 2004 年版，第 287 ~ 288 页。

定的除外。"《保守国家秘密法》规定，国家秘密是关系到国家安全和利益，依照法定程序规定，在一定时间内只限一定范围的人员知悉的事项。涉及国家秘密、商业秘密和个人隐私的案件不公开审理。

3. 反倾销行政诉讼涉外，应参照涉外民事诉讼程序审理。《最高人民法院关于审理反倾销行政案件应用法律若干问题的规定》第11条规定，人民法院审理反倾销行政案件，可以参照有关涉外民事诉讼程序的规定。如涉外送达诉讼文书，就应参照民事诉讼法的规定。

二、反倾销举证责任分配

根据《行政诉讼法》和司法解释的规定，在反倾销行政诉讼中，被告对具体行政行为的合法性承担举证责任；原告享有提供证据的权利或负担提供证据的责任。

（一）被告举证责任

《最高人民法院关于审理反倾销行政案件应用法律若干问题的规定》第7条规定，被告对其作出的被诉反倾销行政行为负举证责任，应当提供作出反倾销行政行为的证据和所依据的规范性文件。人民法院依据被告的案卷记录审查被诉反倾销行政行为的合法性。被告在作出被诉反倾销行政行为时没有记入案卷的事实材料，不能作为认定该行为合法的根据。又如《欧洲初审法院程序规则》第44条和《欧洲法院程序规则》第38条规定，原告应当在起诉书中说明证据性质。原告一般不承担举证责任。与被答辩书相比，可以发现法律要求被告承担事实陈述责任，而原告只需对法律问题提出质疑。法院有权要求与案件无关的成员国和欧盟机构提供法院认为案件审理所需要的信息，甚至可以委托私人或机关为法庭审理提供专家意见。

（二）原告或第三人对其主张有责任提供证据

这应是由前期反倾销裁决程序举证责任分配决定的，当事人在反倾销裁决程序中对其主张的基础事实根据，负有举证责任或提供证据责任。《最高人民法院关于审理反倾销行政案件应用法律若干问题的规定》第8条第1款规定，原告对其主张的事实有责任提供证据。

（三）行政诉讼贯彻案卷排他性原则

这使行政程序案卷排他性原则得以遵从；还促使原告在反倾销行政程序中积极行使举证权利；并且有效限制行政机关在行政诉讼阶段补充新证据。

它也是可获得最佳信息原则在司法审查中的延续。法院依据被告案卷记录审查被诉反倾销行政行为的合法性。被告在作出被诉反倾销行政行为时没有记入案卷事实材料，不能作为认定该行为合法的根据。经法院依照法定程序审查，原告提供的证据具有关联性、合法性和真实性的，可以作为定案根据。但是被告在反倾销行政调查程序中依照法定程序要求原告提供证据，原告无正当理由拒不提供、不如实提供或以其他方式严重妨碍调查，而在诉讼程序中提供的证据，法院不予采纳。

三、司法审查程度

司法审查程度是指法院对反倾销行政裁决进行实质审查时确定的实质干预强度，即法院审查反倾销机关对倾销、损害及因果关系认定强度。包括对反倾销行政机关所作出的事实认定、法律解释和适用以及对行政裁量的审查程度。反倾销专业性很强，法官的认知局限决定了法官不应任意以自身判断代替行政机关的事实裁定和合理的法律解释。

《反倾销协议》第13条为各成员司法审查标准提供了指导性原则。"各成员方有义务对其实施的反倾销行为提供某种审查机制，该机制应保证在实际中能提供客观和公正审查"。《反倾销协议》第17条规定，WTO争端解决机构在审查成员方行政机关对反倾销案事实问题的处理时，包括对事实的确定和评估。对事实的确定所采取的标准是"适当"，对事实的评估所采取的标准是"无偏见"和"客观"。这两个标准都不是评价事实认定正确性的标准，而只是要求适当和公正。WTO争端解决机构不审查证据本身的真实性，更不会仅为了查证事实而调查证据，而只是对成员方行政机关事实认定是否适当与公正进行审查。

欧盟法院主要为法律审，对合理的事实认定结论，一般不予推翻，即使法院根据同样的证据得出不同的结论。对法律问题，欧盟法院采用正确标准。欧洲成员方法院在作出具体裁判前，将其选择适用的相应法律规定及其解释告知欧盟法院，由欧盟法院裁定认可，以保证共同体法律在成员方内部统一适用。但欧盟法院承认欧盟理事会在法律问题上的裁量权，承认其合理解释与适用。[①]

---

① 王景琦编著：《中外反倾销法律与实务》，人民法院出版社2000年版，第134~135页。

美国法院对行政裁决一般作法律审①。法院采取事实、法律和裁量三分法，对事实和法律问题采取不同的审查标准。对法律问题可以完全审查，法院可以自己判断代替行政机关判断。而对于事实问题，一般不重新认定，只有在某些重大问题上和对公民权益有重大影响的事实认定上才会重新审理，以自身判断代替行政机关判断。对事实问题的审查，一般实行实质性证据标准；对裁量问题的审查适用武断、反复无常和滥用裁量权标准。如美国《关税法》第1516A条第（b）项规定，对事实认定的两个司法审查否定性标准：一是武断、反复无常、滥用裁量权或不符合法律；二是缺乏根据记录的实质证据支持。

武断、反复无常和滥用裁量权标准，适用于关于事实裁量问题的审查，也适用于法律裁量问题的审查。如美国联邦最高法院1983年在美国机动车制造商协会诉州农业互助汽车保险公司一案判决中指出，通常情况下，如果行政机关采纳了国会未授意其予以考虑的因素，完全没有考虑国会授意其应考虑的问题，对其决定的解释有悖于所掌握的证据，或解释令人难以置信，因而不能视为是合法的不同理解或因行政专业知识因素而导致的结果，那么行政机关的决定即属于主观武断。其一般表现有：不正当的目的，忽视相关因素，不遵守自己的先例和诺言，显然失去公平的严厉制裁，不合理的延迟。②这个标准的适用情形是根据案卷记录作出的裁定。

根据美国最高法院判例，实质证据标准是一个有正常理智的普通人可以接受作为一个结论的正当支持证据。只要行政机关对事实认定达到这种合理程度，就被认为具备了实质证据支持。适用情形有：①行政当局依据7671a（c）或7673a（c）作出的不予调查的裁定；②贸易委员会根据7675（b）不基于变化了的情形审查原裁定的裁定；③贸易委员会根据7677b（a）或7673b（a）就是否存在合理迹象表明实质损害、实质损害威胁或实质阻碍的否定裁定，以及行政当局或委员会根据7675（c）（3）作出的最终裁定。如果国际贸易法院发现他们缺乏实质证据支持，都应判决该裁决、决定或结论为不合法。

---

① 西方上诉审与我国上诉审审理范围不同，一般仅就法律问题进行审查，而不对初审认定的事实进行审查，除非初审法院在认定事实的过程中存在程序违法或程序不当。

② Newman K. P. A Textbook of Translation M. Hertford shire Prentice Hall International（UK）Limited 1998. p. 696.

美国国际贸易法院（USCIT）审理的对华
熨衣架反倾销行政复审案①

1. 案件背景：2003 年 7 月 25 日，美国商务部对华熨衣架及其零部件启动反倾销调查，涉案产品海关编码为 94032000.10.94032000.11.94039080.40。2004 年 6 月 24 日，美国商务部作出终裁，中国涉案企业所获税率为 52.04% ~ 113.80% 不等。2009 年 9 月 22 日，美国商务部对该案启动第五次行政复审。2011 年 3 月 21 日，美国商务部作出终裁，广东佛山顺德永建日用品有限公司的倾销幅度为 18.76%，广州新新日用制品有限公司的倾销幅度为 70.05%。广州新新日用制品有限公司不服终裁决定，起诉至美国国际贸易法院（USCIT）。2013 年 5 月 30 日，美国国际贸易法院（USCIT）就美国商务部对华熨衣架及其零部件反倾销案的第五次行政复审终裁作出判决。

2. 本案诉讼双方：原告为广州新新日用制品有限公司（Since Hardware（Guangzhou）Co. Ltd.，Guangzhou）。被告为美国政府。

3. 本案争议点：本案涉及美国商务部对华熨衣架及其零部件反倾销案的第五次行政复审终裁。此次终裁为商务部根据美国国际贸易法院 2012 年 8 月 14 日判决（广州新新日用制品有限公司诉美国政府案，Consol. s Court No. 11 - 106，ECF No. 81）所作的重新裁决。根据美国《1930 年关税法（经修订）》第 516A（a）（2）（B）（iii）节，美国国际贸易法院对该诉讼具有司法管辖权。此外，原告广州新新日用制品有限公司和广东佛山顺德永建日用品有限公司均对美国商务部选择的财务报表等事项提出了质疑。广东佛山顺德永建日用品有限公司诉美国政府案的判决已于 2013 年 4 月 8 日作出，但由于该案涉及机密信息，判决尚未对外公布（Slip. Op, 13 - 47）。

4. 审查标准：国际贸易法院根据 19 U.S.C. §1516a（a）（2）（B）（iii）和 28 U.S.C. §1581（c）对商务部的反倾销裁决进行了审查。国际贸易法院将维持商务部的"裁决、认定或结论"，除非这些裁决、认定或结论"不具备案卷记录中存放的实质性证据的支持，或在其他方面亦不符合法律"（19 U.S.C. §1516a（b）（1）（B）（i））。"实质性证据"意指一个合理的心智可视为足以支持一个结论的相关证据。

---

① 案例来源：中国贸易救济信息网，http://www.cacs.gov.cn/cacs/newcommon/details.aspx? navid = A06&articleId = 113427，2013 年 6 月 3 日访问。

5. 判决结果：美国国际贸易法院最终判决如下：①商务部选择的财务报表中未选择 Maximaa 的财务报表，商务部对此应予以重新考虑；②商务部应重新考虑计算中涉及的集装箱的尺寸和离港口的距离；③维持了商务部关于工人工资率替代价值的认定；④维持了商务部关于棉织物替代价值的认定；⑤命令商务部在 2013 年 7 月 30 日前提交其根据该发回重审判决作出的重新裁决；⑥各当事方应在商务部向法院提交重新裁决后的 7 日内提交相关评述意见。

评析：国际贸易法院判决：①商务部选择的财务报表中未选择 Maximaa 的财务报表，商务部对此应予以重新考虑；②商务部应重新考虑计算中涉及的集装箱的尺寸和离港口的距离。这符合被诉行政裁决应有实质证据支持的规则。

根据《最高人民法院关于审理反倾销行政案件应用法律若干问题的规定》的规定，法院审理反倾销行政案件，对被诉具体行政行为进行合法性审查的事实标准为：主要证据是否确实、充分。法官作为法律专家对这些事实认定进行全面审查不容易。反倾销事实司法审查可采用灵活、宽松标准。对事实问题、对国务院部门作出的倾销、损害及因果关系认定结论进行审查，应采用合理性审查标准，就行政机关提供的案卷，审查其事实认定是否有足够证据支持、行政机关"最佳证据"规则的适用是否合理。

根据《最高人民法院关于审理反倾销行政案件应用法律若干问题的规定》的规定，法院审理反倾销行政案件，对被诉具体行政行为进行合法性审查的法律标准为：适用法律、法规是否正确；是否违反法定程序；是否超越职权；是否滥用职权；是否不履行或拖延履行法定职责。对行政行为合法与否的看法，行政机关与法院或截然不同。应当通过判例逐一确定各类型行政行为或不同审查对象的司法审查标准。

1. 适度审查行政机关对法律的解释和适用。法院依照行政诉讼法及反倾销法律、法规，遵从国际条约、国家政策及司法解释，参照规章，对被诉反倾销行政行为的法律适用问题，站在中立角色进行适当性审查与评判。法院可遵循灵活标准，审查行政机关法律解释与适用是否符合立法目的，是否出于行政专业化考虑，是否遵循了惯例、公理和常识，是否出于政策形势考虑，是否出于公共利益考虑。①审查行政机关对国际条约的解释和适用。法院对于 WTO 规则适用存在两种观点：一种观点认为，法院可以直接适用 WTO 协议和规则；另一种观点认为，是否适用可以视不同情况区别对待："在程序法领域，在国内法与 WTO 规则有冲突或国内法没有相应规定的情况下，直接适用 WTO 规则没有问题，民事诉讼法和行政诉讼法都有明确规定。但就行政实体法而言，不宜简单地采用优先适用原则。"① 由于 WTO 协议具有特殊性，即使是自动执行条约的成员方，也不宜将 WTO 协议作为自动或直接适用的协议。我国也不宜将 WTO 协议作为自动执行的条约而在法院直接适用。根据实际情况，对于 WTO 协议的适用可以区分不同情况，灵活适用：WTO 及其基本规则、有关货物贸易基本规则和行政程序规范可采用直接适用方式；WTO 协议规则本身尚不完备或要求中国制定法律的规范和行政措施可采用转化适用方式；其他被 WTO 成员指控并经 WTO 裁决的可采用以后修补方式。② 行政机关先于法院解释和适用反倾销条约或国际协定，法院可以顺从或不顺从行政机关对条约或国际协定的解释和适用。如《最高人民法院关于审理国际贸易行政案件若干问题的规定》第 9 条规定，人民法院审理国际贸易行政案件所适用的法律、行政法规的具体条文存在两种以上的合理解释，其中有一种解释与中国缔结或参加的国际条约的有关规定相一致的，应当选择与国际条约的有关规定相一致的解释，但中国声明保留的条款除外。②审查行政机关对法律、法规和规章的解释和适用。法院可以顺从行政机关合理地解释和适用法律、法规和规章。对专业性法律问题，法院可以顺从。可尊重行政机关合理的法律解释，法院并不随意替代行政机关的合理结论。③ 不过一般性法律问题，行政机关解释和适用不合理的，法院可替代行政机关进行法律解释和适用。③审查行政机关对国家政策的解释和适用。除非行政机关理解和适用国家政策明显有错，法院通常顺从行政机关解释和适用国家政策。因为外贸政策常是商务部制定或建议制定的，反倾销机关更懂政策。④依据最高法院判例审查行政机关对法律的解释和适用。最高法院法官在审理具体案件中，结合事实，对法律规范作出司法理解，属于动态法。如没有法律明确规定，欧盟法院许多司法解释，补充法律规范；其判例为反倾销法的渊源，在判决中经常引用先例。它们也得到其他机构的遵守。对最高法院判例，其自身、

① 曹建明主编：《WTO 与中国法律制度问题研究》，人民法院出版社 2001 年版，第 127 页。
② 郭建："中国反倾销司法审查制度研究"，华东政法学院硕士学位论文，2005 年。
③ 刘敬东、姚臻主编：《反倾销案件行政复议、司法审查制度的理论与实践》，中国人民公安大学出版社 2004 年版，第 77~79 页。

下级法院和反倾销机关都应遵守。司法解释和适用法律的效力高于行政解释和适用法律的效力。

2. 关于反倾销机关是否违反法定程序的审查。反倾销调查程序的步骤、过程和时限都有法规、规章明确细致的规定，实际上各国反倾销调查程序的规定与《反倾销协议》大同小异，如"时限"规定都相同或基本的相同。法院审查反倾销机关是否违反法定程序不困难，除非明显严重违反法定程序或正当程序原则，法院不应撤销被诉反倾销行政裁决或其他决定。一般行政程序轻微违法，并不影响实体法适用，法院可容忍；也可以发还被诉行政行为，令其补正，不必撤销被诉行政行为。

3. 关于行政职权争议。商务部或农业部超越职权机会少，国务院关税税则委员会和海关总署也是这样。关于被告是否滥用职权，要看其有没有个人目的或谋求其他非法私人目的，这需要足够证据才能证明被诉反倾销行政行为目的和动机不轨。如《反倾销协议》允许的对等措施，是为"报复"，所以即使出口商不构成倾销，也还可适用报复"反倾销"，这就不是滥用权力。被诉不履行或拖延履行法定职责，如不立案或拖延立案、不征或少征反倾销税，其中比较严重的，法律对职责有明确规定的，法院可以命令被告履行职责；如果为裁量问题，法院审查判断起来就比较困难，可根据各方对各自主张提出的证据证明情况作判断。被告能够证明没有违反法律明文规定，没有明显专横或裁量滥用就可过关；原告必须有足够证据证明被告不履行法定职责或拖延履行法定职责，才可胜诉。

四、判决

（一）判决的概念

判决是法院审理行政案件终结时，根据事实和法律，就行政案件实体和程序问题所作出的裁判。[①] 行政诉讼判决通常为维持或驳回原告诉讼请求，确认、撤销判决，或责令被告重新作出行政行为，或责令被告采取补救措施。

（二）判决的类型

1. 维持判决和判决驳回原告诉讼请求。《最高人民法院关于审理反倾销行政案件应用法律若干问题的规定》第 10 条规定，被诉反倾销行政行为证据

---

① 应松年主编：《行政诉讼法学》，中国政法大学出版社 2002 年版，第 202 页。

确凿，适用法律、行政法规正确，符合法定程序的，判决维持。美国国际贸易法院、加拿大联邦法院认为被诉行政裁决合法时，都可判决驳回原告请求或维持判决。有下列情形之一，法院应当判决驳回原告诉讼请求：①起诉反倾销机关不作为理由不成立；②被诉反倾销行政行为合法但存在合理性问题；③被诉反倾销行政行为合法，但因法律、政策变化需要变更或废止的等。

2. 撤销判决。《最高人民法院关于审理反倾销行政案件应用法律若干问题的规定》第 10 条规定，被诉反倾销行政行为有以下情形之一的，判决撤消或部分撤消，并可以判决被告重新作出反倾销行政行为：①主要证据不足的；②适用法律、行政法规错误的；③违反法定程序的；④超越职权的；⑤滥用职权的。美国国际贸易法院不轻易否定行政裁决，除非该行政裁决缺乏法律依据或缺乏实质性记录支持。[①]澳大利亚联邦法院也可以违反自然正义为由，撤销征税命令。在欧盟，如果能够认定反倾销措施不具有合法性，法院就宣布其无效。按照《欧共体条例》第 176 条规定，对被宣告无效的措施负责的机构，应当采取一切必要措施确保遵守法院判决。在撤销一项条例的情况下，根据《欧共体条例》第 174 条第 2 款，法院可对条例确定某种效果。在法院撤销反倾销税的情况下，欧盟委员会认为这只是撤销了调查结果，并未撤销程序，委员会仍然可以继续其程序，获取最新材料并征收新反倾销税。依据欧盟法院判例，实际上排除了当事人可获取中止反倾销税禁令。它实际还排除了对反倾销启动程序的起诉和获取损害赔偿。[②]法院判决被告重新作出反倾销行政行为，如不及时重新作出反倾销行政行为，将会给国家利益、公共利益或者当事人利益造成损失的，可以限定重新作出反倾销行政行为的期限。法院判决反倾销机关履行法定职责，应当指定履行的期限，因情况特殊难于确定期限的除外。判决撤销违法的被诉反倾销行政行为，将会给国家利益、公共利益或者他人合法权益造成损失的，法院在判决撤销的同时，可以分别采取以下方式处理：①判决被告重新作出反倾销行政行为；②责令被诉行政机关采取相应的补救措施。

3. 责令履行法定职责。根据《行政诉讼法》第 54 条的规定，反倾销机

---

① 反倾销裁决的作出必须依据反倾销案卷中的事实和所记录之信息。法院要求作为反倾销裁决依据的所有调查信息和利害关系方提供的材料都必须明确而完整地记录在反倾销案卷中，否则该反倾销裁决将被法院否认。

② 潘宇翔："论反倾销司法审查制度"，西南政法大学硕士论文，2005 年。

关不履行或拖延履行法定职责的，判决其在一定期限内履行。如美国国际贸易法院对于应当发起反倾销调查的，或可责令商务部或贸易委员会发起反倾销调查。

4. 变更判决。《行政诉讼法》第54条规定，行政处罚显失公正的，可以判决变更。可以肯定地说反倾销一般情况下不适用变更判决。如美国国际贸易法院、加拿大联邦法院在审查被诉行政裁决时，不变更裁决。在澳大利亚，即使联邦法院被诉裁决证据考虑不当，也不改变裁决的法律依据。在欧盟，如果能够认定反倾销措施不具有合法性，法院就宣布其无效，但不能修改。我们认为对价格承诺协议争议，可适用变更判决。因为它是行政合同，合同实体内容允许当事人处分。

5. 增加部分判决。它是法院对行政争议案件部分实体或程序问题的处理。主要是在为当事人提供及时、必要救济的同时维护行政秩序。其适于复杂行政案件可分阶段或分开处理的情形。如原告对反倾销税征收提起诉讼，法院在审理中，认为反倾销终裁没问题，只是反倾销税征收行为有问题，法院可以就反倾销裁决先行确认判决合法或维持，然后对反倾销税征收的合法性进行裁判。如《行政诉讼法》第54条规定，具体行政行为有下列情形之一的，可判决部分撤销，并可以判决被告重新作出具体行政行为：①主要证据不足的；②适用法律、法规错误的；③违反法定程序的；④超越职权的；⑤滥用职权的。

6. 可设定发还判决。如美国国际贸易法院不同意行政裁决，[①] 法院并不撤销，而只将被诉行政行为发还行政机关要求其按法院意见进一步处理，如补充听证或补充说明理由。在此期间法院并不中止行政行为的效力。在加拿大，联邦法院在审查反倾销裁决时，也可发回行政机关重审。在澳大利亚，联邦法院可以要求部长重新考虑其决定或裁决。如果原行政裁决存在错误，作出裁决的行政机关应根据法院对法律的解释重新进行调查。如美国联邦巡回上诉法院对华冷冻和罐装暖水虾反倾销行政复审案发还判决。[②] 该案被发回美国国际贸易法院，由国际贸易法院作出将该案发回商务部重审的判决。国

[①] 由于美国、加拿大和墨西哥签订了北美自由贸易协定（NAFTA），依据 NAFTA，NAFTA 项下的两国专家委员会将有权取代国际贸易法院进行司法审查。这是反倾销司法审查的例外。

[②] 案例来源：中国贸易救济信息网，http：//www.cacs.gov.cn/cacs/newcommon/details.aspx?navid＝A06&articleId＝11380，2013 年 6 月 14 日访问。

际贸易法院判决发还商务部重新裁决，并不撤销被诉商务部裁决，是妥当的。因为行政秩序和国际贸易秩序需要维护，不能因为被诉行政裁决有违法之处就全部撤销，而是发还被告。在此期间，被诉行政裁决有效。

7. 确认判决。法院认为被诉反倾销行政行为合法，但不适宜判决维持或驳回诉讼请求的，可以作出确认其合法或有效的判决。有下列情形之一的，法院应当作出确认被诉反倾销行政行为违法或无效的判决：①被告不履行法定职责，但判决责令其履行法定职责已无实际意义的；②被诉反倾销行政行为违法，但不具有可撤销内容的；③被诉反倾销行政行为依法不成立或无效的。被诉反倾销行政行为违法，但撤销该反倾销行政行为将会给国家利益或公共利益造成重大损失的，法院应当作出确认被诉反倾销行政行为违法的判决，并责令被诉机关采取相应的补救措施。

第九章　应对国外反倾销诉讼

第一节　商务部强化应诉指导

一、商务部应诉指导的必要性

国外常借反倾销打压中国出口产品，许多国内企业常无辜被反倾销。商务部在国内企业面临国外反倾销时，应为企业提供有效指导，并积极与发起国磋商，维护中方企业利益。商务部负责反倾销，熟悉 WTO 规则，有能力提供指导。《出口产品反倾销案件应诉规定》明确商务部、行业组织以及驻外使领馆在反倾销诉讼各阶段负有协助和指导职能。①

二、反倾销信息公开

商务部应将 WTO 反倾销法规则、对华提起反倾销多的国家和我国主要出口地国家的反倾销法及重大判例公布。

根据《出口产品反倾销案件应诉规定》第 6 条的规定，商务部应及时公布反倾销案件的进展信息。商务部在收到国外反倾销调查及应诉信息后，应及时公布，并通知各企业积极应诉。应公布之信息主要包括：①发起反倾销案件新立案调查的信息；②发起反倾销复审调查的信息；③发起反吸收、反规避调查的信息；④对案件应诉有重大影响的其他信息。在应诉信息公布后，商务部还可就应诉措施提出建议，提示应诉企业在该阶段享有的相应权利，如可以申请单独税率、独立市场经济地位或要求在最终反倾销税征收决定作出前请求听证等。

---

① 《出口产品反倾销案件应诉规定》第 2 条。

三、建立反倾销预警机制

（一）反倾销预警机制的概念

反倾销预警机制指商务部通过对出口目标国相应产品进口量的变化，价格趋势、进出口国同类产品生产和价格变化，以及进口国贸易政策变化，进行跟踪检测分析，预测进口国对我国发起反倾销的可能性以及警戒价格和出口数量，从而为我国出口企业有效避免被提起反倾销调查提供指导。

（二）建立反倾销预警机制的措施

1. 商务部必须及时了解国内产品主要销往国家和区域，各种产品普遍出口价格。商务部与海关及时沟通，直接建立政府内信息共享系统。① 商务部应及时总结对外贸易整体趋势，对于产品集中销售的国家和地区，必须结合该国类似产品价格信息和市场份额，及时发现国内产品集中销售或优势价格是否会招致该国提起反倾销，以及被提起反倾销、被征收反倾销税的可能性，国内企业将遭受的损失。通过定时总结本国主要出口产品的对外贸易信息，对可能被提起反倾销调查的出口产品及时发布预警，重点对可能被申诉产品的生产商及时提示反倾销危险，并通过制定外贸政策引导本国对外贸易方向或指导企业及时调整出口价格和出口贸易措施，有利于该产品主要生产商尽早收集信息和资料，应对可能发生的反倾销。

2. 商务部应系统掌握和整理全国各地区企业被提起的反倾销调查和应诉数据。这依赖于各地商务部门对于本地区企业应诉信息的收集。根据《出口产品反倾销案件应诉规定》第17条，地方商务部门应做好涉及本地区企业反倾销案件信息统计工作、建立信息报送系统、评估国外反倾销对本地区出口贸易的影响。只有建立全国统一的反倾销应诉数据系统，才能有助于应诉反倾销。②

---

① 对于政府内部的信息共享和政府信息公开，电子商务提供了很大的便利。对于外贸信息，如主要的出口产品和出口价格以及出口方向等，以及商务部所掌握的一些反倾销案件信息，可以由海关、商务部以及其他相关的对外贸易部门共同设立政务公开网站予以公布，同时也能实现政府内部信息的及时交流和共享。

② 根据《出口产品反倾销案件应诉规定》，建立预警机制主要属于行业协会的职能，商务部等政府部门主要进行指导和协调。但是，由于商务部主管本国反倾销事务，熟悉各国反倾销案件情况，在反倾销信息的掌握方面处于优势，对建立反倾销预警机制的作用不可低估，故而在本章中仍将建立反倾销预警机制作为商务部反倾销应诉指导中的重要职能之一。

四、为企业收集反倾销信息提供便利

应诉企业需要证明其商品销售并未构成倾销，没有低于成本价格出口商品。企业需要提供其同类产品在本国销售价格或同类产品在市场经济第三国销售价格。商务部更容易获得第三国同类产品销售信息，可提供给企业。

一些国家不承认中国企业的市场经济地位，在认定商品正常价格时经常比照其所谓与中国经济相当的其他国家同类产品价格来认定。对商品正常价格比照第三国认定，反倾销机关又拥有很大裁量权。为保护被控倾销企业的合法利益，商务部应积极提供证据以影响反倾销机关对替代国选择和商品正常价值的认定。商务部还可就反倾销发起国认定商品正常价格的惯用标准和其常用第三国相关商品价格信息或价格确定技术或调查方法给国内企业指导，以便其针对性地收集商品价格信息，增强举证能力。

企业需要其他信息，商务部也可帮其收集。如商务部在企业申请本行业独立市场经济地位，或主张本国市场经济地位，都必须提供本领域信息。收集这些信息远超出企业所能承受范围，需要商务部以及其他掌握行业信息和本国经贸信息的部门证明。如在澳大利亚进行的甘草琳案中，中国企业向澳大利亚主张中国市场经济地位，并获澳大利亚承认。因为商务部向澳大利亚反倾销机构出具了详尽材料和数据证明，商务部可为企业证明提供便利，减轻其举证责任。但商务部在反倾销案件中，处于协助地位，不代替企业应诉或承担其义务。早期反倾销应诉中，多数是由商务部直接参与反倾销诉讼，而企业却反而处于协助地位，这样会弱化企业反倾销应诉积极性，加重企业反倾销依赖性，不能有效应对。

五、积极敦促和协调企业应诉

商务部应指导企业树立正确理念，阐明积极参与的好处。应在官方网站及时公布国外针对中国提起的反倾销案情，并提示本国企业应参与诉讼。

商务部在指导应诉反倾销时，应注意协调各应诉企业的诉讼活动。国外反倾销措施适用于行业，同行企业可共享信息，提高举证能力，以对抗申请人。商务部已授权给行业组织一般协调职能。对于特定问题的协调，行业组织才需征询商务部意见。根据《出口产品反倾销案件应诉规定》第16条的规定，行业组织就下列案件应诉协调工作应征询商务部意见：①涉案产品在调查期内出口

金额较大；②涉案产品在调查国或地区市场份额较大，存在较大影响的；③行业组织之间就组织协调应诉工作无法形成一致意见，可能影响案件应诉结果的；④调查机关对我国企业实施歧视性政策和调查方法的；⑤其他需要征询的重要案件。地区商务部门应行业组织要求，对本地区涉案企业应诉工作进行协调。

六、企业积极应对反倾销

1. 企业应积极应对。企业必须熟悉外国反倾销具体制度或案例。熟读 WTO 争端解决机制，以协助商务部 WTO 争端裁决小组解决反倾销争议。企业应培养具有反倾销经验、熟悉反倾销法的人才。应诉中要占据有利地位，需要企业积极提供独立市场经济地位证据、企业产品出口价格说明。企业应诉人员应及时了解国外对华反倾销诉讼情况、政策变化和案例走势。

2. 采用正确出口策略。企业应根据商务部公布的有关本国同类产业主要生产商的出口信息以及整体出口地区和国家状况、各主要出口国家产业分布和市场变化情况，及时调整自己的出口策略，尤其是出口价格和出口比例，尽量使自己出口产品的种类多元化，开辟其他出口市场，不应在出口集中地区和国家进行产品价格战。确定本国出口产品合理价格是反倾销案决定性的一环。出口价格确定，需要考虑其他国家，尤其是产品目的国同类产品的生产成本以及劳动力价格状况，依据市场需求决定产品价格。但必须保证出口价格不能低于同类产品在本国的销售价格，否则在申请独立市场经济地位认定时，仍会处于不利地位。也就是说出口产品价格确定最终需要考虑国际同类产品价格。

3. 建立现代企业管理系统。为应对有些国家不承认我国为市场经济问题，为能通过对企业独立市场经济地位的认定，企业应建立现代企业制度。

（1）企业采用现代公司组织模式。遵照市场经济运行要求，独立进行企业运营，独立承担法律责任。具体做法可参考欧盟关于企业独立市场经济地位评定的五项标准，如保证企业管理和运营不受政府控制和影响，有自己独立的原料来源和独立的销售渠道、自主经营权和自主定价权利。如《欧盟理事会第 1972/2002 号条例》新规定，尽管第 2（7）（a）条适用，但应当为在适当证实主张基础上表明以下事项的出口商制定单独税率：①就外商独资或参资（partly foreign owner）公司或合营企业而言，出口商可自主收回投资和利润；②出口价格与数量、销售条件、条款均可自主决定；③多数股权属于私有主体，出现在董事会或在关键管理岗位任职的国家官员属于少数，或他必须表明公司仍然充分独立于国家干涉；④以市场汇率进行汇率转化；⑤如果各单独出口商被赋予不同税率，国家不会对反倾销措施进行规避。

（2）完整的财务系统，不仅是企业市场经济地位的衡量要素，也是证明产品成本价格的有利证据。反倾销机关在对出口产品的出口价格和成本价格进行计算时，一般是依据企业所提供的企业财务报表和资金证明材料。准确的财会信息是保证企业能顺利证明其出口产品并未构成倾销，产品出口价格未低于正常价值的依据。形式完整、记录规范的会计信息更能取得反倾销机关认同，从而作为认定企业产品生产成本的依据。否则反倾销机关或认为企业提供信息混乱，拒绝采纳，而代之以反倾销机关可获得的最佳信息认定产品价格和倾销。

七、行业协会应诉反倾销

行业协会在反倾销诉讼中的作用不可忽视，尤其是应对欧盟反倾销。行业组织，如进出口商会，承担相应诉讼职能：

1. 协调各企业反倾销诉讼活动。根据《出口产品反倾销案件应诉规定》第4条和第7条，行业协会在反倾销诉讼中承担对应诉企业的协调职能。[①] ①建立出口商品统计监管系统和贸易救济案件信息收集反馈机制；②根据应诉企业要求，就有关替代国、市场经济地位和分别裁决等技术问题的抗辩、国外调查机关的实地核查等问题予以协助；③组织应诉企业参加听证会、与国外调查机关和相关行业组织或企业进行磋商、谈判；④根据应诉企业要求，就价格承诺协议谈判的有关问题予以协助。如需以政府名义签订"价格承诺协议"或"中止协议"，可向商务部提出方案建议；⑤协助应诉企业就反倾销裁决结果在调查国或地区寻求司法救济；⑥提供律师信息服务，建立律师信息库；⑦定期在《国际商报》和本单位网站上公布年度到期的行政复审案件信息；⑧其他需要行业组织协调的工作。

行业协会需建立反倾销应诉专门小组，负责通知各应诉企业反倾销调查进程以及后续程序，就各企业所掌握信息进行整理和分析，并将相关信息公布给各企业。对各企业配合反倾销调查活动也应通知其他应诉企业，便于企业之间

---

① 《出口产品反倾销案件应诉规定》第4条：进出口商会等行业组织应依照章程，加强行业自律，维护行业经营秩序，负责反倾销案件应诉工作的行业协调，促进会员企业应诉国外反倾销案件。第7条：在获知有关可能发起反倾销案件新立案调查的信息后，行业组织应根据涉案产品的出口情况，做好应诉协调准备。

配合与交流。

如果反倾销应诉成功，整个行业均可以摆脱被征收反倾销税和退出该国市场的危险，而且不缩小在该国市场的占有额；如果应诉使最后征收较低反倾销税，也会使整个行业内所有企业共享该税率；但如果应诉失败，则所有企业都将被征收统一反倾销税，除非企业申请单独税率。反倾销应诉的集体行动特征使很多企业消极应对反倾销，习惯于搭便车。行业协会应建立"谁应诉，谁受益"机制。由行业协会组织应诉，并协调企业应诉，不仅可减少应诉成本，减少信息收集障碍，加强企业间信息沟通和合作益处，而且也以小集体应诉形式，① 改变单个企业面对一国反倾销机关时信息和经济实力不对等的情形，避免中小企业消极应诉。行业协会出面组织反倾销诉讼，已经得到很好的实践，如温州行业协会在面对反倾销诉讼时的做法值得其他行业协会参考。国内汽车协会和塑胶协会也证明行业协会在反倾销诉讼中的重要作用。

2. 积极参与国外反倾销。行业组织可向反倾销机关提供该产业生产和出口信息，以证明本国该产业产品成本价格和国内同类产品销售价格。如按欧盟法，行业组织可在申请独立经济地位的程序中，提供加入该行业企业的资料，以证明其独立市场经济地位。行业组织熟悉该行业企业生产模式和经营信息，对于该行业内占多数生产份额的企业信息掌握全面，对产业独立经济地位证明有优势。由其直接提供信息，能够减少企业信息成本，更有效地达到证明目的。还有很多功能发挥空间，如计算我国涉案产品数量、金额以及出口情况和在出口国所占市场比例，查找潜在应诉企业，或与商务部合作商讨研究反倾销策略，帮助应诉企业联系律师。

3. 反倾销业务培训。根据《出口产品反倾销案件应诉规定》第 11 条，② 行业组织可以针对各国反倾销动态或我国出口贸易发展态势，定期对企业进行培训，满足其应诉反倾销最新知识需求。

4. 行业组织还应承担一般的对外贸易指引职能，针对本领域内的出口状况，适时引导企业外贸活动，及时开辟新外贸市场，调整出口产品价格。

---

① 奥尔森在提出集体主义的困境同时，也提了解决这种困境的途径，即选择性激励和小集体的理论。选择性激励包括积极激励和消极激励两种。而奥尔森本人更倾向于小集体方式的解决。

② 《出口产品反倾销案件应诉规定》第 11 条：行业组织应定期组织有关反倾销法律知识的培训，可从会费中设立促进会员企业应诉的专项资金。

第二节　应对美国反倾销

一、应对美国反倾销

1. 美国是对中国提起反倾销诉讼最多的国家之一。根据 WTO 统计，从 WTO1995 年成立后至 2013 年，美国对中国发起的反倾销调查为一百多起，占中国遭受反倾销调查总量的 12% 还多，而美国对中国发起反倾销调查占美国总量的 23% 还多。[①] 美国针对中国的反倾销调查数量位居其对外反倾销诉讼第一位，且集中针对五矿化工、轻工、机电和医疗保健这些较有竞争优势的行业。

2. 必须熟悉美国反倾销法。

（1）1930 年《关税法》修正后的第 7 编，在美国法典第 19 编第 1673 - 1673h 节和 1675 - 1675N 节（19U. S. C § 1673 - 1673H，1675 - 1675N）规定了美国反倾销实体规则，包括倾销构成和损害认定。对反倾销裁决不服司法救济，规定在《关税法》第 5 编第 516A 节。

（2）《1979 年贸易协定法》对反倾销内容和程序进行了修改，并将反倾销执行职能从财政部转到商务部。《1984 年贸易协定与关税法》对反倾销累积和实质损害威胁问题进行了修改。《1988 年综合贸易与竞争法》增加了规避和反规避规定，修改了关于紧急情况、实质损害和实质损害威胁的规定。

（3）《乌拉圭回合协定法》。1994 年美国国会通过《乌拉圭回合协定法》。其修改内容涉及微量倾销幅度及可忽略进口量、加权平均正常价值和加权平均出口价格比较方式、新出口商快速复审及单独税率、关联企业的裁决、进口转售价格处理和反规避措施，并改变了在结构价格中固定 8% 和 10% 的利润和销售管理费用的做法。反倾销程序中，从立案到商务部初裁时限由原来的 160 天改为 140 天，[②] 将追溯征收反倾销税期按立案时间追溯 60 天改为 90 天。

（4）美国实行判例法，判例为反倾销法渊源，应对美国反倾销仅研究法条不行，还必须研究国际贸易法院案例、上诉法院判例和美国最高法院判例。

[①]　焦秀丽、王美骑："美国对华反倾销的原因分析及政策建议"，载《经济研究导刊》2012 年第 11 期。

[②]　肖伟主编：《国际反倾销法律与实务（美国卷）》，知识产权出版社 2005 年版，第 4 页。

应诉美国对华钢铁反倾销案①

1. 起诉方：2001年5月23日，美国西北钢和线材公司等4家公司联合向美国商务部和国际贸易委员会提起申诉，请求对来自中国和俄罗斯等8个国家和地区的进口到美国的结构型钢进行倾销调查。2000年10月1日至2001年3月31日期间进口到美国的结构型钢被列为调查对象。只有赞成反倾销的诉讼厂商之生产量占所有表示反对和赞成意见厂商总产量的50%以上；或者表示赞成反倾销指控的申请人占本国同类产品总产量的25%以上时，申诉人资格则达到立案要求。

2. 问卷调查。商务部立案后，将要在宣布后的一两周内向有关出口商和进口商发出调查问卷。国际贸易委员会开始调查时，也同样要发出调查问卷。2001年7月，商务部向涉及钢铁反倾销的中国企业发出了反倾销问卷调查。商务部调查问卷共有5种，即A、B、C、D、E卷。问卷A主要涉及涉案公司结构、经营业务以及受调查后复查产品之产量及所有市场之销售价格等问题，目的是要确定涉案企业应采用的正常价格、销售至第三国市场价格或推算价格，并以此计算涉案产品本国市场价格的基础。问卷B要求市场经济国家的被调查方填写涉案产品在本国市场销售或销至第三国市场的交易内容。对非市场经济国家的反倾销调查不包括该问卷。问卷C要求填写调查期间在美销售的交易清单，以决定采用涉案产品出口价格或推算出口价格，包括国际运费、退税和与美国经济活动有关的销售费用。问卷D调查产品的生产成本及推算价格。问卷E调查产品在运抵美国非关联客户之前是否存在在美国境内进行增加产品附加值的有关经济活动。马钢分别于2001年8月15日、9月5日和10月27日完成A、C、D问卷和补充问卷的解答，详细介绍了企业基本情况、生产工艺流程、H型钢成本核算、原材料采购、产品出口以及公司运作等情况。

3. 2001年7月，商务部初裁倾销成立，倾销幅度为159%。马钢在美国的客户必须按商务部的命令交纳保证金，方能继续从马钢进口H型钢。美国反倾销法规定，对非市场经济国家出口商品"正常价值"的确定规定了特殊的方法，即替代国价格、结构价格和第三国对美国的出口价格方法。美方选择印度作为替代国，将马钢所有生产要素按替代国价格来套算，而不以中国产品的实际成

---

① 案件来源：中国贸易救济信息网，http://www.cacs.gov.cn/cacs/newcommon/details.aspx? navid=A19&articleId=38206，2013年10月5日访问。

本来计算倾销幅度，推算出所谓"公平价格"，完全脱离了中国的实际。

4. 商务部在公布初裁后约两个星期内将派员到涉案国，对曾答复问卷厂商进行实地核查。2002年1月26日，美方派遣了2名官员来马钢实地核查。美方调查团对马钢生产、经营、销售进行了近10天的实地核查取证。美方深入到H型钢轧制11个直接生产厂和20多个辅助厂矿，对原材料采购、炼铁、炼钢、轧制、检验和包装进行全过程追踪，涉及水、电、风和气诸多细节，重点检查各种原始材料、数据、档案等报表以及马钢近些年的企业管理、成本核算以及生产经营状况。

马钢详细介绍了企业生产工艺流程、H型钢成本核算、原材料采购、产品出口以及公司运作情况。商务部调查员对会计记录最感兴趣，要求中国企业提供所有必要数据，以便进行计算。由于中国企业会计标准与西方不同，在这个调查过程中，律师需要把中国会计账目按西方会计的标准"翻译"出来，也向中方传达出美方准确调查的意图。结果显示，马钢是一个规范化运作的国际上市公司，是按国际惯例操作运营的、值得信赖的公司。

5. 调查者还对公司性质及谁是公司的决策者感兴趣，他们认为在国有体制下，厂方需要证明他们的商业决定是自主作出的，而没有受其他意志左右。事实上，马钢已经建立了产权明晰、政企分开、管理科学的现代企业制度，是一个按照市场经济模式运作的上市公司。马钢的生产经营活动，如原材料采购、产品定价、进出口业务、外汇使用、人员聘用等均由企业自行决策，政府不进行任何干涉。商务部之所以裁定如此高的反倾销税率，完全是借口因中国非市场经济地位而采用印度作为替代国计算成本和价格所致。马钢认为商务部采用印度为替代国来计算企业的出口成本与马钢的实际相去甚远，无法反映马钢H型钢的生产成本和出口价格，应将马钢作为市场经济企业来计算成本和价格。马钢强调，在确定出口价格方面，并没有政府介入，完全是企业自己的行为；公司经理有权签署销售合同；选举管理层不需要知会任何政府部门；公司在支配出口收入上不受其他方面的限制，并需要对自己造成的损失负责。

商务部对中国企业是否倾销的计算中，存在着计算方式不合适、所采用资料不正确等问题，如炼钢需要氧气，通常做法是把空气中的氧气分离出来，这样核算下来只有5美金左右，但美国商务部采纳原告意见，按照货物买卖的液态氧的价格来计算成本，每吨钢氧气消耗在160美元，而1吨钢才卖300美元左右。商务部最后采用相对合理的加权平均计算法，得出相对正确的计算结果，表明中国钢铁企业没有低价倾销。

6. 5 月 30 日，商务部终裁，马钢输美的 H 型钢倾销不成立。6 月国际贸易委员会的裁定，也没有对美国国内产业造成实质性损害。马钢获胜原因：其出口价格"低"得有理有据；完美执行了国际会计制度，各种财务记录清晰、详尽、真实、可靠；良好的态度和从容自信。这些都来源于诚信为本的高透明度的经营行为。

评析①：美国是"反"还是"保"。美国钢铁行业不景气的根本原因其实是美国钢铁行业成本过高，但美国钢铁行业却把这一结果全部归咎为国外进口钢材的大幅倾销，申请反倾销的目的在于保护其产业。对该案，美国官方的裁决是正确的，符合其正当程序原则。应对反倾销诉讼，律师是胜诉的关键。马钢也正是有了"土律师"和"洋律师"的精诚合作，才打赢了这场官司，同时还要有好的会计"翻译"。

二、积极争取市场经济地位认定

1. 美国《1994 年修订关税法》第 771 节规定："非市场经济国家是指美国商务部确定的那些不按劳取酬成本核算和价格结构的市场信息原则运作、商品在该国的销售不能反映其公平价值的国家。"根据《美国关税法》第 773 节（c）段规定，在特定情况下，可采用市场经济国家的方法确定非市场经济国家的产品正常价值。在反倾销案中，非市场经济国家主张以其本国价格确定正常价值的情形包括：一是特定企业主张其市场经济地位；二是主张本行业市场经济地位。如果本行业被认定为单独的市场经济待遇，则本行业所有企业的相关产品均可以本国的销售价格来认定其正常价值。但是该法对此没有明确的规定标准，其认定仅由商务部依据反倾销例行标准来确定。而实践中商务部已经确立起了一套标准用以评价应诉方是否属于非市场经济国家中自主确定价格和自主生产的企业，从而确定其是否享有市场经济地位。②

2. 积极争取本行业采用市场经济方法确定其产品的正常价值。在 1992 年，中国输美氨基硫酸倾销案初裁中，美国商务部首次运用 Market Oriented Industry

---

① 案件来源：中国贸易救济信息网，http：//www. cacs. gov. cn/cacs/newcommon/details. aspx？navid = A19&articleId = 38206，2013 年 10 月 5 日访问。

② 肖伟主编：《国际反倾销法律与实务（美国卷）》，知识产权出版社 2005 年版，第 452 ~ 466 页。

Test（MOI）确定非市场经济国家进口产品所属经济部门的市场导向①。MOI 测试标准：①被调查产品的定量或产量不被政府干涉；②生产商品产业应主要以私有企业和集体企业为主，可以有国有企业，但国有企业的比重不能过大；③所有有形的、无形的生产要素均可在市场上以市场价格买得。应诉企业应当抱积极态度，说服商务部认定自身所处产业属于市场导向型，从而使用实际消费价格作为确定正常价值的基础，或运用美国法规定，在计算生产要素价格或价格调整所涉及费用时，根据销售中某些市场因素而努力争取使用生产要素或相关费用的实际价格。

3. 应争取适用有利的替代国来确定产品的生产成本和价格。根据《关税法》规定，对来自非市场经济国家的商品正常价值的认定可比照与其经济发展水平相似的市场经济国家的同类产品价格来确定。商务部一般基于其所掌握的各国经济发展水平资料，在裁量范围内选取与被调查国经济有可比性的国家。应诉企业也可向商务部推荐其认为符合反倾销法要求的替代第三国，并提供被推荐国家的经济发展资料，以证明该国的确与中国经济发展水平相当。我国企业尽可能选择一个经济发展水平与国内相近的替代国，其国内市场销售价格或生产要素成本与我国近似，从而说服商务部选用对国内企业最为有利的替代国。

4. 主动提出有利于自身价格调整的主张并提供证据支持，从而影响商务部的最终裁决。我国应诉企业应当熟练地掌握美国反倾销法规定的价格调整方法。一方面，对于申诉方所提出的一些不合理的价格调整主张应当提出抗辩，并利用本企业所掌握的翔实可靠的数据资料（应符合美国反倾销法要求，即按 CAPP 准则保存和管理数据资料），提供充分证据，说服美国商务部撤销这些不利于应诉企业的调整主张，或针对美国商务部不合理的调整主张向国际贸易法院提出抗辩，以推翻商务部的不公平裁决。另一方面，应诉企业也应当积极主动地提出一系列对自身有利价格调整主张，并提供证据材料，说服美国商务部采纳，或针对美国商务部调整过程中的忽略和失当，向国际贸易法院提出抗辩，争取公正裁决。还应注意美国商务部于 2010 年出台的新建议，如针对涉及非市场经济国家的反倾销案，计算倾销幅度时实行有关出口

---

① E. C. Council Reg. 384/96 Art . 2 (7) as amended by E. C. Council Reg. 905/98.

关税和增值税的新计算方法。[①]

5. 应对所谓一国一税和单独税率。在实践中形成了假定，即对于来自非市场经济国家的所有受诉倾销产品都应当采用相同的反倾销税率，而不管该产品是否被个别调查，这就是一国一税制度。还可对一些出口企业适用单独反倾销税率[②]：①个别调查企业可申请反倾销税率适用其各自的商品倾销幅度；②应诉但未申请个别调查的企业，适用被个别调查企业倾销幅度加权平均；③没有应诉的企业，美国商务部可依获得最佳信息原则确定。[③] 国内应诉企业应积极证明其出口活动在法律上和事实上均不受政府控制，从而要求适用单独税率。

单独税率认定标准是商务部反倾销诉讼的实务总结。申请单独税率的企业，将要接受来自商务部的个别调查，但如果应诉企业过多，商务部不会对所有的应诉企业都进行个别调查。对于被选为强制应诉者而接受单独调查的企业，商务部将评定其是否在法律和事实上都不受政府控制，并对其出口商品适用单独调查获得的倾销幅度来确定其反倾销税率。对没有得到个别调查的企业，商务部不会允许其适用单独税率。根据商务部案例，如果符合以下条件的企业也可适用单独税率：①提交了单独税率申请，并同时提交对部分问卷调查的回答；②商务部审查后认为其申请适当，商务部将为这些企业制定一个加权平均税率，排除任何为零或是可忽略不计、不实际的反倾销税率。

三、灵活应诉争取胜诉

1. 企业遵从通用会计准则。美国商务部可优先使用被诉企业提供的销售成本、费用和利润信息，进行价格比较或确定倾销及幅度。国内企业应注意按照美国接受的会计准则保存并提供原始价格数据和费用资料，说服美国商务部采用有利于本企业的实际资料和数据进行计算，以避免遭受不利推定及不公平待遇。

2. 利用微量不计规则。

（1）根据《关税法》的规定，实质损害为"非为无关紧要的，非实质的

---

① 资料来源：网易新闻中心："美国商务部强化贸易救济提出 14 项一揽子建议"，http：//news. 163. com/10/0830/01/6FA3BSAG00014AED. html，2013 年 10 月 14 日访问。

② 肖伟主编：《国际反倾销法律与实务（美国卷）》，知识产权出版社 2005 年版，第 117 页。

③ 通常这种可获得的最佳信息一般是申请方所提供的材料，而且这些信息一般是对应诉方不利的，同时对于反倾销的认定也是不利的。

或不重要的损害"。判定实质损害，单一因素不能判定实质损害存在与否，国际贸易委员会将考虑一系列因素：①被调查进口产品的数量。②被调查进口产品的价格影响。③被调查进口产品对国内产业的影响。根据《关税法》第771（7）（c）（3）规定，在贸委会调查涉诉商品对本国产业的影响时，应综合考量包括产量、销售、库存、生产能力利用、市场份额、就业、工资、生产力、利润、现金流、投资回报和筹集资本能力等因素。判断实质损害威胁的参考因素很多，委员会一般根据其实践，综合考量被调查商品将来大量进口对本国产业造成威胁的可能性，和对现有国内产业发展以及生产能力是否会产生实际和潜在的消极影响。

（2）我国出口商受美"吹毛求疵"的申诉。按照美国法，如果被调查商品的倾销幅度不到2%的，可以视为"微量幅度"；如果从某一国进口倾销产品数额占进口国相同产品进口额不到3%的，可视为忽略不计。这样对于某些别有用心的申诉，我国出口企业就可以理直气壮地抗辩，从而避免卷入旷日持久的反倾销调查。但该条款也有例外规定，若几个国家进口不足3%但合计占进口额7%以上者不受此限。即使我国企业出口产品被裁定存在着"倾销行为"，但如果我们能证明这一产品并没有给美国同类产品生产商带来损害，就可免于被征收反倾销税。

3. 积极联合美国国内利益团体，在美国形成反对反倾销的调查阵线。美国国内产业及消费者都能对反倾销调查提出反对意见，而且商务部和贸易委员会在作出裁决时必须考虑这些意见，以确定征收反倾销税是否损害公共利益。我国企业一定要注意敦促美国进口商向贸易委员会表达观点，也可借助消费者组织或环保组织进行游说，均可影响其裁决。

4. 重视参加贸易委员会听证会。商务部举行听证会时，调查组一般已经作出了有关倾销的决定，是否参加该听证会，对调查结果影响不大。但委员会作出有关损害的裁定，很大程度取决于国内企业在听证会现场提出的抗辩和证据，只要能够证明出口产品既没有对美国国内产业造成实质损害，也不会对其造成实质损害威胁，获胜概率就大。

四、及时提起复审和司法审查

1. 复审程序时间限制严格。如果国内企业被动地参与复审，势必就没有充足的时间准备材料。如果能变被动为主动，国内出口企业至少可以在资料准备上取得一定优势。在复审进程中，国内出口企业应积极参与美国商务部和委员会的调查，主动提交信息，确有事由导致无法按时提交信息的，应尽快通知并请求其延长期限。接受实地核查企业应做好充分准备，积极配合来华实地核查官员的核查工作，并抓住机会向其提供有利于我方的证据。国内出口商和美国进口商利益一致，复审中要注意调动进口商积极性，发挥其在美国国内产业、国内市场信息的优势。国内企业应当紧密联合，协同应对，共同维护国内出口企业的合法权益。

2. 美国司法审查途径畅通。对于不合法的反倾销运作，要敢于提出异议。对于不利的裁决，要积极寻求司法审查。除上诉到国际贸易法院外，还可通过中国政府诉求 WTO 争端解决机制。

第三节　应对欧盟反倾销

一、积极应对欧盟反倾销调查[①]

1. 预防近来欧盟频繁地找碴并对中国发起反倾销调查。1995 年 ~ 2013 年，我国一共遭遇欧盟反倾销调查达百起，遭遇反倾销措施 70 多起，成为遭遇欧盟反倾销调查和采取反倾销措施最多的国家。[②] 欧盟反倾销妨碍了中国与欧盟之间的贸易往来。[③] 中国企业应保持适当警觉，关注欧盟市场，了解其动态，与欧盟进口商之间保持信息渠道畅通。警惕倾销引诱，即对方故意用不正常的低价购买中国产品，甚至用降低质量标准或提供其他补偿的办法来压价收购中国产品，然后将其投放本国市场，最后对中国产品提起反倾销。建立反倾销预警机制，商务部网站不定期地发布对我国即将提起反倾销的诉讼

---

① 肖伟主编：《国际反倾销法律与实务（欧共体卷）》，知识产权出版社 2005 年版，第 496 ~ 520 页。

② 高杉、涂裕春："金融危机下欧盟对华反倾销现状研究及特点分析"，载《经济视角》2011 年第 12 期。

③ 欧盟对华贸易总额仅次于美国。中国出口至欧盟的产品中，约有 10% 受到欧盟反倾销的影响，涉及化工、纺织、机电等多个领域总价值数十亿美元的商品，占国外对中国反倾销调查总数的 1/5 以上，影响我国出口金额总额 100 多亿美元。参见：［英］Snyder、唐青阳主编：《欧盟反倾销制度与实务研究》，法律出版社 2005 年版，第 434 页。

信息，企业和企业协会应该对此予以足够重视，提前做好准备。

2. 积极主动配合调查。欧盟一旦立案，企业就应果断应诉。在欧委会发放调查问卷时，应诉企业要按欧委会的要求及时、准确地填写问卷，并保留好填写调查问卷时所依据的文件，以防被核查人员查询。在欧委会决定抽样调查时，有条件的企业应力争成为调查样本，从而获得有利的倾销幅度。

二、欧盟反倾销法提案最新进展①

2013 年 4 月，欧盟委员会出台欧盟贸易救济机制修改案。该提案将按照欧盟理事会和欧盟议会的一般程序进行立法，这是欧盟 15 年来对其贸易救济体制的首次重大修改。欧盟委员会称，此次修改是为了更好地应对贸易环境的改变以及日益增多的不公平贸易行为。该提案包括：

1. 立法修改建议。

（1）提高调查程序透明程度和可预见性，在征收或不征收临时反倾销的法定截止日期前两周向利害关系人通知，在给予提前通知后的两周内不征收临时税。

（2）当欧盟生产商面临打击报复威胁时，欧盟委员会可以在有足够的证据能证明引起产业损害的倾销时，依职权发起调查。欧盟生产商将负有配合的义务，而按照现行规定，该义务是不存在的。

（3）在原材料市场存在全国范围内结构性扭曲的反补贴案件中，不适用低税原则。

（4）在日落复审调查结束后如果不再继续实施贸易救济措施，在日落复审调查期间征收的反倾销或反补贴税将依申请予以返还。

（5）对欧盟委员会依职权主动进行进口产品登记；在原调查中倾销幅度为零或微量的出口生产商不受任何后续复审调查；对没有规避贸易救济措施的相关主体免除适用反规避措施等的实践作法进行立法。

2. 不需要进行立法修改的建议。

（1）提案提议欧盟委员在其认为有正在发生的规避贸易救济措施的行为时，可以依职权发起反规避调查。

---

① 资料来源："欧委会建议修改欧盟贸易救济机制"，http：//www.co‐effort.com/zh __CN/infomation __show.asp？id=550，2013 年 10 月 15 日访问。

（2）为促进利害关系人的配合，提案提议为所有主体登记为利害关系人和回答调查问卷时提供更长的时限。这个规定适用于调查中欧盟利益相关的部分，而不适用于对倾销、补贴和损害的调查；提案还提议简化反倾销/反补贴税返还程序；为贸易救济程序中涉及的中小企业提供更多的信息和支持。

（3）提案提议优化复审实践，将期中复审与日落复审结合，并在欧盟生产商的反竞争行为被确认时发起系统性期中复审。

3. 贸易救济指南草案。损害幅度计算指南；当调查产品源于非市场经济国家时的替代国选择指南；欧盟利益评估指南；终期复审及贸易救济措施期限的指南。依托这些指南草案，欧盟委员会可以在对具体产品适用欧盟贸易救济措施时，根据需要行使裁量权。这些指南，将在四月份进入公众磋商程序，在七月份结束公众磋商，其后欧盟委员会将对收到的公众意见进行分析，并通过最后草案。

应对欧盟对中国集成电子荧光节能灯反倾销案①

2000年4月4日，以占欧洲电子荧光节能灯总产量95%份额的菲利普、欧斯朗、西凡尼亚等节能灯生产巨头为主导的欧洲照明公司联盟代表欧盟制造商向欧盟委员会提出申请，请求对来自中国的集成电子荧光节能灯进行反倾销调查。2000年5月17日欧盟立案，调查期为1999年1月1日至2000年3月31日。申请人主张以市场经济第三国的产品价格为基础确立中国产品的正常价值。有12家在中国设有工厂的出口企业应诉。10家出口商申请市场经济地位和单独税率待遇，另两家只申请单独税率待遇。2001年2月8日初裁，12家中国企业中有2家获得市场经济地位，6家获得分别税率待遇，这8家企业被征收从0到59.6%不等的反倾销税，平均为26.9%，其余所有中国企业均被征收统一的74.4%反倾销税。《欧盟反倾销条例》第9（4）款规定，除非损害幅度低于倾销幅度，否则确定的反倾销税应该与倾销幅度相对应。2001年7月19日，欧盟对电子荧光节能灯案作出终裁，8家获得市场经济地位或分别税率待遇的中国企业被征收了从0到59.5%不等的反倾销税，其他所有中国节能灯企业均被征收了统一的66.1%反倾销税。

评析："菲利普公司和欧斯朗公司从1999年初大量从中国采购节能灯用

---

① 案件来源：中国贸易救济信息网，http：//www.cacs.gov.cn/cacs/newcommon/details.aspx? navid=A19&articleId=37900，2013年10月5日访问。

于贴牌出口。中国厂商拼命压价使得这两家公司的低价采购和贴牌出口行为得以实现，直接为欧盟针对节能灯的反倾销调查提供了口实，结果中企中陷阱导致国内节能灯企业几乎彻底退出了欧盟市场。中国如何在鼓励出口的同时很好地对国内产业的出口行为进行规范，为企业出口提供指引以帮助企业有效地调控产品价格和数量，尽可能减少在国外市场面临的反倾销调查，此为急需解决的问题。应构建商务部及驻外使馆商务参赞处、地方政府、中介组织和涉案企业'四体联动'信息传递机制。"① 发挥行业协会的组织协调作用，协调国内同行的出口行为以及不同企业或不同地区之间的利益，减少恶性竞争。在商务部及驻外使馆商务参赞处的帮助下，通过建立地方政府反倾销预警机制，紧密跟踪出口国的产品价格和市场份额。

三、市场经济地位争取

1. 市场经济地位争取。欧盟②视中国为"市场转型经济国家"，允许中国企业在符合附加条件的前提下在个案中获得市场经济待遇。该附加条件为：①企业按照市场供求关系决定价格、成本和投入；②企业有明晰会计账簿，并按照国际通用会计准则进行过独立审计；③企业生产成本和财务状况没有受到非市场经济体系的明显影响；④涉诉企业应受破产法和财产权法的约束和保护，以保证其在经营中法律资格的确定和稳定性；⑤货币兑换汇率变化由市场决定。

（1）大多数股权为国家所有企业，应尽量回避股权问题，将重点放在企业独立运营上，争取说服欧盟相信股权结构并不影响企业自身管理和自主运营。国有资产管理委员会应尽力配合，协助企业申辩。

（2）企业经营行为应尽量显示出针对市场变化而所具备的灵活性，以此来佐证企业市场行为的自主和独立。

（3）企业应加强和改善内部管理，尤其要完善财务管理制度，不仅要有完整的会计账簿，并且还要具备独立的会计审计报告。

（4）企业可以适当结合其所处行业的整体市场化程度来论证自身是在市

---

① 来源：中国贸易救济信息网，http：//www. cacs. gov. cn/cacs/newcommon/details. aspx？navid＝A19&articleId＝37900，2013 年 10 月 5 日访问。

② Official Journal L 128，30. 4. 1998，pp. 18～19.

场化的基础上运作。

2. 替代国选择。

（1）一开始就积极寻找合适的替代国作准备，尽力抵制以发达国家作为替代国。

（2）针对欧盟反倾销法规定的就替代国提出意见的 10 天限制，如果没有准备好，可以根据相关国家的整体经济情况和产业情形提出可能对己有利的选择，然后在以后的反倾销程序中进一步选择和申辩。

（3）应争取利用本国产业的比较优势来要求对替代国的正常价值进行对己有利的调整，可供考虑的因素包括原料获取的难易程度、原料品质、生产工序差别以及由此引致的成本差别。

3. 一国一税与单独待遇。中方企业应充分利用机会，以此论证企业自身的独立性。企业应特别注意具体的股权结构以及董事长等高级管理人员由谁委派等因素。企业可以通过对中国当前外贸体制的介绍来论证企业出口经营权的自主性。未获得外贸经营权的企业也可以说服欧盟当局相信中国的外贸经营权已不再是国家垄断。

四、应对欧盟倾销与损害的确定

1. 涉案产品范围。从应诉开始，中方企业就应重视产品的范围争议，提出抗辩，尽量说服欧盟当局缩小调查的产品范围，为日后其他类型产品打入欧盟市场留余地。主张缩小受调查产品范围抗辩应围绕产品物理技术性能和最终用途展开，并应适当侧重市场竞争，尤其可以从消费者的角度来论证产品的不同市场定位。

2. 同类产品认定。欧盟认定同类产品的标准是开放性的，而且很难说哪一个标准最为重要。我国应诉企业应该大力强调对自己有利的标准，尤其注意提供有足够说服力的证据。

3. 因果关系确定。积极证明倾销进口产品对欧盟产业的影响很小，并且不会单独对欧盟产业造成实质性损害。证明倾销产品的数量可忽略不计，或对欧盟产业不存在价格削减或限制。企业在应诉时，应认真研究欧盟委员会在损害认定时是否全面评估了《欧盟反倾销基本条例》第 3 条第 5 款或《反倾销协议》第 3 条第 4 款所指的 15 个因素。如果应诉企业认为还存在其他对其有利的因素，应据此向欧委会积极主张。由于欧盟不对其他因素的影响进行累积评估，因此最好能够证明某一因素是造成欧盟产业损害的主要原因，并足以打破倾销进口产品与欧盟产业损害之间的因果关系。

4. 充分利用欧盟公共利益条款。欧盟利益原则虽是为抑制反倾销措施的适用给欧盟产业及进口商带来负面效应而制定的，但亦可为出口商避免反倾销税征收提供契机。① 加强与欧盟进口商、用户和消费者组织的联系与合作。他们熟悉并了解欧盟的市场和法律制度，我国出口产品在欧盟市场上的作用可以通过他们得到最好的证明。争取欧盟成员国的支持。我国政府和企业可以通过联系和游说，争取欧盟成员国的支持，使其通过咨询委员会发挥作用，或通过其在欧盟理事会中的表决权来发挥作用。针对欧盟公共利益考量因素，制定正确的营销策略，建立市场预警机制。欧盟考量公共利益，首先会考察相关产品的市场竞争状况，如果竞争激烈，则倾向于认为反倾销符合公共利益；如果存在垄断，则倾向于认为反倾销不符合公共利益。我国出口企业应通过营销，采取适当措施，努力防止反倾销诉讼的发生。

五、对欧盟提出价格承诺

价格承诺申请最好能够覆盖全部对欧出口的相关产品。若只有部分产品申请价格承诺，欧共体当局很可能会认为这是在有意规避，如安排高价产品以实施价格承诺的方式进口，而将低价产品以缴纳反倾销税的方式进口。

如果应诉企业与欧盟进口商有关联，则这种关联关系很可能会影响价格承诺的通过，因为欧盟当局会认为关联双方可能是故意抬高表面价格以规避价格承诺的实施效果。此时应诉企业最好能够在申请中强调进口商的转售价格也被纳入了价格承诺范围。

对于未能获得市场经济地位和个别待遇的企业，欧盟往往要求其提供联合的价格承诺申请，即只要有一家企业违反承诺即视为所有企业都违反承诺。此外欧盟往往还要求非市场经济出口国政府对出口企业进行监督，这些企业相互之间以及与政府之间应该加强沟通联系并通力合作，以谋求在反倾销应诉过程中的共同利益。

---

① 对于理事会是否适当地考量了欧盟利益的法律上的制约来自两方面：一是欧盟权利机关决定不采取反倾销措施时，应能清楚地断定实施这些措施考虑了欧盟利益。二是理事会应当审查有效提供的、在其范围具有代表性的利害关系方提供的关于公共利益说明的材料，对这些材料的意见及分析结果提交咨询委员会。

六、积极申请行政复审和司法审查

1. 出口商可主动申请期中复审。欧委会在期中复审中相当灵活，只要有充分证据，任何可能对现行反倾销措施范围、形式及水平产生影响的变化都可能使欧委会发动复审。并且期中复审可以变低反倾销措施。对于中国出口商而言，比较有意义的申诉理由是其符合个案待遇标准或市场经济地位，从而为其单独确定倾销与否以及倾销幅度。

2. 出口商应积极应诉期满复审。因为若不应诉后果往往不利，欧委会通常会维持反倾销措施。这意味着未来五年内出口商在欧盟市场上仍然不可能有所作为。

3. 对于符合新出口商资格的出口商或生产商而言，应当尽早申请新出口商复审。只要通过新出口商资格认定，就能至少获得与欧盟委员会合作的出口商的同等待遇。这无疑为出口商节省了一笔相当可观的支出。但对中国出口商则有额外要求，他们必须证明能满足个案待遇标准，否则欧委会不会对其新出口商资格进行审查。

4. 根据欧盟司法判例，非生产性出口商不生产涉案产品，不能作为原告提起司法审查。但是当该出口商的销售价格被欧委会用来计算结构出口价格时，就与反倾销裁决产生了直接联系，此时则享有在欧盟法院的起诉权。许多中小生产企业仍要依靠外贸代理来通过进出口公司向国外出口。单靠出口商应诉，可能会丧失司法审查救济机会，生产商应积极参与，只有了解欧盟法院对相同或类似案件的态度与标准，才能有针对性地提出抗辩。

第四节　应对其他国家反倾销

一、应对日本反倾销诉讼

1. 日本为适应"入关"的需要，1954年《关税定率法》第9条首次规定了"不正当廉价销售税"。日本内阁据此制定《反倾销和反补贴命令》和《关于反倾销反补贴程序指南》。《关于反倾销反补贴程序指南》细化了《关税定率法》第9条及《反倾销和反补贴命令》的规定，是日本反倾销法的实施细则。20世纪90年代，日本修改《关税定率法》以及内阁令。在过去，日本主要进口原料，本国产业竞争力也强，所以很少发起反倾销。而且日本注重"厅外"和解，一般先通过外国出口商与本国生产商进行协商，不倾向于采取严厉的反倾销措施。经济产业省对希望提起反倾销调查的日本产业的基本态度是既不鼓励也不反对。日本于1991年首次发起反倾销调查。中国企业在与日本生产商发生反倾销纠纷时，应积极争取协商解决。

2. 反倾销调查程序的特殊性。在反倾销调查小组向应诉企业和潜在应诉企业发放调查问卷后，当事人有权申请与反倾销案有利害关系的另一当事人对质，以便查清分歧事实，从而使得反倾销机关认定事实。在利害关系人向大藏大臣申请对质时，利害关系人应将存在利害关系的根据和对方的姓氏、所在地及对质须弄清的事实以书面形式向大藏大臣提出，以保证大藏大臣的询问是否同意对质的通知能送达利害关系人。只有在对方当事人同意对质申请时，才会启动对质程序。如对方当事人不同意对质，不需说明理由，并且对质程序不启动。

3. 积极证明"中国产品生产和销售中市场经济条件占优势的事实"。根据《反倾销协议》第18条第5款，以及《中国入世议定书》第15条（c）和《中国入世工作组的报告书》第151段（b）的规定，日本政府修正《关于反倾销税的内阁命令》和《关于反倾销税及反补贴税程序指南》，增加规定"有关特定中国产品生产和销售中市场经济条件占优势的事实"。《关税定率法》第8条第1款规定适用于原产于中国（不包括原产于中国香港和澳门）的特定产品进口时，第2条第1款第4项中的价格（替代国价格）只适用于以下情况，即上述进口产品的生产者不能清楚表明存在有关上述进口产品的同类产品生产和销售中，市场经济条件在中国生产上述同类产品的产业中占有优势的事实。

发起一项对原产于中国特定进口产品的调查时，上述进口产品生产者可向财务省书面或口头提交根据第8条第1款规定条件下有关特定中国产品的生产和销售中市场经济条件占优势的事实证据。如果这样，打算口头或书面提交证据的任何人提交证据时都应该提交一份有关此类口头或书面证据确认事实的书面文件，如有必要，附有提出对此类证据保密的处理要求的理由。在调查期间，当根据前款第1句的规定认为必要时，财务省可以要求生产者书面或口头提交有关特定中国产品生产和销售中市场经济条件占优势的事实证据。生产者提出口头提交证据要求，或财务省要求生产者口头提交证据的，财务省应该书面通知此类生产者提交的日期和时间、地点及提交证据的其他必要事项。

"有关特定中国产品生产和销售中市场经济条件占优势的事实"包括：①生产者基于市场经济原则作出的有关价格、成本、生产、销售和投资决定和在这方面没有政府重大干预的事实；②主要投入，如原材料成本反映市场价格的事实；③工资标准是由劳动者和经营者自由谈判来决定的事实；④生产资料不为政府所拥有或控制的事实；⑤财务省大臣认为适于解释"有关特定中国产品的生产和销售中市场经济条件占优势的事实"并通知了中国生产者有关发起调查的其他事实。根据《中国入世议定书》第15条（d）规定的条件，《关于反倾销税的内阁命令》第2条第3款和第10条应该只在2016年12月10日之前有效。

4. 积极推荐熟悉的第三国。《有关反倾销税的内阁命令》第2条第1款第4项规定，日本未承认中国的市场经济地位，对来自中国的商品确定正常价值时，应适用替代第三国的相似产品的价格。中国企业可根据内阁命令中第三国的选择标准向反倾销调查小组推荐自己熟悉的与中国产品出口价格近似的第三国，避免出现本国产品出口价格低于第三国市场价格的倾销认定。对中国香港和澳门，日本实际上是有条件地承认他们市场经济地位。只有在生产企业不能证明市场经济条件占优时，才采用替代第三国的价格确定其正常价值。澳门和香港地区生产商应根据内阁命令中关于市场经济条件占优的具体证明标准，积极收集和提供证据，力争以本地区相同产品的销售价格确定商品的正常价值，避免采用反倾销调查小组裁量选取的替代第三国价格来确定正常价值。①

5. 初步裁决。只有肯定性而没有否定性的初裁，初裁结果是采取临时反倾销措施。如果倾销事实被确定，并且有足够的证据表明该产品进口对日本产业造成重大损害，则可以初裁。日本反倾销法规定，日本财务省可跳过初裁，直接作出反倾销税征收与否的终裁。这实际上剥夺了应诉企业提出价格承诺的机会，使其只能接受征收反倾销税。

---

① 按照规定，日本对于来自中国大陆和香港、澳门地区的产品的正常价值采取不同的确定方式。对于中国大陆地区是认定为非市场经济国家，采用替代价值确定正常价值。而对于我国香港和澳门地区则推定为市场经济地区，除非其不能证明市场经济占优势，而正常价值也采用本地区同类产品的销售价格予以确定。

6. 反倾销税的必要性。日本《关税定率法》第 9 条第 1 款规定，在具备倾销、损害和因果关系这三个条件之后，还必须有维护其产业的必要才可征收反倾销税。日本必要性原则比欧盟公共利益原则还广泛，并未将必要性的考虑因素限定在利害关系方的利益上。应诉企业可同时向财务省提供材料证明其因倾销所造成的损害可通过其他方式予以补偿；或直接证明反倾销税征收并不能使日本产业摆脱不利的地位，但可使被申诉商品价格上升，从而左右财务省征收反倾销税。

二、应对加拿大反倾销

加拿大反倾销法包括《特殊进口措施法》、《特殊进口措施条例》、《国际贸易裁判所法》、《国际贸易裁判所规则》、《进出口许可法》和《执行世界贸易组织协定法》。

在初步调查阶段，如果申请方不能提供足够证据，或应诉方提供证据证明没有倾销，那么边境服务署就必须终结调查。即使调查对象有一定的倾销，但并不构成"实质性倾销"，边境服务署也要终结反倾销。"实质性倾销"是指倾销幅度在 2% 以上，或倾销数量占加国同类产品进口市场的 3% 以上。不过如果调查对象涉及 3 个以上国家且其倾销数量累积在 7% 以上，边境服务署则可以将所有调查对象的非实质性倾销都视作"实质性倾销"。①

如果应诉方与边境服务署充分合作，回答问卷，临时倾销税将按所估计的平均的倾销幅度征收；如果应诉方回答问卷不完整或不允许边境服务署专员进行现场核查，临时倾销税将按调查中所估计的最高倾销幅度征收。

在终裁阶段，应诉人必须两线同时应对。

1. 边境服务署的调查是技术性的。应诉人应注意其统计、计算和分析的方法。一种产品有不同型号，一种型号存在倾销并不等于另一种型号也如此。在边境服务署展开最后调查时，应诉人一定要积极配合。反倾销总体上会向本土产业利益倾斜，如果应诉方不积极合作、不准时提供资料，边境服务署有权以此为由诉诸"部长指定"程序，自行确定有关数据，并对应诉方作出惩罚性的倾销幅度评估，引用本土产业提供的、经常是被夸大的数据，对调查对象作出最不利的倾销结论。对于最令中方头痛的"非市场经济"问题，

---

① 林云华："中国企业：如何应对加拿大反倾销法的挑战"，载《当代经济》2004 年第 7 期。

加拿大将非市场经济国家定义为"政府对出口贸易进行垄断或基本垄断，以及政府基本上决定国内市场产品定价的国家"①。

2. 国际裁判所的程序是准司法程序。听审裁判所成员通常有 3 人，有权询问任何证人，对每个重要证人都可以提出若干问题。裁判所成员对待证人的态度比较友善，所提问题往往是在整个听审过程中他们所真正关心的问题。恰如其分地回答好这些问题，往往能够事半功倍。②

三、应对澳大利亚反倾销

1999 年的《海关法修正案》，给予了澳大利亚国内企业更多的保护，对国内工业和正常价值进行了重新定义。海关拥有调查和提出建议的权力，并重申了贸易措施复审官制度。2005 年澳大利亚的海关公布了第 28 号海关倾销公告，修改了《1926 年海关条例》，将中国列入市场经济国家名单。同时海关对《海关手册》的正常价值部分进行了修改，并于 5 月 13 日公布更新后的《海关手册》，《海关手册》的修改主要是针对市场经济国家条款。虽然确定了市场经济国家所有的行业都是在市场条件下运行，但还是保留了在个案中由于某一行业"特殊市场状况"的存在而采用"替代国"的做法。由于中国存在众多国有企业，并且在此次修改中，澳大利亚海关并没有明确说明一个行业中的国有企业数量和影响达到什么程度才算是"特殊市场状况"，所以澳大利亚海关对于判断"特殊市场状况"拥有裁量空间，并且可以容易地认定中国存在特殊市场状况，从而不适用中国国内销售价格，而采取出口第三国价格或结构价格作为其正常价值。从事对外贸易的国有企业，可以考虑进行股份制改造，完善公司治理结构，遵从通用会计制度，以避免被澳大利亚海关认定为存在特殊市场状况。针对申请人主张的涉案行业存在特殊市场状况，应诉人要积极抗辩，若单个企业证明有困难，行业组织可协助企业应诉，或以行业代表身份直接参与调查，从而维护本行业利益。③

我们要注意澳大利亚立法新进展。2012 年 2 月，澳大利亚众议院通过部

---

① ［英］Snyder、唐青阳主编：《欧盟反倾销制度与实务研究》，法律出版社 2005 年版，第 341 页。

② 林云华："中国企业：如何应对加拿大反倾销法的挑战"，载《当代经济》2004 年第 7 期。

③ 王勇："澳大利亚海关反倾销规则修改动向及对我国的影响"，载《财贸经济》2005 年第 10 期。

分法案，允许多次延长反倾销调查和审查的时间、问卷调查或税率的评估时间。2012 年 5 月，众议院再次通过部分法案，包括：①若原产国或被调查公司未向海关提供充足信息，海关和边境总署署长或海关与司法部长有权在"所有可获得事实"的基础上决定是否存在补贴及补贴的幅度；②计算商品"正常价值"可不必考虑利润；③如果多起反倾销案件之间联系密切，不必另行进行独立的审查和连续性的问卷调查；④授权部长征收多种形式的临时反倾销税。该法案将提交参议院审议。①

---

① 资料来源：中国贸易救济信息网，http：//www.cacs.gov.cn/cacs/falv/falvshow.aspx？articleId =114561，2013 年 10 月 15 日访问。

第十章　WTO反倾销争端解决机制

第一节　反倾销争端解决体制

一、WTO争端解决机构（DSB）

1. DSU与DSB。《反倾销协议》关于"磋商和争端解决"的规定，为成员之间因反倾销而发生争端提供了国际上的解决机制。《反倾销协议》第17条第1款规定："除本协定另有规定外，《关于争端解决规则与程序谅解》（即DSU）适用于本协定项下的所有磋商和争端解决。"本条和DSU结合，共同构成WTO反倾销争端解决机制，确保WTO各成员均享有权利、履行义务，以及按照与国际公法解释惯例相一致的方式澄清WTO协议的各项条款。DSU还专门设立了常设争端解决机构（Dispute Settlement Body 即DSB），为解决成员之间争议提供组织机构和保障。

2. DSB组成。《反倾销协议》第4条第3款规定："总理事会应酌情召开会议，履行DSU规定的DSB职责。DSB有自身的主席，并制定其认为履行这些职责所必需的议事规则。"DSB不是一个单独的机构，而是WTO总理事会在行使DSU职责时的称谓，当然，DSB主席与总理事会主席并非同一人，DSB成员的组成与总理事会一样，包括WTO的所有成员代表。

3. DSB职权。DSB在管理争端解决方面具有广泛职权。根据DSU第2条的规定，它有权设立专家组，通过专家组和常设上诉机构报告、维持对执行裁决及建议的监督，并授权中止各有关协议下各项减让和其他的义务；向WTO有关理事会和委员会通报与各适用协定有关的争端进展情况；在DSU规定的时间内举行履行其职能的必要会议。

4. DSB工作方式。其履行职责主要是召开会议。通常，DSB每月召开一次例行会议，这些会议都是在前一年年底就已经安排好。应WTO成员要求，

WTO 总干事还应召集 DSB 特别会议。各成员均有权要求将某事项列入会议议程，但是需要提前书面通知秘书处，此种提前至少是会议日程确定（散发会议通知）的前一个工作日。

5. DSB 决策规则。

（1）一般规则——"协商一致"。根据 DSU 第 2 条第 4 款的规定，DSB 作出决定的通常方式是协商一致，即如果在作出决定的 DSB 会议上，没有成员正式反对拟议的决定，则被视为经协商一致，就提请审议的事项作出决定。如果有一个成员正式提出反对意见，那么就可以阻止拟议决议的通过。这种决策规则尊重每一个成员的意见，但往往使拟作出的决定久拖不决。

（2）特殊规则——"反向一致"。协商一致只是通常事项的决定方式，DSU 中对于某些重要事项的通过还作了特殊规定。对于设立专家组、通过专家组和上诉机构报告、授权报复，DSB 应当通过这样的方式来决定，即除非 DSB 经协商一致不通过这些决定，否则只要有一个成员同意，该决定就应被通过。这被称为"反向一致"。这种决策规则比协商一致更有效率，保证了重要事项的通过。但是这种"自动通过"制度也使 DSB 成了一枚"橡皮图章"，仅具有象征意义。并且根据 DSB 的议事规则和惯例，会议第一项议程是审议和批准会议议程，需要 DSB 成员"协商一致"才能确定，如果有成员反对该会议议程，那么即使会议议程中含有例如设立专家组请求等内容，也无法获得自动通过机会。所以这种"反向一致"规则的作用极为有限。

既然这两种决策规则均存在缺陷，那在 DSB 决策中引入多数通过机制就十分有必要，其可以弥补以上缺陷，而且《WTO 协议》为部长会议和总理事会均规定了多数通过机制，故将其引入 DSB 决策也是可行的。

6. 总干事领导下的秘书处。根据 DSU 的规定，其在争端解决方面被赋予某些特别职能，尤其是在专家组组成以及为专家组和 WTO 成员提供帮助方面。DSU 第 8 条规定，为协助选择专家组成员，秘书处应保存一份具备相应资格政府和非政府个人的指示性名单，可从中酌情选出专家组成员。此外在 DSB 决定设立专家组之后，在组成过程中，秘书处应当向争端各方就专家组成员的提名提出建议。根据 DSU 第 27 条的规定，秘书处应在所处理的事项、历史和程序方面负责协助专家组，并提供秘书和技术支持。

二、WTO 解决争端原则

1. 遵守惯例。DSU 第 3 条第 1 款规定："WTO 各成员确认遵守迄今为止根据 GATT1947 第 22 条和第 23 条所实施的争端处理的原则，以及在此进一步详述与修改的规则和程序。"这不仅确立了 WTO 争端解决与 GATT 争端解决之间的历史联系，而且将 GATT1947 框架下争端解决实践和经验引入 WTO 的框架下，以提供指导和参考，保持连续性和稳定性。

2. 快速解决争端。根据 DSU 第 3 条第 3 款规定，在出现一成员认为其按有关协议所直接或间接地获得的利益正在因另一成员所采取的措施受到损害时，快速解决有关争端对有效地发挥 WTO 功能，保持各成员权利和义务适当平衡至关重要。为提高解决争端效率，DSU 规定了许多规则，如期限规定。

3. 维护成员权利。根据 DSU 第 3 条第 4 款和第 5 款的规定，DSB 提出的各项建议或裁决，应旨在圆满地解决该争端并和 DSU 及各有关协议的权利与义务相一致，不应使任何成员根据协议所获得的利益丧失或遭受损害，也不应妨碍有关协议目标的实现。DSB 的各项建议和裁决不能增加或减少各有关协议所赋予的权利和义务。

4. 谨慎善意地利用争端解决机制。根据 DSU 第 3 条第 7 款的规定，在解决一争端前，成员应对按照这些程序所采取的行动是否富有成效作出判断，争端解决机制的目的在于保证确实有效地解决争端，因而应优先考虑争端各当事方都愿接受并与各有关协议相一致的解决办法。若无法找出双方均愿接受的解决办法，争端解决机制的首要目标是确保废除那些与各有关协议的任何规定不一致的有关措施。只有当立刻废除这些措施无法实行时，才可诉请补偿性条款，而且其应只作为一项临时措施，在与有关协议不一致的措施尚未废除的期间使用。DSU 提供给成员行使争端解决程序的最后手段是，在各成员面对面辩论的基础上，经 DSB 授权采取中止各项减让或各有关协议项下的其他义务的措施。

5. 特别法优于一般法原则。DSU 所建立的统一争端解决机制并不排除专门或附加的争端解决程序。DSU 附件二具体列举了各有关适用协定所包括的特别或附加规则和程序的具体条款。DSU 可适用于各适用协定，但根据 DSU 第 1 条第 2 款的规定，在 DSU 的规定和程序与附件二的各项特别或附加规则及程序发生冲突时，各项特别或附加规则及程序应优先于 DSU 适用。

三、WTO 争端解决特点[①]

1. DSU 规定的争端解决程序为强制管辖，即不管一个成员愿不愿意，一旦被诉诸 DSB，那么就不得不参与有关程序，不可通过提出 DSB 无权管辖的抗辩来达到阻止诉讼的目的，否则将自然地承担败诉后果。对于具体法律问题是否进行应诉和抗辩是一个 WTO 成员自己决定的事项，但是若对于 DSB 管辖权提出质疑并拒绝应诉，现行 DSU 没有赋予这种拒绝任何法律效力。

2. 排他性管辖权。DSU 第 23 条第 1 款规定，当成员寻求纠正违反义务的情形，或寻求纠正其他造成适用协定项下利益抵消或减损的情形，或寻求纠正妨碍适用协定任何目标实现的情形时，它们应援用并遵守本谅解的规则和程序。这表明，成员之间基于 WTO 项下的协议发生的纠纷，应当援用 DSU 规则和程序来进行解决，在 WTO 这个多边场所进行解决，此规定对于成员之间基于 WTO 协议发生的纠纷排除了诉诸其他争端解决场所的可能性。当然，这种排他性的基础是基于 WTO 项下的协议发生的纠纷，而不是指一项措施如果被诉诸 WTO 那么就不能基于其他法律规则而被诉诸其他争端解决场所。

3. 禁止单方确定和单边措施。DSU 第 23 条第 2 款规定，各成员不应对违反义务已发生、利益已抵消或减损或适用协定任何目标的实现已受到妨碍作出确定，除非通过依照本谅解的规则和程序援用争端解决，且应使任何此种确定与 DSB 通过的专家组或上诉机构报告所包含的调查结果或根据本谅解作出的仲裁裁决相一致。这要求成员之间如果发生 WTO 项下的纠纷，应援用 DSU 规则和程序来解决，不得对有关行为作出单方确定，也不得在未经授权的情况下采取单边措施，其目的是避免在国际贸易领域动辄"威胁"采取贸易制裁情况的发生。

4. 不存在反诉。DSU 第 3 条第 10 款规定，请求调解和运用争端解决程序不应被作为或被视为一种引起对立的行动，如果发生争端，各成员应真诚并善意地参与这些程序以解决该争端，对性质不同事件的起诉不应相互牵连。各方需理解，有关不同事项的起诉和反诉不应联系在一起。这可理解为在 WTO 诉讼中不存在反诉。

---

① 纪文华、黄萃：《实践中的 WTO 争端解决机制（1995～2007）》，中国商务出版社 2007 年版，第 18～20 页。

5. 可斡旋、调解和调停。这是在争端各当事方同意的情况下自愿进行的程序。对涉及斡旋、调解和调停的各个诉讼案，尤其是诉讼期间争端各当事方所持之立场应予保密，且不妨碍任一当事方按照这些程序在下一步诉讼程序中享有的权利。争端的任何当事方在任何时候均可请求斡旋、调解和调停，可在任何时候开始或终止。若争端各当事方同意，在专家小组工作的同时，斡旋、调解和调停的程序仍可继续。总干事以其职务上的资格可进行斡旋、调解或调停，以协助各成员方解决争端。

第二节　磋商程序

一、磋商请求前置

在 WTO 进行争端解决，应当从提出磋商请求开始，这是依据 DSU 将争议诉请 WTO 争端解决机制的必经程序，除非另有 WTO 协议明确规定。只有在规定时限内磋商未能解决争端，才能进入争端解决程序，即专家组程序。申请方不能省略磋商程序而直接要求设立专家组，除非被申请方不提供磋商机会，请求方才可直接要求设立专家组。这就是磋商相对于专家组程序的前置。《反倾销协议》第 17 条第 2 款规定："每一成员应对另一成员提出的有关影响本协定运用的任何事项的交涉给予积极的考虑，并应提供充分的磋商机会。"

二、提出磋商请求

1. 提出磋商请求主体。磋商请求应由一成员政府向另一成员政府提出。只有 WTO 成员政府才有权提出磋商请求，非 WTO 成员、WTO 成员企业、个人、其他组织及地方政府等都无权在 WTO 提出磋商请求；WTO 秘书处、WTO 观察员国、个人及其他国际组织也无权在 WTO 提出磋商请求。例外的是，欧盟可以代表其成员在 WTO 提出磋商请求。

2. 提出磋商请求程序。磋商请求应由 WTO 一成员向另一成员提出。实践中，经常通过各成员驻 WTO 大使进行。根据 DSU 第 4 条第 4 款的规定，磋商请求除了提交被诉方外，还应由请求磋商的成员通知 DSB 以及相关理事会和委员会。根据 1995 年 7 月 19 日 DSB 会议议定的《争端解决程序工作惯例》，一成员根据 DSU 第 4 条第 4 款提出的、应通知 DSB 及相关理事会和委员会的所有磋商请求应送交秘书处（理事会司），在通知中列明希望将该通知提交到的其他相关理事会或委员会。秘书处将随后向所列相关机构散发该通知。根据此规定，通知 DSB 和相关机构的工作由秘书处负责，提出磋商请求的成员只需要将磋商请求提交被诉方和 DSB 主席及秘书处即可，并列明需要通知哪些相关机构。一旦提交了磋商请求，即进入 WTO 体制解决争端，要受到一定规则和纪律的约束，即使达成了双方满意的解决办法，按照规定也不能使任何成员根据 WTO 协议获得的利益丧失或减损。

3. 磋商请求形式要求。根据 DSU 第 4 条第 4 款规定，磋商请求应采用书面形式，并应说明提出请求理由，包括确认争论的措施以及指出法律依据。这里的"措施"应是被诉方采取的，且是请求方认为的正在对其根据有关协定直接或间接获得的利益造成损害的具体措施。根据《反倾销协议》第 17 条第 4 款的规定，在反倾销争端磋商中，磋商请求中的"措施"主要是指进口成员的行政机关采取征收最终反倾销税或接受价格承诺以及具有重大影响的临时措施。"法律依据"常是引起争议的措施所违反的具体协议条文。

DSU 没有规定提出磋商请求需要"用尽当地救济"。WTO 解决的是成员之间 WTO 协议项下的纠纷，争端方是 WTO 成员，而非任何 WTO 成员的个人，而用尽当地救济原则并不适用于国家间的争端。[①]

三、进行磋商

1. 磋商时限。根据 DSU 第 3 款、第 7 款和第 8 款的规定，磋商请求所针对的成员，应在收到请求之日起 10 天内作出答复，并应在收到请求之日起不超过 30 天的期限内进行磋商。但双方可另行商定进行磋商的时限。如对方未在 10 天内作出答复，或未在 30 天或商定的时间内进行磋商，则请求磋商的成员就可直接申请设立专家组。如在收到磋商请求之日起 60 天内，磋商未能解决争端，则起诉方可以申请设立专家组。但在两种情况下，起诉方可以不必等到 60 天结束，就可申请设立专家组：第一种情况是磋商各方共同认为磋商已不能解决争端。第二种情况是案件涉及紧急问题，例如有关货物容易腐烂。在这种情况下，各成员应在 10 天内进行磋商，20 天内解决争端，否则就

---

① 纪文华、黄萃：《实践中的 WTO 争端解决机制（1995～2007）》，中国商务出版社 2007 年版，第 58 页。

可以申请设立专家组。当然，60 天磋商达不成协议时，起诉方就可以申请设立专家组，这是给起诉方的一种"诉权"。起诉方完全可以在 60 天过后继续与对方进行磋商。

2. 磋商方式。一旦被诉方决定接受磋商后，争端双方在日内瓦代表团的外交官就将根据各自得到的指示对磋商时间和地点（通常是日内瓦）进行确定。磋商方式有三种：

（1）单独磋商。是指一方独自提出与另一方进行磋商，即磋商只在两个成员之间进行。

（2）共同磋商。是指多个成员与一成员磋商。一成员采取的某项措施，可能会影响到几个成员的利益，所以几个成员都可能会要求与该成员进行磋商。

（3）加入磋商。是指加入其他成员已经提出的磋商。《反倾销协议》第 17 条第 3 款规定："如任何成员认为其在本协定项下直接或间接获得的利益正在受到另一成员或其他成员行为造成的丧失或减损，或任何目标的实现正在受到阻碍，则该成员为就该事项达成双方满意的解决办法，可以以书面形式请求与所涉一个或多个成员进行磋商。每一成员应对另一成员提出的磋商请求给予积极考虑。"在这种情况下，根据 DSU 第 4 条第 11 款的规定，请求加入的成员必须在其他成员的磋商请求散发之日起 10 天内，将其参加磋商的愿望通知进行磋商的成员和 DSB。此处的"散发"，是指 DSB 以 WTO 文件形式发放。加入磋商一般应被允许。但被请求磋商的成员可以认为该成员有实质贸易利益的主张没有依据，因而拒绝该成员加入磋商。在这种情况下，该成员可单独提出磋商请求。

3. 磋商进行及充分性。

（1）磋商未进行的情况。在磋商请求被申请方拒绝或懈怠的情况下，根据 DSU 第 4 条第 3 款的规定，起诉方可以直接要求设立专家组。根据 DSU 第 6 条第 2 款的规定，设立专家组的请求应先指出是否已进行磋商。在此种情况下，起诉方应指明由于被诉方的拒绝或懈怠，磋商未能进行。但这是否会影响专家组设立呢？如在墨西哥高糖玉米糖浆案中，上诉机构认为，如果磋商因为被请求方的原因而未能进行，那么请求方只需要指明自己要求了磋商而磋商未进行的事实，即可要求设立专家组。①

（2）磋商充分性。专家组是磋商的后续程序，而且 DSU 规定双方要真诚地进行磋商，从而达成双方满意的解决办法。那么专家组的设立是否以磋商充分进行为条件呢？如在韩国酒类案中，专家组认为，专家组是没有必要审查磋商程序的充分性的，专家组设立的前提条件仅为是否请求了磋商，磋商是否已经进行或是否因为被请求方原因而没有进行，以及 60 天或在其他情况下所规定的期限是否已经超过。这三项要求都比较宽松，因为请求磋商方完全可以在提出请求之后就等待 60 天的期限到期，无需作出任何实质性努力，这就使磋商程序难免流于形式。

4. 磋商保密性问题。DSU 第 4 条第 6 款规定，磋商应保密，并不得损害任何一方在任何进一步程序中的权利。磋商只能是由当事双方参与，WTO 秘书处并不派人参加。磋商内容不向 WTO 成员披露。磋商保密是为了保障双方能够尽量在一种宽松的环境中，以真诚的态度交换看法、提出方案从而解决争端。

第三节　专家组与上诉机构程序

一、提出设立专家组请求

1. 提出设立专家组请求的前提条件。在反倾销争端中，如果争端方之间经过磋商仍不能解决争端，那么就可进入专家组程序。专家组程序为法律裁判程序，是 WTO 争端解决机制的基础。根据 DSU 规定的一般前提条件外，《反倾销协议》第 17 条第 4 款还设定："如请求磋商成员认为按照第 3 款进行的磋商未能达成双方同意的解决办法，且如果进口成员的行政机关已经采取征收最终反倾销税或接受价格承诺的最终行动，则该成员可将此事项提交争端解决机构（"DSB"）。如一临时措施具有重大影响，且请求磋商的成员认为该采取的措施违反第 7 条第 1 款的规定，则该成员也可将此事项提交 DSB。"

2. 提出设立专家组请求书。起诉方应当以书面形式向 DSB 提出设立专家

---

① 杨国华、李咏、姜丽勇、冯岩："WTO 争端解决机制中的磋商程序研究"，载《法学评论》2003 年第 2 期。

组的请求，此种请求通常以信函方式提交给 DSB 主席。WTO 秘书处收到此文件之后，将按照内部程序，将此文件制作成 WTO 的正式公开文件向所有 WTO 成员散发。根据 DSU 第 6 条第 2 款的规定，设立专家组的请求包括：

（1）指出磋商是否举行。如果进行磋商，一般应简单说明磋商的举行时间，但并未解决争议。如没有进行磋商，也应明确，专家组并不审查磋商充分性问题，所以磋商并非设立专家组先决条件。事先没有进行磋商也并不能影响专家组审理案件。

（2）指明争议对象。包括进口成员所采取的临时措施、征收最终反倾销税或接受价格承诺或被诉方法律本身。

（3）提供法律依据。这是设立专家组请求的实质性内容。"法律依据"就是 WTO 相关条款。就反倾销争端而言，主要指 WTO 反倾销协议及其附件。

（4）拟议专家组"职权范围"。设立专家组的请求必须足够准确，因为它是专家组职权范围的基础，同时告知了被诉方和第三方起诉的法律依据。请求中没有包括的诉讼对象即被诉方所作的反倾销措施，不属于专家组的审查范围，专家组不能予以考虑。

二、DSB 设立专家组

DSB 收到设立专家组的请求后，将根据申请方要求，将其列入某次 DSB 会议日程。为了能够被列入 DSB 会议日程，根据 WTO 议事规则，设立专家组的请求至少要在该次会议日程散发前一天（也就是该次会议召开前 11 天）提交 DSB。一般要经过两次 DSB 会议，专家组才能成立。在第一次会议上实行协商一致原则，被诉方往往不同意成立专家组，以拖延时间。但在第二次会议上，专家组则应自动成立，因为该次会议实行"反向协商一致原则"，即"除非 DSB 经协商一致不成立专家组"，专家组就应当成立。DSU 第 6 条规定，若起诉当事方提出设立专家小组的请求，则最迟应在将此请求首次列入争端解决机构正式议程的会议之后的下一次会议上成立专家小组，除非在那次会议上争端解决机构通过协商一致决定不成立专家小组。

三、专家组组成

1. 专家组成员资质。专家组由合格的政府或非政府人士组成。包括：曾担任过其他案件的专家组的成员；曾经在其他案件中向专家组陈述过案情的人员；WTO 成员常驻 WTO 代表；GATT 时期缔约方代表；在相关理事会或委员会的代表；WTO 秘书处人员；曾讲授或出版过国际贸易法或国际贸易政策著作的专业人士；曾任 WTO 成员贸易政策高级官员。为了保证公正审理，专家组成员实行回避制度，当事方或第三方公民一般不得担任专家组成员，但如果当事方同意或不持异议，这些人士也可担任专家组成员。

2. 专家组成员选定。专家组成员由当事方选定。实践中，经常由 WTO 秘书处向当事方推荐专家组成员。DSU 规定，除非有强有力的理由，否则当事方不得拒绝。但在实践中，当事方并不需要专门向 WTO 秘书处说明理由，就可以拒绝接受某人担任专家组成员。在这种情况下，秘书处就会提出新候选人。如果自专家组设立之日起 20 日内，当事方没有就专家组组成达成协议，则总干事应当事方中一方请求，可以指定专家组成员。但总干事应当与 DSB 主席、有关委员会或理事会主席以及当事方协商。实践中，由总干事指定专家组成员的情况很常见。为协助选择专家组成员，WTO 秘书处备有一份名单。这些名单上的人士来自各成员的推荐，并经 DSB 批准。各成员可随时提出候选人，并经 DSB 会议批准后列入名单。这个名单经常更新，专家组成员不必都是这个名单上的人员。为了确保专家组成员的顺利选定，WTO 成员一般应允许其官员担任专家组成员。选定应着眼于确保其成员具有独立性、足够丰富的阅历和广博的经验。凡其政府本身为争端当事方的或第 10 条 2 款所定义之第三方的成员方公民，则不应在涉及该争端的专家小组内工作，但该争端各当事方同意者可另当别论。当争端发生在发展中国家成员方与发达国家成员方之间时，若该发展中国家成员方提出如此请求，则专家小组中应至少包括 1 名来自发展中国家成员方的专家小组成员。

3. 专家组成员人数。专家组一般由 3 名成员组成，其中一名担任主席。至今还没有出现过 5 名专家组成员的情况。如果争端发生在发展中国家成员和发达国家成员之间，如果发展中国家成员提出要求，专家组应至少有一名成员来自发展中国家。这是对发展中国家的特殊优惠安排。

4. 对专家组成员的纪律要求。DSU 规定，专家组成员是以个人身份任职，既不代表政府，也不代表任何组织。WTO 成员也不得对专家组成员作指示或施加影响，干扰专家组成员公正判案。专家组成员审理案件时应当独立、公正，并尊重争端解决程序的保密性，以便实现争端解决机制完的整性和公正性。为此 DSB 制订了《行为守则》，专家组成员在任何时间均应当保守秘密并不得利用此种信息取得个人利益或为他人谋求利益；在程序进行中，不得从事与有关审议事项相关的单方面接触活动；在专家组报告解除限制之前，不得就该程序或其参与处理争端所涉及的事项发表公开评论。

四、专家组审案职权范围

DSU 第 7 条规定了专家组审理案件的职权范围，包括标准职权范围和专家组对当事方提出请求审查的范围。

1. 专家组标准职权范围。可以由当事方商定，如 DSU 第 6 条第 2 款所述，起诉方可以在提交设立专家组的请求时，提出专家组职权范围的案文，但只有在被诉方不反对的情况下才有效。在专家组成立后 20 天内，当事方也可以就职权范围达成协议。此外在设立专家组时，DSB 可授权其主席与当事方协商，确定专家组的职权范围。实践中，当事方使用的多数都是标准职权范围，标准职权范围在形式上只是在标准条款中填写起诉方名称，以及起诉方设立专家组请求在 WTO 的统一编号。基本范式为："按照（争端各方引用的适用协定名称）的有关规定，审查（争端方名称）在该文件中提交的 DSB 事项，并提出调查结果以协助 DSB 作出该协定规定的建议或裁决。"通常情况下，专家组职权范围就是审理起诉方所提交的设立专家组的请求事项。专家组应提交由争端各当事方援用的任何一项或几项有关协议中的各项规定。若达成一致的是非标准职权，则任何成员方均可在争端解决机构中提出任何与此有关的问题。

2. 专家组对当事方提出请求的审查范围与司法节制原则。虽然 DSU 规定"专家组应处理争端各方引用的任何适用协定的有关规定"。但在实践中，专家组常常"司法节制"，即并不审查起诉方的所有主张，而是在认定一些主要的主张足以支持起诉方的主张后，就作出有利于起诉方的裁决。这种司法节制已经在 WTO 中得到确认。上诉机构认为，争端解决机制的主要目的是确保争端积极解决，或对有关事项的满意解决，而不是进行"造法"；专家组只需审查那些足以解决争端的主张。上诉机构还审查了 DSU 第 11 条规定的专家组职能，认为第 11 条也没有要求专家组审查所有的主张，上诉机构据此确认司法节制原则。同样上诉机构从这个目的出发，认为专家组审查的主张应足以让 DSB 作出足够明确的建议和裁决，使成员可以迅速遵守，以确保有效解决争端。不过专家组如只是部分地解决争端，则是错误地使用了司法节制。①

3. 反倾销专家组职权范围。《反倾销协议》第 17 条第 5 款特别规定了专家组职权范围："在起诉方请求下，DSB 应设立一专家组以依据以下内容审查该事项：①提出请求成员的书面陈述，其中应表明该成员在本协定项下直接或间接获得的利益如何丧失或减损，或本协定目标的实现如何受到阻碍；②使进口国的主管机关根据适当国内程序可获得的事实。"专家组有权审查起诉方请求中的事项及进口国主管机关通过调查所获得的事实。

五、专家组审理案件程序

1. 工作程序和时间表。专家组应遵守 DSU 第 12 条规定的程序以及 DSU 附录 3 中的工作程序。附录 3 中的工作程序是对 DSU 规定的具体化。附录 3 虽然规定了专家组工作程序，但在具体案件中，专家组常常还是要制订专门工作程序，进一步明确专家组审理案件的程序问题，包括附录 3 所没有规定的内容。专家组组成后所做的第一件事情，就是要与当事方举行会议，商定工作程序和时间表。虽然工作程序是与当事方商定的，但不需要当事方同意。在当事方对工作程序的制订或修改达不成一致意见情况下，专家组有权确定最后的工作程序。尽管专家组在确定自己的工作程序方面有一些自主权，但也不得修改或不考虑 DSU 的明确规定。

2. 书面陈述和实质性会议。

（1）第一次书面陈述。起诉方在第一次书面陈述中要提出自己的主张。与设立专家组的请求相比，该书面陈述应详细论述本案的事项以及法律依据。一般情况下，起诉方应先行提交书面陈述给专家组，因此应诉方的第一次书面陈述就是对起诉方观点的辩驳。专家组也可以在与当事方磋商后，决定让双方同时提交第一次书面陈述。

（2）第一次实质性会议。实质性会议经常通过类似听证会或开庭的方式举行。会议开始时先由起诉方发言，后由应诉方作口头陈述。双方口头陈述的书面稿一般在会后经双方改定后提交专家组。双方发言之后，就进入"答问"阶段，双方可以互相提问，专家组也可以随时提问。对专家组和对方的

---

① 杨国华等："WTO 争端解决机制中的专家组程序研究（上）"，载《法学评论》2004 年第 3 期。

问题，一方可以现场作答，也可以会后书面答复。

3. 举证责任。

（1）如在美国毛织衬衫和罩衫一案中，上诉机构指出："很多国际性法庭，包括国际法院都普遍地和一贯地采纳和适用下述证据规则，即无论是控方还是辩方，主张特定事实的一方负有对此证明的责任。普遍适用的一项规则是：无论控方还是辩方，肯定特定主张或抗辩的一方负举证责任。如果负举证责任的一方提出的证据足以推断其主张为真，则举证责任转移至另一方，假如该方不能提出足够的证据推翻已建立的推断，则其主张失败。"① 这是关于 WTO 争端解决机制中举证责任规则最具代表性的论述，明确了 WTO 争端解决机制下举证责任证明对象是"主张"和"抗辩"，分配原则是由提出"主张"或"抗辩"的一方承担举证责任，并且还通过转移规则确定举证责任的运作方式。这段论述在以后的专家组和上诉机构处理案件时多次被援引。

（2）举证时限。DSU 第 12 条第 6 款和附件三第 4 条规定，WTO 争端当事各方应当在专家组第一次会议之前提交有关案件事实和法律问题的书面意见。从附件三推荐的专家组日程表来看，通常控方在专家组成立后的 3～6 周内首先提交证据，之后的 2～3 周由辩方举证。专家组也有可能在与当事方协商后要求控辩双方同时举证。第一次提交材料后各个当事方通常在第二次书面提交中附上反驳对方诉讼主张的证据。DSU 关于证据提交时间的规定不是排他性的，在专家组程序中经常会碰到在第二次提交证据的期限届满后当事方仍想提交新证据的情况，这会对专家组解决争端的期限造成压力，因为一方提交证据后，其他争端当事方需要有足够的时间来对此作出评论，而且专家组考虑新证据还需要时间。因此确定可以采纳的证据的最晚提交期限对于专家组程序的顺利进行很重要。DSU 允许专家组自己制定本案程序规则，包括确定最晚提交证据时间。专家组和上诉机构通过案例确立提交新证据可以在第一次专家组会议后进行，但最晚不得迟于当事方提交对专家组提问的答复，内部评审阶段提交的证据不可采用此规则。

4. 证据可采性规则。证据可采性是指什么样的信息资料能够为法律所允许用以证明案件中的特定事实。

---

① 余敏友、席晶："论 WTO 争端解决机制中的证据规则（下）"，载《法学评论》2003 年第 6 期。

（1）证据产生时间对可采性的影响。如果后来产生的证据涉及专家组建立时或建立前的情况，而采纳它又不违反程序正义要求，那么该证据就具有可采性。证据产生时间与其可采性之间的联系主要根据证据和待证明事实之间的关联性来判断。只有证据与待证明的事实之间存在逻辑上的联系，即具有相关性，该证据才具有可采性，这是传统证据法规则。

（2）争端当事方调查当局所考虑的证据范围对专家组程序中证据可采性的影响。在判断WTO成员所采取的反倾销措施是否合法时，专家组通常有必要判断成员主管当局所作出的关于存在倾销或严重损害及损害威胁的裁决是否合乎WTO的规则要求。这不可避免地会造成依靠证据来对成员当局所认定的事实情形是否存在进行判断。但专家组应仅限于考虑成员当局在作出决定时所依据的证据，而不能考虑成员当局在作出决定时没有使用的证据。

（3）当事方调查当局在作出裁决时没有公布的事实信息能否作为证据予以采纳。在很多情况下，WTO成员需要决定依据它所调查得来的一些商业秘密和其他秘密性信息。这些信息的提供者对于信息的保密有很大关系，它们经常只有在确信这些信息不会被披露的情况下才会向调查当局提供。WTO一些协议也肯定了对秘密性信息应该予以保护。如《反倾销协议》第6条第5款规定："任何性质上是秘密的信息，或是在秘密基础上提供给调查方的信息……应被调查当局作为秘密性信息来对待。如果没有提供方的特别允许，这样的信息不得被披露。"但另一方面，程序正义要求对一项措施具有利益的所有当事方都有权利知道这项措施据以建立的事实依据，并有机会提出意见。WTO一些协议的规定对这两方面的价值都有所承认，如《反倾销协议》第6条第5款一方面肯定应保护秘密性信息，另一方面要求调查当局向与措施有利害关系的各方提供商业秘密的非保密摘要。该协议第6条第2段要求，在反倾销调查过程中，成员当局应向与措施有利害关系的所有各方提供为自己利益进行抗辩的机会；第9段规定，在最终措施做出前成员当局应告知与措施有利害关系的各方关于其措施所依据的关键事实。这些规定使WTO专家组面临着如何来适用这些规定并兼顾两方面价值的难题。

（4）如在泰国对从波兰进口的各种钢铁制品征收反倾销税案中，上诉机构认为，不排除成员当局在作出措施时没有披露的秘密性信息在专家组程序中的可采性。① 又如印度与欧盟棉纺床上用品反倾销税纠纷案亦如此。② 其他反倾销调查程序中的秘密信息是否可作为证据？欧盟指出印度在第一次辩护词中提交的证据包含了一个其他反倾销调查的倾销计算。欧盟认为，如果此证据是真的，它则构成了对其他案件保密义务的违反，欧盟不准备就此文件发表意见并请求专家小组认定此文件不属于本案程序的一部分。印度认为，既然专家小组有义务对所有当事方提交的文件保密，而且此提交得到了所涉及的生产商的书面同意，则印度可以提供此证据。专家小组认为，首先，如果有理由相信秘密信息涉及的当事方反对在本案中披露或考虑此秘密信息，则我们应考虑其可采用性。而本案秘密信息所涉及的当事方书面放弃了反对的权利并同意我们在本案中考虑此信息。另一个问题是，这些证据涉及的问题是欧盟的"零"惯例作法，没有被欧盟采用用于欧盟的所有案件的问题，而我们考虑的问题是欧盟作法是否符合《反倾销协议》，如果《反倾销协议》允许"零"惯例作法，则欧盟没有违背其义务，反之则违背了。因此专家小组拒绝了欧盟的请求。

（5）"法庭之友"摘要可采性。"法庭之友"，本意是指没有被邀请的和表面上中立的旁观者。"法庭之友"摘要是指与争端没有直接利害关系或法律联系的私人和团体，未经请求自主地向法庭提交报告，阐述有关法律观点或事实信息。如在美国虾及虾制品进口限制案中，上诉机构认为 DSU 授权专家组向有关个人或组织请求提供信息并不等于禁止专家组接受有关个人或组织主动提供的信息。上诉机构同时还指出专家组没有义务接受"法庭之友"摘要。从上诉机构的推理过程看，上诉机构非常注重平衡实质正义和程序正义。上诉机构确认"法庭之友"摘要证据的可采性，同时将是否采纳的决定权完全交给专家组，使其可以根据具体案件来决定，较好地平衡两方面利益。上诉机构推理过程表明，这个证据规则是通过对 DSU 中关于专家组的信息调查权和专家组客观衡量案件事实的职能作出目的解释而来的，这和上诉机构通

---

① 余敏友、席晶："论 WTO 争端解决机制中的证据规则（上）"，载《法学评论》2003 年第 5 期。

② 资料来源："印度与欧盟棉纺床上用品反倾销税纠纷案"，载中国贸易救济信息网，http：// www. cacs. gov. cn/cacs/falv/falvshow. aspx？ str1 =&articleId =37923，2013 年 8 月 3 日访问。

常对 WTO 适用协定进行严格的字面解释形成了对比，使得该规则具有争议性。①

5. 第二次书面陈述。第一次会议后，双方根据对方的发言和问题以及专家组的问题，准备第二次的书面陈述，并应同时提交专家组。

6. 第二次实质性会议。第二次实质性会议应是专门为双方辩论准备的。一般两次开庭的间隔为 1 个月以上，以便于当事方对有关问题能够作充分准备。第二次会议的陈述更具有针对性，观点更加鲜明，双方辩论也更深入，能够进一步明确有关问题。当然专家组也可就第二次书面陈述进行提问。

7. 专家组会议形式及文件保密。专家组会议不公开，专家组审议情况应予保密。专家组的各种报告应在争端各当事方不在场的情况下，根据其提供的资料及所作的各项陈述起草。专家组报告中由各位专家成员所表达的意见应是匿名的。WTO 成员应对当事方指定要保密的信息进行保密。如果一方认为其书面陈述应保密，则经另一方请求，应当提供非保密概要。

8. 第三次书面陈述。一般情况下，当事方只提交两次书面陈述。但在澳大利亚鲑鱼案中，专家组同意双方在第二次会议后，提交第三次书面陈述，因为专家组所收集的专家证据和上诉机构在另一个同时进行的案件中的裁决结果属于案情的"实质性变化"，出于正当程序需要，当事方可以就这些根本性变化提交书面陈述。②

9. 对发展中国家的特别规定。在发展中国家作为被诉方时，专家组应给予该发展中国家充分的时间以准备和提交论据。如 DSU 第 3 条 12 规定，如果某个发展中国家成员方基于任何有关协议对某一发达国家成员方提出申诉，作为本谅解书第 4、第 5、第 6 和第 12 各条规定的变通手段，起诉当事方有权授用 1947 关贸总协定全体缔约方于 1966 年 4 月 5 日所作决议（BISD14s/18）之相应条款。但有一例外，即若专家小组认为该决议第 7 款提供的时间框架不足以使其按时提交报告，在取得起诉当事方同意的情况下，时间框架可予以延长。若第 4、第 5、第 6 和第 12 条规定的各项规则和程序与该决议相应的规则与程序之间出现差异，则以后者为准。但 DSU 第 20 条第 1 款和第 21 条

---

① 余敏友、席晶："论 WTO 争端解决机制中的证据规则（下）"，载《法学评论》2003 年第 6 期。

② 杨国华、李詠箑：《WTO 争端解决程序详解》，中国方正出版社 2004 年版，第 71 页。

第 4 款规定的时限不受影响。①

10. 多个起诉方程序。一个成员采取的措施可能会对几个成员造成影响。DSU 第 9 条对多个起诉方的专家组程序作了规定，如有几个成员就同一事项请求设立专家组，只要操作可行就应设立单一专家组。而如果不得不设立几个专家组，则应尽可能由相同人员担任专家组成员，并且不同专家组程序的时间表应当进行协调。当然，在单一专家组的情况下，所有当事方的权利都应当得到考虑，为了确保这一点，DSU 规定了三个基本要求：①如果一个当事方提出要求，则专家组就应当作出单独报告而不是一个报告；②每个起诉方提交的书面陈述，其他起诉方也能够获得；③每一起诉方在其他起诉方向专家组陈述意见时都有权在场。

11. 第三方参与专家组程序。如果一个成员认为其在其他成员提交专家组的事项中有实质利益，就可申请作为第三方参与案件审理。要想成为第三方，在设立专家组的 DSB 会议上，只需口头表示即可。会议主席宣布专家组的成立，愿意作为第三方的就可以举牌示意。如果没有参加这次会议或在这次会议上还没有决定是否作为第三方，则可在会后 10 天内要求作为第三方。第三方的权利包括：收到当事方向专家组提交的第一次会议的书面陈述；自己向专家组提交书面陈述，并且其观点在专家组报告中应得到反映；参加第一次实质性会议期间，专门为第三方召开的会议发表意见。当然，第三方的书面陈述也应当提交当事方。关于第三方书面陈述的观点在专家组报告中得到反映这一问题，在实践中，专家组报告一般都有专门部分来概述第三方的观点。关于参加第一次实质性会议期间专门为第三方举行的会议这一问题，在实践中，第三方并不参加当事方的实质性会议，而是由专家组专门为第三方召开会议，但当事方可以参加这种专门会议。此外，第三方一般不参加当事方的第二次实质性会议。最后，第三方还可以就同一事项另行请求设立专家组，

---

① DSU 第 20 条第 1 款规定：除非争端各方为有议定，自 DSB 设立专家组之日起至 DSB 审议通过专家组报告或上诉机构报告之日止的期限，在未对专家组报告提出上诉的情况下一般不得超过 9 个月；在提出上诉的情况下一般不得超过 12 个月。如专家组或上诉机构按照第 12 条第 9 款或第 17 条第 5 款延长提交报告的时间，则所用的额外时间应加入以上期限。第 21 条第 4 款规定：除专家组或上诉机构按照第 12 条第 9 款或第 17 条第 5 款延长提交报告时间外，自 WTO 设立专家组之日起至合理期限确定之日止的时间不得超过 15 个月，除非争端各方另有议定。如专家组或上诉机构已延长提交报告的时间，则所用的额外时间应加入 15 个月的期限；但是除非争端各方同意存在例外情况，否则全部时间不得超过 18 个月。

即从第三方变为真正的起诉方，但该争议应尽可能提交给原专家组。DSU 第10 条第 1 款规定，当事方利益和其他成员的利益应当得到充分考虑。对于没有作为第三方参与案件的其他成员的利益，在本谅解第 3 条中也有相应规定，如争端解决办法不得影响任何成员的应得利益（第 3 条第 5 款），包括未参加案件的成员的利益。当然，只有让第三方以完整、有意义的方式参加会议，才能保证其利益得到充分的考虑。

12. 专家组程序中止。应起诉方请求，专家组可以随时中止其工作。同时专家组审理案件的时限和 DSB 决定的时限等应当顺延。如专家组中止工作 12 个月以上，则设立专家组的授权应当结束。如 DSU 第 13 条第 12 款规定，应投诉当事方的请求，专家小组可随时暂停工作，但暂停时间不得超过 12 个月。若发生此类暂停，本条第 8 款和第 9 款、第 20 条第 1 款和第 21 条第 4 款所述的时间框架应相应地加以延长，延长期应与暂停工作的时间相等。若专家小组暂停工作超过 12 个月，则设立该专家小组的授权便告失效。

13. 预先告知当事方临时的审议结论。在接收当事方书面意见的规定期限结束后，考虑到反驳的书面材料和口头辩解，专家组应向各当事方分发一份既包括陈述部分又包括专家小组调查情况和结论的临时报告。在专家组规定的期限内，某一当事方可在最终报告交各成员方传阅之前，向专家组提出书面请求，对临时报告中某些精确的细节方面进行复审。对临时报告的意见集中在：①对裁决的表述提出建议。当事方对于专家组裁决的有利于自己的结论，应试图使之清晰、明确，以免在上诉阶段被推翻。②对当事方观点进行澄清。专家组在推理过程中大量引用当事方的观点，如果有关当事方认为引述不准确，且可能影响专家组裁决的，就可以提出澄清意见。③形式修改建议。应一当事方的请求，专家组应就书面意见中论及的各个问题，与各当事方召开进一步的会议。若在征求意见期间未收到任何当事方的意见，则临时报告应被看作是最终报告，并应立即分发给各成员方。专家组最终报告的调查结论应包括在临时审议阶段对有关论据所作的讨论。

14. 审理时限要求。专家组审理案件，从专家组组成和职责范围确定，到最终报告提交争端各方，一般应当在 6 个月之内完成，对于紧急案件，审期则为 3 个月。如果专家组认为不能在这段时间内完成报告，则应通知 DSB 迟延原因及估计期限。但自专家组审理到报告散发给 WTO 成员的期限不得超过 9 个月。

六、专家组报告

1. 专家组调查和判断证据权限。WTO 没有专门的成文证据法。在争端解决实践中，专家组和上诉机构主要是通过对 WTO 协定的有关规定作出解释，参照先前的专家组及上诉机构的报告，引用证据法的一般规则。

（1）专家组取证权。依据 DSU 第 13 条的规定，WTO 专家组有非常广泛的信息调查权："①每个专家组均有权从其认为任何适合的个人或机构调查信息或咨询技术性意见。然而，在专家组从任何个人或团体调查信息或咨询技术性意见前，应通知对此个人或机构具有管辖权的成员政府。成员应该及时全面地答应专家组认为必要和适当的信息调查请求。提供的秘密信息非经提供该资料的成员境内的个人、机构或政府的正式授权不得披露。②专家组可从任何相关来源调查信息，可以咨询专家以在事项的特定方面获得其意见。对于有关争端当事方提出的科学或其他技术事项的事实问题，专家组可以请求一个专家评审小组作出书面的建议报告。附件 4 规定了建立此种评审小组的规则以及此小组应遵循的程序。"上诉机构通过一系列案例确认专家组的信息调查权，除了受限于通知 WTO 成员这一义务外，没有任何其他附带条件。

（2）专家组证据调查权的限制。除了缺乏执行支持外，WTO 专家组的证据调查权还受到其他一些因素的制约。如果专家组的调查对象是商业秘密，则在有关当事方拒绝提供的情况下，专家组不会轻易作出对该当事方不利的推定。如专家组在泰国对从波兰进口的各种钢铁制品征收反倾销税案中指出："我们意识到，在我们对当事方提问时，我们不能'越过为诉讼效率起见对诉讼程序的合理进行管理和指导'这个界限。"这也是对专家组调查权行使的限制，它会阻止专家组进行耗时过长、对争端解决帮助不明显的调查。[①] 除了对证据调查，专家组对于调查得来的证据的使用目的也有所限制。上诉机构认为专家组行使调查权的目的是为了帮助它理解并衡量争端当事方所提交的证据和主张，而不是为控方作证，因此在控方提供证据建立"初步推定情况"前，专家组不能利用其所调查的信息来作出对控方有利的裁定。

（3）专家组在判断证据方面的裁量权及其界限。专家组在接受和判断各

---

① 余敏友、席晶："论 WTO 争端解决机制中的证据规则（下）"，载《法学评论》2003 年第 6 期。

种证据的证明力方面有裁量权，但受到不得违反 WTO 法律规则的限制。DSU 第 11 条规定，专家组有客观衡量案件事实和判断相关协定适用性和一致性的职责，这是 WTO 规则中明确提到"事实"的唯一条款。上诉机构据此对专家组认定事实的行为可行使有限的审查权。如果上诉机构认为专家组在衡量案件事实时违背了"客观"标准而构成了对 DSU 第 11 条的违反，它便可以依据 DSU 第 17 条第 6 款的规定对其予以推翻。一般法律原则中的程序正当要求也是对专家组衡量证据的裁量权的重要限制因素。

2. 专家组职能是协助 DSB 履行 DSU 和有关协定所规定的职责。DSU 第 11 条规定，专家小组应对其所要处理的问题作出客观的估价，包括对该案件的各项事实、各有关协议的适用性及与各有关协议的一致性作出客观的估价。并且专家小组应提出其他有助于争端解决机构制定各项建议或作出各有关协议所规定的各项裁决的调查材料，专家小组应定期地与争端各当事方进行磋商，并给予其足够的机会找到双方满意的解决办法。DSB 的主要职责是：设立专家组，通过专家组和上诉机构的报告，监督裁决和建议的执行，以及授权报复。DSB 在履行这些职责时，很多方面都需要专家组的协助。此外在 DSB 监督裁决和建议执行以及授权报复阶段，有时也需要专家组的协助。专家组应当对有关事项进行客观评估，包括客观评估案件事实和相关协议适用以及其一致性。专家组报告内容，常常就是对事实认定，确定某协议是否适用，以及被诉方的措施是否符合该协议规定。这一规定被称为专家组对案件的审查标准。《反倾销协议》第 17 条第 6 款规定了专家组的审查标准："在审查第 5 款所指事项时：①在评估该事项的事实时，专家组应确定主管机关对事实的确定是否适当，及他们对事实的评估是否是客观的、无偏见的。如事实的确定是适当的，且评估是无偏见和客观的，即使专家组可能得出不同结论，该评估也不得被推翻；②专家组应依照关于解释国际公法的习惯规则，解释本协定的有关规定。在专家组认为对本协定的有关规定可以作出一种以上允许的解释时，如主管机关的措施符合其中一种允许的解释时，则专家组应认定该措施符合本协定。"

该款可被分为两个部分，即①和②中的内容，各涉及专家组审查的一项工作，第一部分是专家组对"事实部分"的审查标准，第二部分是专家组对"相关条款"的解释标准。在适用对"事实部分"的审查标准时，应当区分专家组与调查机关所扮演的不同角色。反倾销调查机关负责对与倾销及损害有关的一切事实进行裁定，而 DSB 专家组负责对成员方调查机关在具体案件中对于有关事实问题所作的认定或评估是否符合协议的规定进行审查，其标准是"对事实的确定是否适当"、"对事实的评估是否无偏见和客观"。当然为完成有关审查，专家组也要对有关事实进行确定和评估。但只要专家组认定成员方调查机关对事实的确定是适当的，且评估是无偏见和客观的，则即使专家组对有关事实进行确定和评估后可能得出不同结论，该调查机关的评估也不得被推翻。专家组在解释本协议的有关规定时，应依照关于解释国际公法的习惯规则。专家组应当审查调查机关在某项反倾销措施的适用中是否符合协议所"允许的解释"，如果本协议的有关规定可以作出一种以上允许的解释时，调查机关的措施只要符合其中一种解释即可。

<h2 style="text-align:center">WTO 美日热轧钢反倾销争端案①</h2>

1998 年 9 月 30 日，美洲联合炼钢厂等工厂分别向美国商务部和国际贸易委员会提起申请，要求对自巴西、日本和俄罗斯进口的部分热轧钢产品进行倾销调查。商务部认为对所有已知的生产商都进行调查不现实，故仅从 6 家已知的日本生产商中根据产量选取 3 家，即 Kawasaki Steel Corporation（KSC），Nippon Steel Corporation（NSC）和 NKK Corporation（NKK）分别调查和计算其倾销幅度。这三家企业在调查期间向美国出口的涉案产品占所有已知企业出口产品的 90% 以上。1998 年 11 月 16 日，贸委会初裁，进口的热轧钢产品已对美国工业造成实质性损害威胁。1999 年 2 月 19 日，商务部初裁的倾销幅度为，对 KSC、NSC 和 NKK 分别征收 67.59%、25.14% 和 30.63% 的临时反倾销税。对于其余三家，通过将以上三家被调查企业的倾销幅度加权平均，得出了 35.06% 倾销幅度。1999 年 5 月 6 日，商务部终裁：KSC、NSC 和 NKK 的倾销幅度分别为 67.14%、19.65% 和 17.86%，其余企业则为 29.30%。商务部于 1999 年 6 月 29 日发布反倾销税令。1999 年 11 月 18 日，日本向美国提请磋商，但磋商没有成效。2000 年 2 月 11 日，日本根据 DSU 第 4 条、第 6 条以及《反倾销协议》第 17 条，提请 DSB 成立专家小组。3 月 20 日，DSB 成立 3 人专家小组。

日本提出：首先，商务部违反了《反倾销协议》第 2 条、第 6 条、第 9

① 资料来源："WTO 关于美日热轧钢反倾销争端案述评"，载法律教育网，http://www.chinalawedu.com/news/16900/177/2004/2/zh60420173416124002293 20 _83630.htm，2013 年 8 月 5 日访问。

条、第 10 条和附件 2 的规定：①商务部为了惩罚所谓不合作的被调查企业，使用相反的"可获得事实"的作法与协议第 6 条第 8 款和附件 2 不符；②商务部对 KSC 使用相反的"可获得事实"做法与《反倾销协议》第 2 条等不符。虽然 KSC 提供了所有在其控制下的数据并配合调查，但商务部还是以其没有提供申诉人收集的证据为由对其进行了惩罚；③商务部不适当地排斥和拒绝 NKK 和 NSC 及时提交的经过核实的证据，适用相反的"可获得事实"的作法与《反倾销协议》第 2 条等不符；④根据已有倾销幅度计算所有未被调查企业的倾销幅度的美国法律与协议第 9 条第 4 款不符；⑤商务部运用正常测试，将若干国内市场向关联方的销售排除在正常价值的计算之外，违反了《反倾销协议》第 2 条第 1 款中要求应当包括在正常贸易过程中计算销售的规定，也违反了第 2 条第 4 款要求的"公正比较"的规定；⑥美国允许在初步肯定倾销裁定之前追溯征收临时反倾销税的做法违反了《反倾销协议》第 10 条的规定。

其次，贸委会违反了《反倾销协议》第 3 条和第 4 条的规定。美国"受制生产"条款与协议第 3 条和第 4 条不符。"受制生产"条款要求贸委会将国内产业限在很小范围内，而不是整个产业。本案贸委会只是以建立在美国产业的美国销售的 30% 的基础上确定损害。在断定倾销与损害之间的因果关系上违反了协议第 3 条、GATrl994 第 6 条。贸委会以 1997 年美国工业的高峰期作为确定进口是否引起损害的方式没有满足协议第 3 条第 1 款和第 4 款的要求，即"当局作出决定应当建立在确定的证据的基础上，恰当地评估所有相关因素，并进行客观的评价"。同时贸委会也没有根据《反倾销协议》第 3 条第 5 款，适当地评估除倾销进口之外其他对美国工业产生影响的已知因素。

最后，美国的调查不完全，裁定不是根据 GATrl994 第 10 条第 3 款（a）所要求，以统一、公正和合理的方式作出，违反了 GATFl994 第 10 条第 3 款的规定。美国现有的反倾销法律、法规与行政程序没有根据 WTO 协定的义务行事，违反《反倾销协议》第 16 条第 4 款和第 18 条第 4 款的规定。

专家小组裁定：①美国对 KSC、NSC、NKK 公司"可获得事实"的适用与《反倾销协议》第 6 条第 8 款和附件 2 不符。②《1930 年美国关税法》（修订版）735（c）（5）（A）授权商务部在决定其他所有企业的倾销幅度时仅仅排除以可获得事实为基础的倾销幅度的规定，与《反倾销协议》第 9 条第 4 款不符。美国没有能使条款符合并遵照其在《反倾销协议》第 18 条第 4

款以及《马拉喀什协定》第 16 条第 4 款下的义务行事。③美国将关联方的若干国内市场销售排除在"正常贸易"测试基础上的正常价值的计算之外，与《反倾销协议》第 2 条第 1 款不符。专家小组认为，以"向无关的下游购买者的销售"代替这些销售也与《反倾销协议》第 2 条第 1 款不符。④《美国 1930 年关税法》（修订版）771（7）（c）（iV）"受制生产"条款与《反倾销协定》第 3 条第 1 款、第 2 款、第 4 款、第 5 款、第 6 款和第 4 条第 1 款不符。此外，在关于对美国产业的损害的相关条款的适用上，没有在《反倾销协议》第 3 条第 1 款、第 2 款、第 4 款、第 5 款、第 6 款和第 4 条第 1 款下的义务行事。⑤在审查倾销进口与对国内产业的损害之间的因果联系时，没有依照《反倾销协议》第 3 条第 1 款、第 4 款和第 5 款下的义务行事，在作出裁定时，没有依照 GATrl994 第 10 条第 3 款行事。

评析： 首先专家小组对美国商务部事实裁定的审查结论是正确的，如商务部对 KSC 使用相反的"可获得事实"作法与《反倾销协议》第 2 条、第 6 条、第 9 条和附件 2 不符。虽然 KSC 提供了所有在其控制下的数据并配合调查，但商务部还是以其没有提供申诉人收集的证据为由对其进行了惩罚。其次，专家小组对商务部法律适用的审查结论正确，如《美国 1930 年关税法》（修订版）771（7）（c）（iv）"受制生产"条款与《反倾销协定》第 3 条第 1 款、第 2 款、第 4 款、第 5 款、第 6 款和第 4 条第 1 款不符。即美方做法不可归入对《反倾销协议》第 3 条的多种解释，而是直接冲突。

3. 专家组报告的建议的性质。争端解决机制的目标是使当事方能够达成双方满意的解决办法。在专家组审案的过程中，如果双方达成了协议，则专家组报告只需要对案情进行简要介绍，并且说明协议已经达成。如争端各方未能达成双方满意的解决办法，专家组则应以书面形式向 DSB 提交调查结果。专家组报告内容，包括事实认定、有关协议适用、裁决及其理由。上诉机构曾经指出，由于程序公正性的需要，当事方有权知道专家组作出裁决的理由。专家组应当确定相关事实和适用的法律，并且在将法律适用于事实时，应当说明该法律为什么及如何适用于该事实，专家组裁决的实质是建议，并不对当事方政府进行直接强制。如 DSU 第 19 条规定，专家小组的建议，若专家小组得出结论，认为某项措施有悖于某有关协议，则应建议有关成员方调整该措施与那个协议相一致。除建议外，该专家小组还可指点有关成员方能够履行这些建议的各种方法。依照第 3 条第 2 款，专家小组在其调查报告和建议中，不能增加或减少各有关协议中规定的权利和义务。

在 WTO 美日热轧钢反倾销争端案①

日本主张，如果专家组裁定进口产品没有倾销或倾销对国内产业没有造成损害，DSB 应责令美国撤销其反倾销税令并退还一切已征的反倾销税。如果专家小组裁定进口产品的倾销幅度低于实际征收的反倾销税，DSB 应当责令美国返还相当于二者之间差额的反倾销税。美国认为，日本寻求反倾销税的推翻和已征反倾销税的退还偏离了 WTO 实践，不符合 DSU 第 19 条第 1 款提供的救济方式。专家小组决定的具体执行由成员方来决定，特别是对于在一项措施可以保留，尤其是在本案只涉及几种计算方法与反倾销协议不符的情形。专家小组裁定：

第一，日本提出，专家小组应对美国当局的不当行事作出确切和具体的裁定。日本同时坚持，专家不应当任由美国当局来决定如何应对 DSB 的决定，而是有义务提供一个明确和具体的"路图"，以确保美国当局切实履行其在本案中的国际义务。专家小组不同意日本对专家小组的看法，认为 DSU 第 19 条第 1 款关于专家小组的建议有明确规定，即对与适用的协定不一致的措施作出决定，"应当建议有关成员使该措施符合该协定。"第 19 条第 1 款还规定："除建议外，专家组或上诉机构还可就有关成员如何执行建议提出办法。"报告指出，无论如何，这些关于实施方面的建议只是报告建议的一部分，而且对于当事方成员没有约束力。从文字上理解，第 19 条第 1 款要求专家小组建议美国促使其措施与反倾销协议的条款保持一致，也允许其对于建议的执行提出建议。因此专家小组建议 DSB 要求美国促使其措施与反倾销协议下的义务保持一致。

第二，关于日本要求专家小组建议美国撤销其反倾销税令或退还已征反倾销税的请求。专家小组报告指出，其建议范围是通过第 19 条第 1 款建立的。专家小组发现美国在不少方面违反 WTO《反倾销协议》。为了促使这些相关措施与美国在《反倾销协议》下的国际义务相符，专家小组有必要作出不同答复。专家小组建议的执行还是有赖于美国自己的决定，其根据是 DSU 第 21 条第 3 款的规定："在专家小组或上诉机构的报告通过后的 30 天内召开

---

① 资料来源："WTO 关于美日热轧钢反倾销争端案述评"，载法律教育网，http://www.chinalawedu.com/news/16900/177/2004/2/zh6042017341612400229320＿83630.htm，2013 年 8 月 5 日访问。

的 DSB 会议上，有关成员应通知 DSB 关于其执行 DSB 建议和裁决的意向。"这清晰地区别开了专家小组建议和建议应当被执行的方式。前者受辖于第 19 条第 1 款，而且受其中设定的具体形式限制；后者则由专家小组提出建议，但是对于方式的选择，首先是由涉案成员方进行。上诉机构建议，DSB 要求美国促使其在本报告中涉及的相关措施，以及本报告已修改的专家小组报告，与《反倾销协议》和 WTO 协定下的义务保持一致。

评析：专家小组报告为建议性质，并不直接命令败诉方为或不为，上诉机构建议也是一样。对专家小组报告的履行可进行间接强制。在本案中，美方的观点是正确的。

4. 专家组报告的通过。为了给各成员方提供足够的时间来考虑专家组的各项报告，争端解决机构只有在这些报告向各成员方发布 20 天之后，才能考虑予以通过。对专家组报告提出异议的各成员方，至少应在将审议该项报告的争端解决机构会议的前 10 天，提交解释其异议的书面理由，以供传阅。争端各当事方应有全面参与争端解决机构讨论专家报告的权利，其所提的各项意见应全部记录在案。在将专家组报告分发给各成员方后的 60 天内，该报告在争端解决机构的会议上应予通过，除非某一当事方向争端解决机构正式通报其上诉的决定，或者争端解决机构一致决定不予通过该报告。

七、上诉机构

争端方对专家组报告不满意可向上诉机构上诉。DSU 第 17 条为此规定了上诉机构和上诉程序。上诉机构是常设的，有 7 个成员，其中 1 名担任主席，由成员选举决定。主席任期 1 年，但经成员决定可连任 1 次。主席负责管理上诉机构内部的运作及成员认为必要的其他事项。每个案件由其中的 3 名成员进行审理，其中一名成员经选举担任本案主席，负责协调本案审理的整个程序，并主持听证会和有关会议，协调起草上诉机构的报告。案件裁定完全由这 3 名成员作出。上诉机构成员审理案件实行轮换制。在按照轮换制进行分工时，应当考虑的原则是：随意选择、不可预见和机会均等。上诉机构成员任期 4 年（但首批成员中，有 3 人任期为 2 年，抽签决定），可连任一次。上诉机构成员应当是在法律、国际贸易和 WTO 领域方面有专门知识的权威人士，并且考虑到 WTO 成员方，应当具有广泛的代表性，但这些成员不附属于任何政府，即他们不应从任何国际组织、政府组织、非政府组织或私人那里接受或寻求指示。为保证上诉机构有效地开展工作，上诉机构成员应"随叫随到"，为此，各成员的行踪应通知WTO秘书处。每个成员都应能够得到每个上诉案件的所有材料。同时为了确保上诉机构裁决的一致性，成员们应定期召开会议，讨论政策、做法和程序问题。负责案件的成员在完成最终报告并向WTO成员散发前，应与其他成员交换意见，但应回避的成员除外，这并不影响负责案件的成员裁决案件的充分自主权。他们不得参与审议任何可能导致利益冲突的争端。

八、上诉机构审案程序

（一）工作程序

WTO成立不久，上诉机构就制订了"上诉审议工作程序"，已经多次修改。与专家组工作程序不同，这是标准工作程序，一般不需要在具体案件中制订特殊工作程序。如果案件参加方认为严格遵守标准工作程序的时间表会导致明显的不公正，也可以要求负责案件的上诉机构成员修改时间表。

1. 提交文件和上诉通知。当事方提交的所有文件，都应当同时送交案件所有参加方。当事方应当书面通知DSB上诉，同时向WTO秘书处提交上诉通知，该通知包括专家组报告名称，上诉性质的简要说明，包括专家组报告在法律问题和法律解释方面的错误。上诉机构曾经指出，指明了专家组错误的结论和法律解释就是确定了上诉性质，上诉通知不需要解释其认为专家组错误的原因，这也不是对上诉方书面陈述中观点的概要。[①]

2. 上诉方书面陈述。上诉方应在作出上诉通知后的10日内，向秘书处提交书面陈述，同时送交其他参加方。上诉方书面陈述的内容包括：对上诉依据的准确表述，包括专家组报告在法律问题和法律解释方面的具体错误，以及支持上诉主张的法律观点；对所依据的有关协议和其他法律渊源规定的准确表述；要求上诉机构作出裁决的性质。

3. 被上诉方书面陈述。被上诉方应在上诉方的上诉通知作出后25日内，向秘书处提交书面陈述，同时送交其他参加方。被上诉方只有15天时间阅读上诉方的书面陈述并准备自己的辩驳意见。被上诉方的书面陈述应包括：对反对上诉方书面陈述中具体意见的依据的准确表述以及法律观点；对上诉方

---

① 杨国华、李咏箑：《WTO争端解决程序详解》，中国方正出版社2004年版，第94页。

书面陈述每个依据的接受或反对；所依据的有关协定和其他法律渊源规定的准确表述；要求上诉机构所作裁决的性质。

4. 多个上诉。在上诉通知作出后 15 日内，原上诉方之外的当事方也可以加入该上诉，并可就专家组报告中的其他法律错误提起上诉。也就是说，其他当事方有 15 天的时间考虑决定是否加入其他当事方提起的上诉。其他当事方也可以单独提起上诉。单独上诉可以在该 15 日内提起，也可以在此后提起（但必须在专家组报告散发后的 60 日内，即 DSB 提供专家组报告前），但这种上诉应由相同的上诉成员审理。这是"交叉上诉"的情况。

5. 当事方和第三方。只有专家组程序中的当事方才有权上诉（胜诉方对专家组报告中的某些法律问题也可提起上诉）。专家组程序中的第三方，可以向上诉机构提出书面陈述并且参加有关会议。第三方可以在上诉通知作出后 25 天内提交书面陈述。没有提交书面陈述的第三方应当在此期间书面告知秘书处是否出席听证会，以及是否发言。应当鼓励第三方提交书面陈述，以便上诉机构成员和其他参加方了解其在听证会上的立场。没有提交书面陈述，也没有在上述规定时间内通知秘书处的第三方，仍然可以通知秘书处其准备参加听证会并发言，但此种通加应尽早以书面方式作出。

6. 工作时间表。上诉提起后，上诉机构成员应按照标准工作程序的规定，制订适当的工作时间表，包括提交文件的准确日期以及听证会的日期。在紧急案件中，例如涉及易腐货物的，上诉机构应尽量加快程序。

7. 听证会。上诉机构一般应当在上诉通知作出后 30 天内召开听证会。上诉机构应尽早确定听证会的日期并通知参加方。在上诉审议程序中，特别是在听证会上，上诉机构可以提问，参加方应回答。问题和答复应当提交所有参加方，以便参加方评论。在某个参加方没有提交书面陈述或出席听证会时，上诉机构应当在听取其他参加方的意见后，作出其认为适当的决定，包括驳回上诉。

8. 撤回上诉。在上诉审议程序的任何阶段，上诉方都可以通知上诉机构撤回上诉，上诉机构应通知 DSB。如果双方就上诉事项达成了 DSU 第 3 条所说的协议，就应当通知上诉机构。

（二）裁定程序

1. 决策程序。上诉审议程序是保密的。上诉机构报告应当在当事方不在场的情况下，根据上诉程序中获得的信息和书面陈述进行起草。上诉机构可以考虑作为当事方书面陈述附件的"法庭之友意见"。对于直接向上诉机构提交的

"法庭之友意见"，上诉机构有权予以考虑。事实上，在具体案件中，上诉机构还曾经专门制订了特殊程序，供所有人提供信息和意见。上诉机构及负责具体案件的成员应尽量协商一致作出决定，在无法达成一致意见的情况下，应由多数票决定。不同意见可以写入报告，但不能写明不同意见者的姓名。

2. 审期。自当事方正式通知其上诉决定之日，到上诉机构的报告散发 WTO 成员，一般不应超过 60 天。此外，涉及紧急情况的案件，例如涉及易腐货物，还应当尽量加快程序。如果不能在 60 天之内提交报告，应书面通知 DSB 迟延的原因，以及提交报告的估计期限，但整个上诉程序不得超过 90 天。

3. 裁定。上诉机构的审查仅限于专家组报告中的法律问题，不审查专家组作出的事实认定。界分事实问题与法律问题，如上诉机构在"欧共体荷尔蒙案"中认为，对于某件事情于何时何地发生，属于事实问题。例如有关国际组织是否通过了一项国际标准；对某项证据应如何对待，则属于事实认定的过程，应由专家组进行。但某项事实与条约的某项规定的一致性，则属于法律认定。专家组是否对有关事实进行客观评估，也属于法律问题。① 如在"美国虾案"中，对于当事方提出的专家组报告法律问题和法律意见之外的问题，上诉机构也作出了单独裁决。但对于上诉中没有提及的法律问题，上诉机构不能裁决。上诉机构可以维持、修改或撤销专家组报告的法律观点和结论。在上诉涉及多个法律问题的情况下，上诉机构可以分别作出维持、修改或撤销的决定。若受理的上诉机构认为某项措施有悖于某有关协议，则应建议有关成员方使该措施与那个协议相一致。除建议外，该专家小组或受理上诉机构还可指导有关成员方能够履行这些建议的各种方法。依照第 3 条第 2 款规定，受理上诉机构在其调查报告和建议中，不能增加或减少各有关协议中规定的权利和义务。

第四节　DSB 建议和裁决的执行

一、DSB 通过专家组或上诉机构的报告

1. 在 WTO 争端解决体制下，上诉机构报告和专家组报告不能自然生效，

---

① 杨国华、李詠箑:《WTO 争端解决程序详解》，中国方正出版社 2004 年版，第 97 页。

也不能自行宣布生效，必须经 DSB 通过才能生效，这一点与国内法院判决或仲裁裁决不同。根据 DSU 第 7 条和第 17 条的规定，专家组和上诉机构的职权范围是提出调查结果以协助 DSB 提出建议或作出裁决，而不是自己提出建议或作出裁决，因此要使专家组和上诉机构向 DSB 提出的建议和裁决真正生效，必须经过 DSB 的通过。

2. DSB 通过报告的时限要求。DSU 第 17 条第 14 款规定，上诉机构的报告应由 DSB 通过，争端各方应无条件接受，除非在报告散发各成员后的 30 天内，DSB 经协商一致决定不通过该报告。如果案件没有上诉，那么在专家组的报告作出后，根据 DSU 第 16 条，在专家组报告散发成员之后的 20 天后的 60 天内，报告应在 DSB 会议上通过，除非 DSB 协商一致决定不通过该报告。

3. 要求 DSB 通过报告方式。在实践中，DSB 并不会主动通过有关报告。上诉机构报告或专家组报告如要得到 DSB 的通过，必须将要求 DSB 通过这一事项列入 DSB 会议议程。而且按照 DSB 的工作规定和惯例，只有 WTO 成员才有权要求将某事项列入 DSB 会议议程，WTO 秘书处不能主动为之，也无权主动为之。因此如果没有成员方的要求，DSB 是无法通过报告的。

通常情况下，专家组报告或上诉机构报告是在 DSB 例会上通过的。DSB 在一般情况下一个月举行 1～2 次例会，例会日程在每年年初确定并在 WTO 网站上公开发布。对于一些紧急情况，DSU 同时也规定了特别程序，即经有关成员的特别要求，DSB 应在 15 天内召开一次专门会议，但要提前 10 天发出会议通知。

4. DSB 通过报告的形式。在 DSB 会议上，争端方、第三方和其他成员可以自由对报告发表意见，此后会议主席就宣布，有关报告得到通过。报告通过后，就如同判决书一样，是具有法律效力的。上诉机构报告通常针对上诉书面陈述中提及的法律问题进行分析和审查，对专家组的认定和结论作出是否正确的结论，即有关措施是否违反了 WTO 规则，以及在哪些方面违反了 WTO 项下的具体规则，因而建议 DSB 要求有关成员将措施修改为与 WTO 项下的义务相符合。DSB 在通过上诉机构报告的时候，专家组报告也会一起被通过。

5. 专家组或上诉机构报告的效力。

（1）未经 DSB 通过的报告不具有法律效力。DSB 的通过是专家组报告和上诉机构报告生效的程序条件。如果未寻求 DSB 通过或 DSB 一致决定不通过，那么这个报告就不产生法律效力，DSB 也就不会接受专家组和上诉机构在这些报告中所作出的建议和裁决。此外，还存在一种没有效力的报告，那就是被上诉机构认为是专家组无权作出的报告，这种报告虽然也和上诉机构报告一起通过，但由于专家组对于案件没有审理权限，所以报告内容特别是法律认定也不具有效力。

（2）经 DSB 通过的报告对案件具有法律效力。DSU 中没有明确规定 DSB 通过后的报告的法律效力问题。根据 DSU 的相关规定和实践，专家组和上诉机构的工作是审查案件、提出调查结果并且向 DSB 提出建议和裁决，这些最终均以报告形式体现。报告得到 DSB 会议通过，从法律上意味着专家组和上诉机构在报告中向 DSB 提出的建议和裁决会成为 DSB 的建议和裁决，而 DSB 享有对争端涉及事项作出裁决的权力。这是专家组和上诉机构报告经 DSB 通过后的效力之所在。

二、执行 DSB 的建议和裁决

DSB 裁决得到迅速执行，对于有效解决争端以保护所有成员的利益是非常重要的，需要"迅速遵守 DSB 的建议或裁决。"同时对于需要争端机制解决的反倾销措施，应特别注意发展中国家成员的利益。发展中国家成员执行 DSB 裁决的合理期限可以根据实际情况给予适当延长。

1. 表明执行意图。根据 DSU 第 21 条规定，在报告通过后，败诉成员应当在 30 天内召开的 DSB 会议上通报其执行建议和裁决的意图。如果 30 天内没有合适的 DSB 会议，则应专门为此召开一次 DSB 会议。从目前资料来看，还没有成员在此会议上通知 DSB 说其不想执行 DSB 的建议或裁决。当然，大多数败诉方也并不想立即遵守和执行裁决，而是尽量寻求在一定期间内执行裁决。

2. 合理期限。立即实施裁决当然是最好的，但如果立即实施不可行，就可以允许有关成员确定一个合理的期限。合理期限的确定顺序依次为：该有关成员自己提出，并经 DSB 批准的期限；当事方在报告通过后 45 天内经过协商确定的期限；在报告通过后 90 天内，由仲裁确定的期限。实践中，常常应当由实施裁决的成员首先向 DSB 通报，表示愿意完全实施 DSB 裁决，如果不能立即实施，该成员才提出需要一个合理的期限。如果这个期限没有获得 DSB 批准，则该成员应与案件其他当事方协商，以确定一个合理期限。如果这样仍然不能确定时限，则胜诉方可以要求通过仲裁来解决。仲裁结果是有约束力的，当事方应当遵守。仲裁员由双方选择，并且要将人选通知给 WTO 总干事。由总干事通知仲裁员，并且在该仲裁员同意后，即开始仲裁。当事方提交书面陈述，仲裁员召开听证会。实施成员应当提出一个合理期限，并且证明这是实施裁决所必需的期限；提出的时间越长，就越需要有充分的证明，胜诉方会予以反驳。最后，由仲裁员根据具体情况作出裁决。

当事方应当在决定仲裁后的 10 天内确定仲裁员，仲裁员可以是一人或多人。如果双方无法就仲裁员达成协议，则 WTO 总干事应当在此后的 10 天内经与当事方协商后，指定仲裁员。虽然没有明文规定，但总干事可能会倾向于指定曾经审理过本案的专家组或上诉机构成员，因为他们熟悉案情。

DSU 没有对仲裁提出详细的程序要求，但仲裁所确定的合理期限一般不超过 15 个月，起算时间是专家组或上诉机构的报告通过之日，但此时间可以根据具体情况缩短或延长。合理期限不是无条件的，合理期限应当是 WTO 成员法律制度中所允许的实施裁决的最短期限。

不论是有关成员提议并经 DSB 批难，当事方达成协议，还是经仲裁决定，从专家组设立之日到合理期限确定之日，一般不得超过 15 个月。如果由于专家组或上诉机构不能如期完成报告而延长了时间，则应在 15 个月之外加上这个时间。但所有时间相加一般不应超过 18 个月。

三、DSB 对执行情况的监督

DSU 第 22 条第 6 款规定，DSB 应监督已通过的建议或裁决的执行。在建议或裁决通过后，任何成员可随时在 DSB 提出有关执行的问题。除非 DSB 另有决定，否则执行建议或裁决的问题在按照第 3 款确定合理期限之日起的 6 个月后，应列入 DSB 会议议程，并应保留在 DSB 议程上，直到该问题解决为止。在 DSB 每次召开这种会议前至少 10 天，有关成员应向 DSB 提交一份关于执行建议或裁决进展情况的书面报告。据此规定，当一案件的执行问题被列入 DSB 会议后，在每次例会上，败诉方应当对执行裁决工作的具体情况及下一步计划作出报告。对于败诉方在会议上的报告，任何成员都可以提问、评论或进行批评。但如果起诉方在合理期限之内对案件的执行情况不满意，对执行方式不认可，则只能发表评论或通过与对方进行磋商来反映。

四、审查执行效果

DSU 第 21 条第 5 款规定："如在为遵守建议和裁决所采取的措施是否存在或是否与适用协定相一致的问题上存在分歧，则此争端应通过援用这些争端解决程序加以决定，包括只要可能即求助于原专家组。专家组应在此事项提交其后的 90 天内散发其报告。如专家组认为在此时限内不能提交其报告，则应书面通知 DSB 迟延原因和提交报告的估计期限。"

对依据第 21 条第 5 款请求设立的专家组，一般称为"执行审查专家组"。对某一个案件成立的执行专家组，应当尽量由原专家组的相同成员担任，这样可以使裁决的进展更加顺利。该专家组的主要职责是审查败诉方执行 DSB 建议和裁决的效果，裁断其所采取的执行建议和裁决措施是否与 WTO 协定（如反倾销协议）相一致。DSU 规定的一般专家组阶段的时间是 6 个月，为迅速解决争端目的，第 21 条第 5 款规定执行专家组应当在 90 天内散发报告。除了时间要求外，DSU 对执行专家组没有提出其他方面的特殊要求，这也就意味着有关初始专家组的规定和程序对于执行审查专家组都是适用的，包括上诉和第三方。任何 WTO 成员，如果对案件有兴趣，认为有实质利益，都可以申请作为执行专家组的第三方来参与案件的审理。

五、WTO 争端解决的强制力

为了维护贸易秩序的稳定和多边规则的严肃性，寻求贸易利益的平衡和敦促 WTO 成员执行 DSB 建议和裁决，DSU 发展了一套称作"补偿和中止减让"的规则。这套规则，本质上是通过采取惩戒和报复的措施来敦促败诉方执行 DSB 建议和裁决，使 WTO 争端解决具有一定强制力。当然，DSU 第 22 条第 1 款也规定："补偿和中止减让或其他义务属于在建议和裁决未在合理期限内执行时可获得的临时措施。但无论补偿还是中止减让或其他义务均不如完全执行建议那样以使某一措施符合有关的适用协定。补偿是自愿的，且如果给予，应与有关的适用协定相一致。"

（一）补偿或中止减让请求的提出

DSU 第 22 条第 2 款规定："在按照第 21.3 条确定的合理期限内，如有关成员未能使被认定与一适用协定不一致的措施符合该协定，或未能遵守建议和裁决，则该成员若收到请求，则应在合理期限期满前，与援引争端解决程序的任何一方进行谈判，以期形成双方均可接受的补偿。如在合理期限结束期满之日起 20 天内未能议定令人满意的补偿，则援引争端解决程序的任何一方可向 DSB 请求授权中止对有关成员实施适用协定项下的减让或其他义务。"

按照此规定，要求补偿或报复的前提应当是，在合理期限内，有关成员未能执行裁决。如果存在不履行的情况，那么起诉方就可以向败诉方提出请求，要求进行补偿。败诉方在收到补偿请求后，应当至迟在合理期限结束前进行补偿的谈判。

DSU 规定中的"补偿"，不是指由于某成员采取的措施给其他成员造成了贸易损失而提供赔偿，而是指在合理期限过后有关措施仍不能修改或取消的情况下，由于该成员继续实施这些措施而给其他因此受到影响的成员所提供一种平衡手段。因此，补偿不是追溯性的，而是相对前瞻性的。而且补偿方式一般也不是直接提供金钱，而是给其他成员更多的贸易机会，例如降低其他产品的关税、在其他方面提供更多的市场准入机会等。补偿方式应当与有关协定相一致。补偿只是一种临时安排，如果败诉方完全执行了裁决，补偿则应当停止。

（二）确定中止减让水平的仲裁程序

DSU 第 22 条第 6 款规定："如发生第 2 款所述情况，则应发出请求，DSB 应在合理期限结束后的 30 天内，给予中止减让或其他义务的授权，除非 DSB 经协商一致决定拒绝该请求。但如有关成员反对提议的中止水平，或认为在一起诉方根据第 3 款（b）项或（c）项请求授权中止减让或其他义务时，第 3 款所列的原则和程序未得到遵守，则该事项应提交仲裁。如原专家组成员仍可请到，则此类仲裁应由原专家组作出，或由经总干事任命的仲裁人作出。仲裁应在合理期限结束之日起的 60 天内完成。减让或其他义务不得在仲裁过程中中止。"

据此，如果有关成员（一般是败诉方）反对请求方依据第 22 条第 2 款提出的报复，或认为在选择同一协定项下的其他领域或其他协定项下的领域时，第 22 条第 3 款规定的原则和程序没有得到遵守，那么败诉方就可以要求将此事项进行仲裁，DSB 会为此设立一个仲裁庭。这个仲裁庭，一般来说，也是由这个案件的初始专家组来组成，因为这些人最了解情况。该类仲裁也需要经过一定程序，例如提交书面陈述、开庭辩论等。当然，这个程序在 DSU 上并没有规定，仲裁庭会为本次仲裁制定一个临时的程序规则，主要涉及提交文件的时间要求等。

仲裁任务是确定报复的水平是否与利益丧失或减损的程度（利益受损的水平）相等，或确定胜诉方在提出报复时是否遵守第 22 条第 3 款规定的原则和程序，以及确定有关协定是否允许这种报复等，但不得对报复的性质进行审查。因为仲裁的主要目的是看寻求报复一方提出的报复水平是否合适，以及寻求报复的领域是否符合第 22 条第 3 款的规定。在一个领域中，寻求报复方选择哪一种产品或项目进行报复，这并不是仲裁员的工作，而是成员的自由。当然对于那些不允许报复的协议也不能援引这个原则。

（三）DSB 授权中止减让

仲裁作出之后，依据仲裁所确定的报复水平，经过申请，DSB 会授权有关成员根据这个水平进行报复。除非 DSB 协商一致拒绝该请求，否则按照反向一致原则，该请求就会在 DSB 会议上通过了，有关成员就得到了授权。在得到授权后，有关成员什么时候开始实施则由这个成员自己掌握。

胜诉方在考虑中止哪些减让和义务时，应当遵守以下原则：①首先选择相同领域。②其次选择同一协定项下的其他领域。③再次选择其他协定项下的领域。如果选择相同协定项下的领域不可行或无效，并且情况足够严重，则可以选择其他协定所管辖的领域。这是一种"交叉报复"。在选择报复方式时，胜诉方还应当考虑以下因素：裁决所认定领域的贸易状况以及这种贸易对自己的重要性；与受损利益相关的更为广泛的经济因素和报复的更为广泛的经济后果。

实践中，请求授权报复的成员应当提出具体的报复方式和水平；在选择同一协定项下的其他领域或其他协定项下的领域时，应当向 DSB 说明理由，即在选择同一协定项下其他领域的情况下，选择相同领域不可行或无效的原因；在选择其他协定项下领域的情况下，选择同一协定项下其他领域不可行或无效，并且情况足够严重。请求授权报复除送交 DSB 之外，还应送交有关理事会，并且在选择同一协定项下的其他领域时，还要送交主管这一领域的机构。

（四）DSB 继续监督执行

尽管 DSU 规定可以进行报复，但报复（中止减让或其他义务）是临时性的。DSU 第 22 条第 8 款规定："减让或其他义务的中止应是临时性的，且只应维持至被认定与适用协定不一致的措施已取消，或必须执行建议或裁决的成员对利益抵消或减损已提供解决办法，或已达成双方满意的解决办法时为止。依照第 21 条第 6 款，DSB 应继续监督已通过的建议或裁决的执行，包括那些已提供补偿或已中止减让或其他义务而未执行旨在使一措施符合有关适用协定的建议的案件"。即使在 DSB 授权报复的情况下，败诉方也仍旧承担着修改有关措施的义务，也不能免除向 DSB 通报的义务。DSU 第 22 条第 6 款规定：DSB 应监督已通过的建议或裁决的执行。在建议或裁决通过后，任何成员均可随时向 DSB 提出有关执行的问题。除非 DSB 另有决定，否则执行建议或裁决的问题在按照第 3 款确定合理期限之日起 6 个月后，应列入 DSB 会议议程，并应保留在 DSB 议程上，直到该问题解决。在 DSB 每一次涉及该问题的会议召开前至少 10 天，有关成员应向 DSB 提交一份关于执行建议或裁决进展的书面情况报告。据此，即使在授权报复后，在每次 DSB 例会上，败诉方还应当报告其执行裁决工作的情况，任何成员都可以对此提出问题、发表评论和进行评判。在 DSB 授权报复前者之后，败诉方还应继续调整，修改被认为违反 WTO 规则的措施，并将此种修改通知 DSB。对于如何认定败诉方应继续履行的问题，DSU 未作明确规定。我们认为，应对 DSU 进行修订：在 DSB 授权报复前后，败诉方修改了被认为违反 WTO 规则的措施，如果起诉方（有权报复方）也认可此种调整，那么根据请求，DSB 就应当停止授权报复，也即案件终结。